科学技术学术著作丛书

西安电子科技大学图书专著出版基金（QTZX23112）资助项目

城乡融合发展的实现路径研究

CHENGXIANG RONGHE FAZHAN DE SHIXIAN LUJING YANJIU

郑耀群　著

西安电子科技大学出版社

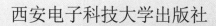

内 容 简 介

实现全体人民共同富裕，是社会主义的本质要求，也是中国式现代化的重要特征。城乡融合发展则是实现共同富裕的关键路径。本书基于共同富裕目标的实现，阐释了城乡融合发展的理论机制；建立了城乡融合发展评价指标体系并对我国城乡融合发展水平进行了测度，实证分析了城乡融合发展的影响因素；剖析了城中村、近郊农村、远郊农村三种不同类型空间区域城乡融合发展存在的问题；设计了城乡融合发展的总体路径以及三种不同类型空间区域城乡融合发展的具体模式和路径；提出了城乡融合发展路径实施的政策保障建议。

本书既能为研究领域的专家学者提供研究参考，也能为实践领域的工作人员提供具体的操作指导，还能为对该领域感兴趣的广大读者提供有价值的信息。

图书在版编目（CIP）数据

城乡融合发展的实现路径研究 / 郑耀群著. -- 西安：西安电子科技大学出版社, 2025.7. -- ISBN 978-7-5606-7616-6

Ⅰ . F299.21

中国国家版本馆 CIP 数据核字第 2025VW8802 号

策　　划　陈一琛
责任编辑　陈一琛
出版发行　西安电子科技大学出版社（西安市太白南路 2 号）
电　　话　（029）88202421　88201467　邮　　编　710071
网　　址　www.xduph.com　　　　　　　电子邮箱　xdupfxb001@163.com
经　　销　新华书店
印刷单位　陕西天意印务有限责任公司
版　　次　2025 年 7 月第 1 版　　　　　2025 年 7 月第 1 次印刷
开　　本　787 毫米×1092 毫米　1/16　印　　张　12.25
字　　数　217 千字
定　　价　38.00 元
ISBN 978-7-5606-7616-6
XDUP 7917001-1
*** 如有印装问题可调换 ***

党的十九大报告提出，"建立健全城乡融合发展体制机制和政策体系"。党的二十大报告提出，"坚持农业农村优先发展，坚持城乡融合发展，畅通城乡要素流动"。然而，目前我国城乡二元结构问题依然没有从根本上解决，城乡发展不平衡、乡村发展不充分的矛盾仍然突出。因此，研究我国城乡融合发展的实现路径在当前具有重要的理论价值与实际意义。

本书对我国城乡融合发展的理论机制，融合发展的现状、影响因素、实现路径、政策保障等方面进行了系统研究。

首先，本书在全面梳理国内外城乡融合发展理论和中国特色城乡融合发展实践的基础上，界定了城乡融合发展的内涵，并从驱动因素、驱动主体与驱动方式三个方面阐释了城乡融合发展的动力机制。

其次，本书认为城乡融合是一个多主体、多层级的复杂互动和系统演进过程，由经济融合、人的融合、空间融合、社会融合以及生态融合共同构成，并在构建指标体系的基础上，利用基于加速遗传算法的投影寻踪评价模型，对2009—2021年我国30个省级行政单位城乡融合发展水平进行测度，从时序角度、分区域角度、分维度角度对我国城乡融合发展做了全面分析，进而采用Dagum基尼系数、Kernel密度估计、莫兰指数，分别探究了我国城乡融合发展水平的区域差异及原因、总体和四大区域城乡融合发展水平的整体形态和差异变化、城乡融合发展的空间特征。考虑到城乡融合发展受诸多因素影响，书中还运用实证分析法，定量考察并有效评价了城乡融合发展的影响因素，进一步分析了各影响因素对四大区域城乡融合发展的作用力差异。

接着，在上述研究的基础上，本书剖析了我国城乡融合发展的总体问题以及城中村、近郊农村与远郊农村三种不同类型区域在推进城乡融合发展过程中的具体问题。结合我国城乡融合发展存在的问题，书中从城乡经济融合、人的融合、空间融合、社会融合和生态融合五个方面提出了促进城乡融合发展的总体路径，并创新性地提出：城中村城乡融合适合走乡村深度融入城市的发展路径，近郊农村城乡融合适合走城乡互动的发展路径，远郊农村城乡融合适合走乡村振兴的发展路径。

最后，从构建城乡要素自由流动的体制机制、建立健全城乡产业融合的体制机制、优化城乡基本公共服务体制机制、建立健全城乡收入公平分配的体制机制、建立健全城乡生态环境共治的体制机制五个方面提出了城乡融合发展路径实施的政策保障建议，旨在为政策制定者和实践者提供参考，为助力新时代城乡融合发展提供新思路。

本书的独到之处在于对城乡融合区域进行了细致划分和深入分析。书中将与主城区的空间距离作为分类标准，把城乡融合区域细分为城中村、近郊农村和远郊农村三大类。由于主城区对这些区域的辐射力存在差异，三种不同类型村庄在城乡融合发展的基础条件和面临的问题上也各有特点。因此，本书强调了因地制宜、差异化发展的重要性，为这三类区域分别设计了符合其特点的城乡融合发展路径和模式。此外，本书还全面探讨了城乡融合发展的多种影响因素及影响效应，在理论上阐释了推动城乡融合发展的关键驱动力，并通过对劳动力流动、土地流转、政府农业支持力度、数字经济、经济发展水平、开放性、市场化程度等七个方面的实证分析，揭示了这些因素如何具体影响我国的城乡融合水平，研究结果不仅能拓展城乡融合发展动力机制相关理论体系，而且可为我国城乡融合发展实践提供有益参考。

本书可以为学术界提供城乡融合发展的理论分析框架，也可以为政策制定者和实践工作者提供具体的发展策略和操作指导。书中对城中村、近郊农村和远郊农村城乡融合发展的细分研究，为三类区域城乡融合差异化发展提供了科学依据。笔者希望本书提出的政策建议和实践路径，能够为补齐农业农村短板、促进高质量发展、满足人民对美好生活的向往、促进共同富裕提供有益的参考。

由于研究水平有限，书中不妥和错误之处恳请读者批评指正。

著　者

2025 年 1 月

CONTENTS 目　录

第 1 章　研 究 概 述

1.1　研究背景和意义

党的十九大报告指出，建立健全城乡融合发展体制机制和政策体系，正式把我国城乡关系从统筹发展推进到融合发展阶段。党的二十大报告提出，农业农村优先发展，坚持城乡融合发展，畅通城乡要素流动，指明了未来重塑新型城乡关系的实现路径。党的二十届三中全会通过的《中共中央关于进一步全面深化改革、推进中国式现代化的决定》，对完善城乡融合发展体制机制作出了重要战略部署。进入新时代以来，党中央立足发展实际，针对城乡发展不平衡问题进行了系统政策安排，城乡融合发展取得了明显成效。然而，我国城乡融合发展仍面临着城乡差异尚未消除、城乡生产要素流动不畅、城乡基本公共服务均等化程度较低、城乡融合发展深度不够等问题，因此，研究我国城乡融合发展的实现路径与对策在当前具有重要的理论意义与实际意义。

1. 理论意义

一是为城乡融合发展提供一定的理论依据。本书界定了城乡融合发展的内涵，并从城乡融合发展的驱动因素、驱动主体与驱动方式三个方面，阐释城乡融合发展的动力机制，丰富了城乡融合的理论研究。

二是从多角度对我国城乡融合发展水平进行了测度评价。基于城乡融合发展的内涵，本书从多维度构建城乡融合发展的综合评价指标体系，并从多角度对我国城乡融合发展总指数与分维度指数进行测度评价，既总结了城乡融合发展水平的时序动态演进特征，也分析了城乡融合发展水平的空间非均衡性；书中运用 Dagum 基尼系数揭示我国城乡融合发展的区域差异以及差异来源，是对现有研究的拓展。

三是对城乡融合区域进行细分，扩展了城乡融合发展的研究尺度和范围。本书基于与主城区的空间距离视角，考虑到在完全城市和完全乡村地区还存在过渡空间，城市对不同空间的辐射带动也不相同，因此重新审视城乡空间形态，将城乡融合区域划分为城中村、近郊农村与远郊农村，扩展和细化了城乡融合的研究范围。

2. 实际意义

一是有利于破解我国城乡二元结构问题，促进城乡深度融合发展。本书提出的城乡融合发展的路径与政策保障措施，有助于城乡要素双向自由流动，促进城乡在产业发展、基础设施与公共服务、生态环境共治等多方面实现深度融合发展，从根本上破解城乡二元发展体制，驱使城乡由异质性的二元结构转化为同质性的一元结构，促进我国城乡深度融合发展。

二是有利于推动我国脱贫攻坚成果巩固和乡村振兴战略的有机衔接。我国农村发展相对落后，发展活力不足，本书提出的城乡融合发展路径有助于农村释放经济活力，形成发展的内生动力。在城乡深度融合下实现乡村功能的全面发展和提升，提高农民收入，摆脱贫困，改善农村基础设施，扩大农村公共服务供给覆盖面，增强农民的获得感、幸福感与安全感。

三是有利于提升我国城乡社会治理水平。第一，推动城乡管理服务融合。通过实现城乡基本公共服务均等化以及建立城乡统一的户籍管理制度，促进政府人口基础信息管理便捷化，推进农业转移人口市民化，让农村转移劳动力享有平等的城市公共服务，提升我国城乡社会治理水平。第二，提升乡村现代化治理水平。新乡村治理是一系列制度安排的集合，是乡村秩序的基础，也是乡村现代化的重要内容，城乡融合发展有利于推动我国农村治理现代化。在城乡融合发展的推动下，实现乡村"自治、法治与德治相结合"的治理框架，既考虑了乡村传统秩序中"软"的特性，也考虑了政府自上而下行政管理秩序中"刚"的特性。

四是促进我国城乡绿色可持续发展。本书坚持新发展理念，构建的城乡融合发展评价指标体系和路径以及政策措施都体现了绿色发展理念，主张健全城乡物质、能量循环系统，让乡村田园风光向城市渗透，城市环保理念向乡村拓展；通过建立城乡生态环境共治制度，提高我国城乡的资源环境承载力，建设城乡生态经济良性平衡系统，促进城乡可持续发展。

1.2 主要内容

本书按照"理论机制—现状评价—问题剖析—路径设计—政策保障"的研究思路展开叙述，各章节内容安排如下：

第1章为研究概述。本章主要介绍本书的研究背景，阐述研究的理论价值和实践意义，就本书的研究内容、研究方法、主要创新之处与不足进行逐一说明。

第 2 章为国内外研究进展和理论机制。本章从城乡关系和城乡融合的内涵、影响城乡融合发展水平的因素、城乡融合的实证研究、城乡融合发展存在的问题、实践路径等方面梳理国内外相关文献，对与本书研究命题有关的理论进行系统回顾，主要包括区域经济发展理论、马克思恩格斯的城乡融合思想、当代西方城乡融合理论、中国特色城乡融合思想，并从城乡融合发展的驱动因素、驱动主体与驱动方式三方面，阐释了城乡融合发展的动力机制。

第 3 章为城乡融合发展现状评价。本章首先对新时代城乡融合发展的现实基础进行归纳，在把握城乡融合发展内涵的基础上构建了多维度的评价指标体系，运用基于加速遗传算法的投影寻踪评价模型计算出 2009—2021 年我国 30 个省级行政单位的城乡融合发展水平，进一步从时序角度对我国城乡融合发展、分区域城乡融合发展、分维度城乡融合发展的演进特征进行分析，利用 Dagum 基尼系数、Kernel 密度函数、莫兰指数从空间格局角度对城乡融合发展的区域差异、动态演化和空间相关性进行深入分析。

第 4 章阐述中国推动城乡融合进程中存在的问题与影响因素。本章主要从经济融合、人的融合、空间融合、社会融合和生态融合五方面，剖析了我国城乡融合发展的总体问题。接着运用计量回归方法，实证分析了劳动力要素流动、土地要素流动、政府支农力度、数字经济发展水平、经济发展水平、开放程度、市场化程度等因素对城乡融合水平的影响效应。

第 5 章阐述三种不同类型空间区域城乡融合发展存在的问题。考虑到在完全城市和完全乡村地区还存在过渡空间，城市对不同空间的辐射力也不相同，因此本章重新审视城乡空间形态，深入探究了城中村、近郊农村与远郊农村三种不同类型区域在推进城乡融合发展中的具体问题。

第 6 章分析中国城乡融合发展的总体路径。城乡发展受经济规律的支配，不管在国内还是国外，城乡融合的实践活动都非常丰富。一些发达国家城乡融合发展的经验对我国而言，具有一定的先导性与参照作用。本章选择国内外典型地区城乡融合发展案例，提炼城乡融合发展的经验路径，同时，立足我国国情与城乡关系发展特征，从推动城乡经济融合、人的融合、社会融合、生态融合和空间融合五方面提出我国城乡融合发展之路。

第 7 章为三种不同类型区域城乡融合发展的具体路径。本章阐述推进城乡融合应坚持因地制宜、各有侧重的原则，分析城中村适合走乡村深度融入城市的路径模式，近郊农村适合走城乡互动的发展路径模式，远郊农村适合走乡村振兴的发展路径模式。

第 8 章阐述城乡融合发展的政策保障措施。本章从构建城乡要素自由流动的体制机制、建立健全城乡产业融合的体制机制、优化城乡基本公共服务体制机制、建立健全城乡收入公平分配的体制机制、建立健全城乡生态环境共治的体制机制等五个方面提出了城乡融合发展路径实施的制度保障和政策支持。

1.3　研究方法

本书采用了六种研究方法，以确保研究的全面性、深入性和科学性。

1. 文献研究方法

梳理国内外城乡融合发展的相关文献，归纳总结城乡融合发展研究的理论演化，以及城乡融合的内涵、评价测度、对策等方面的研究现状，在此基础上，确定本书研究的切入点、创新点和研究重点。

2. 案例分析方法

借鉴法国、德国、英国、美国、日本、韩国等国的城乡融合经验，并对国内的四川金堂县、山东寿光县、陕西武功县、浙江海盐县、浙江德清县等典型地区的城乡融合发展进行分析，为我国城乡融合发展路径的设计提供经验支持。

3. 基于加速遗传算法的投影寻踪评价模型

本书运用基于加速遗传算法的投影寻踪评价模型对城乡融合发展水平进行测度。投影寻踪法是将高维度数据向低维空间投影，并通过优化投影指标函数，寻找出最能展现数据结构特征的投影方向的一种方法。一般最佳投影向量方向(权重)就是使目标函数取得最大值的投影方向，再通过实数编码的加速遗传算法对其进行优化。

4. Dagum 基尼系数

基尼系数是分析地区差异的传统方法之一。经济学家 Dagum 在 1997 年提出了按子群分解的方法，将地区差异分解为地区内(组内)不平等、地区间(组间)不平等的净贡献和组间超变密度三个部分，后两者共同衡量组间不平等的总贡献。这种分解方法充分考虑了子样本的分布情况，且有效地解决了样本数据间存在交叉重叠现象的问题。本书运用 Dagum 基尼系数揭示了我国城乡融合的区域差异以及差异来源。

5. Kernel 密度估计

Kernel 密度估计是研究数据分布情况并通过对随机变量 Kernel 密度曲线的估计来描述其动态演进的一种方法。本书主要利用高斯核函数来考察我国城乡融合水平的分布动态。Kernel 密度估计图的分布位置表示城乡融合水平的变化，波峰高度和宽度反映省域城乡融合发展水平差异大小，波峰数量反映城乡融合发展的梯度效应和极化趋势。

6. 探索性空间数据分析方法

城乡融合发展是否具有空间溢出效应，需要运用空间自相关方法进行检验。空间自相关主要采用莫兰指数表示，莫兰指数可分为全局莫兰指数和局部莫兰指数。其中，全局莫兰指数反映的是变量在全样本空间区域的空间依赖程度，局部莫兰指数用于衡量周边地区与本地区在空间上存在多大程度的相关性，验证局部地区是否出现集聚现象。

1.4 创新之处与研究不足

1.4.1 主要创新之处

本书对城乡融合发展的实现路径进行了系统分析，并力求对现有研究的不足进行突破，主要创新之处包括以下几个方面：

(1) 对城乡融合区域进行了细分，扩展了城乡融合发展的研究范围。基于与主城区的空间距离视角，本书将城乡融合区域划分为城中村、近郊农村、远郊农村。主城区对这三类区域的辐射力不同，三类区域城乡融合发展的基础条件也不同，因此应该坚持因地制宜、各有侧重的原则，设计三类区域城乡融合发展的具体路径和模式，具体为：城中村城乡融合应采取深度融入城市的发展模式，近郊农村城乡融合应采取城乡互动发展模式，远郊农村城乡融合应采取乡村振兴发展模式。

(2) 较全面地分析了城乡融合的影响因素及其影响效应。本书从理论上阐释了城乡融合发展的驱动因素，并实证分析了劳动力要素流动、土地要素流动、政府支农力度、数字经济发展水平、经济发展水平、开放程度、市场化程度等因素对我国城乡融合水平的影响效应。

(3) 学术思想的特色和创新。首先，本书在"以人为本"的价值导向下，以实现人的全面发展为出发点和落脚点，坚持经济发展的公平正义，强调城乡地位平等、机会平等、服务均等，实现城乡居民公民权利平等化，城乡居民公共服务均等化，城乡居民收入和生活质量均衡化。其次，坚持创新、协调、绿色、开放、共享的新发展理念，本书构建的城乡融合发展评价指标体系和提出的城乡融合发展的实现路径，都充分体现了该理念。

1.4.2　不足之处

由于作者能力有限以及一些客观原因，本书还存在以下不足之处：

(1) 部分指标无法纳入评价指标体系。由于非实体要素指标测度困难，本书城乡融合指标体系中对非实体要素的融合体现不足，如文化、制度、公众理念等。此外，由于农村地区的数据获取难度大，不得不舍弃部分优良指标。

(2) 缺少国外城乡融合的直接经验。由于国外城乡融合的经验主要来自国内学者的总结，国外视角较少且难以验证，本书只能从宏观角度进行经验总结，无法针对各阶段提出更为精细化的借鉴措施。

第 2 章　国内外研究进展及理论基础

2.1　国内研究进展

党的十九大报告指出要"建立健全城乡融合发展体制机制和政策体系"，随着中国经济步入高质量发展阶段，城乡融合成为国内学者研究的热点之一。现有研究主要集中在城乡关系内涵、城乡融合内涵、城乡融合影响因素、城乡融合测度、城乡融合发展存在问题和城乡融合实践路径等方面。

2.1.1　关于城乡关系内涵的研究

改革开放以来，在工业化发展和城市经济增长背景下，城乡关系成为学术界关注的热点。学术界对城乡关系的概念进行了广泛探讨，但由于城乡关系研究所涉及学科的复杂性，学术界对城乡关系的认识分歧较大，并没有形成一个统一的概念。关于城乡关系的界定大致有以下三种视角：

(1) 从城乡联系视角对城乡关系进行界定，如范昊等认为城乡关系是城市与乡村之间在经济、社会、文化、环境等方面多维度联系的内在体现[1]，刘春芳等则认为这种联系体现在社会经济发展、生态环境保护、空间组织与制度建设等诸多方面[2]；

(2) 基于城乡功能视角，具有代表性的是陈方的观点，他认为城乡关系指城乡之间要素流动和功能耦合的状态，城乡之间的良性互动不能以牺牲任何一方为基础[3]；

(3) 伴随着城乡经济社会与空间联系的增强，学者们开始从城乡互动视角审视城乡关系，认为人口、资本、土地等生产要素在城乡间的双向配置与流动逐渐增强[4]。

可见，城乡关系是"城市"和"乡村"两个紧密联系、相互依赖的共生系统，通过要素自由流动、功能深度耦合、权利平等化实现的新的地域组织结构，必然走向城乡优势互补、协同统一、共同发展的高级形态[5]。

2.1.2　关于城乡融合内涵的研究

自 1949 年中华人民共和国成立以来，我国城乡关系经历了从对立走向融合的过程，其关系内涵也在不同的阶段有不同的解释。中华人民共和国成立伊始，我国城乡关系的主要研究观点是"抑农重工"，在这一阶段政府实行重工业优先发展的战略[6]。从 1953 年到改革开放前，我国城乡二元结构形成并固化。卞靖和刘春玲认为经济学家刘易斯提出的二元经济理论虽然为我国解决经济问题提供了一条全新的思路，但由于该理论没有涉及农业部门的自身发展特性和工农部门之间的互动关系，导致农村经济在发展中资源要素得不到合理配置且抵御风险的能力较弱[7]。改革开放后，我国的城乡关系经历了"趋好—再度分离—城乡统筹—城乡一体—全面城乡融合"的发展过程[8]。在党的十九大提出乡村振兴战略后，城乡融合迈向新阶段，当前中国已由"乡土中国"转变为"城乡中国"[9]。

值得注意的是，虽然学术界基本用"城乡统筹""城乡一体""城乡融合"等概念阐述城乡发展的逻辑，反映了三个概念在城乡关系研究领域的重要性，但三个概念应该进一步明晰。三个概念均将城市与乡村看作一个不可分割的有机整体，均强调通过促进城乡要素的自由流动和公共资源的均衡配置，使城乡之间形成良性互动、深入融合、协调发展、共同繁荣的新格局[10]。城乡一体化与城乡融合之间在内在逻辑上具有一致性，可以说，城乡一体化是城乡融合的逻辑起点，两者在主要内涵、实施方式上并没有显著区别，城乡融合应是城乡一体化的高级样态或最终表现形式。三个概念虽然在最终目标上存在相似之处，但在实现方法、价值追求等方面各有侧重[11]。在实现方法方面，城乡统筹和城乡一体化强调通过政策的调整缓解乡村发展落后的局面，而城乡融合发展则更注重激发乡村活力，通过综合性的手段构建新型城乡关系；在价值追求方面，城乡统筹和城乡一体化过程中，乡村对于城市的依附从属性并没有得到根本缓解，而城乡融合发展则将城市与乡村置于对等的地位，注重挖掘乡村的独特价值。

城乡融合最早由恩格斯提出，是马克思恩格斯城乡关系发展的最后一个阶段。马克思、恩格斯认为，在去除旧分工的基础上，依靠产业教育、改变工种、共享福利来实现城乡融合，最终目标是全体社会成员的才干得到全面发展[12]。结合马克思、恩格斯提出的城乡融合发展思想和我国的实际情况，城乡融合的主要内涵可以概括为把城乡视为一个有机整体，让其处于开放、公平、公正的发展环境中，促使城乡要素流动畅通、产业紧密联系、功能互通互补，最终实现人与自然的和谐相处和人的全方位发展[13]。在城乡融合的发展过程中，一方面，城市为农村产业结构升级、农民人均收入提高、居民生活条件改善等方面提供物质支持；另一方面，农村居民文明素质的提高不仅可以为城市输送更优质的劳动力，还可以为农村自我发展增强内在能力[14]。随着城乡的不断发展，已经不能按照孤立的单一指标精确划分城市和乡村，城市和乡村无法被看作独立的两个社会，而应是相互依存的城乡连续体[15]。城乡融合的本质是城乡关系的重塑，其发展演化为城乡经济、社会、生态和文化之间的互动。

过去城乡间的经济是孤立、对立的，而现在已逐步形成城乡产业体系统筹、互动与融合的新发展局面。农业在工业和服务业的支持下，通过延长农产品产业链条，不断实现现代化、工业化[16]。在城乡经济互动中，相对发达的城市地区和相对贫困的农村地区间的要素壁垒是阻碍城乡融合发展的关键因素。只有让各种资源要素在城乡间自由流动、优化配置，才能缩小城乡差距，从而实现城乡经济和谐共生[17]。

城乡社会互动主要体现在城乡公共服务和社会管理两方面。李鑫等在研究公共服务对城乡融合发展的影响时发现，教育在城乡公共服务融合中占据主导地位，乡村教育资源的优劣决定了乡村公共服务水平的高低；城乡公共服务融合首先以乡村要素吸引力为中介变量，再间接影响乡村的发展[18]。我国城乡融合的快速发展与新一代信息技术的快速增长相碰撞，城乡间的要素流动既能推动城乡经济的增长，也会引发城乡原有社会秩序的失衡。为此，城乡在社会管理方面要不断健全完善基层社会矛盾化解体制机制，建设共治共享的基层社会治理格局[19]。

城乡生态互动的本质表现为人口与资源、环境相匹配的关系。城乡生态互动良好发展必须以准确认知城乡生态差异为前提，以尊重自然、顺应自然、保护自然为理念，推动发展与保护的步调一致，以人与自然和谐共生为最终目标[20]。一方面，城市在与乡村的生态互动中为乡村提供资金、技术、人才等资源，为乡村农业和生态旅游业的发展拓宽市场，优化乡村产业结构[21]；另一方面，乡村的自然景观和文化遗产成为城市居民旅游观光的重要目标与文化体验的载体，吸引城市居民在山清水秀的乡村休闲、养老，以缓解城市交通拥堵、污染严重等"城市病"[22]。

城乡文化互动不仅能推动城乡经济的可持续发展，还能促进乡村物质与非物质空间的全面发展[15]。传统的尊老爱幼、长幼有序等乡村文化受到建立在工业文明之上的城市文化的冲击，一定程度上重构了乡村文化价值观和村民思维，重构的基础建立在农业现代化、农村居民文化意识提高之上，并以此来树立乡村文化自信[23]。互联网的快速发展也使乡村文化和城市文化在网络中进行互动、碰撞、融合，有助于增强城乡居民的文化认同感，缩小城乡差距[24]。

2.1.3　关于城乡融合影响因素的研究

城乡融合是一项庞大的系统工程，其发展受到多方面因素的影响。现有文献将影响城乡融合发展水平的因素归纳为正向因素和负向因素。

正向因素包括社会经济、信息化、数字化、公共服务、政府能力、科技投入、教育投入等因素发展水平的提升。曾佳丽等对三峡水库周边的 15 个县(区)城乡融合发展水平进行分析,发现社会经济因素对城乡融合发展水平的影响最为显著,认为区域经济的发展增强了城市对乡村的空间溢出效应,有利于缩小城乡差距[25]。廖祖君等运用空间计量模型探究出经济集聚可以直接带动区域城乡融合发展水平的提升[26]。许大明等认为城乡的扩散效应和集聚效应都因信息化而得到进一步加强,信息化使地理空间缩减,推动联结城乡的新区域形式的出现,诸如各类开发区、经济产业园、工业区等;信息化还推动城市居民的居住空间向近郊转移,城市人口流动因就业信息的传递而更加频繁[27]。吴宸梓和白永秀提出,数字技术有着高通用性、高渗透性、高共享性等属性,这些属性使数字技术可以在短时间内快速地融入社会,有效解决城乡要素错配、空间错配等问题,为城乡融合发展提供新动能、新机遇[28]。缪小林和高跃光比较了公共服务均等化和公共服务一体化的区别,认为公共服务一体化属于城乡一体化范畴中的一部分,是政府提供给城乡居民共同享受的公共服务,最终目标是实现公共服务均等化[29]。刘阳等指出,城乡融合与公共服务体系之间存在着交互耦合关系,完善的农村公共服务体系为实现城乡融合奠定了坚实的基础,并为其发展提供了强有力的支持,而城乡融合是公共服务体系发展的支撑和保障[30]。郭玲霞等采用 2001—2020 年中国省级面板数据分析城乡融合发展的影响因素,分析结果表明,较高的经济发展水平、政府能力及较多的科技投入和教育投入都能显著地正面影响城乡融合的发展进程;经济发展水平是实现城乡融合的内生动力,政府能力是推动城乡发展的有效动力,科技投入是实现城乡融合的主要途径,教育投入是实现城乡教育公平的重要手段[31]。

负向因素包括与城乡发展不协调的制度因素、城乡收入差距过大、城乡要素错配等。罗雅丽和李同升认为城乡发展不协调的根本原因在于制度因素,改革开放前 30 年,严格的政治经济制度导致城乡处于严密的隔离对立状态[32]。城乡收入比可以间接反映城乡发展关系,蔡昉和杨涛提出城乡的收入差距拉大了城乡之间的差距,这种差距是社会的不稳定因素,容易造成经济效率损失[33]。陈钊和陆铭通过研究揭示城乡收入差距的不断扩大是城乡分割的一种具体表现形式,是城市单方面制定的政策拉大了城乡之间的差距[34]。刘明辉和卢飞实证检验中国城乡要素的自由流动对城乡融合发展水平的影响,结论是城乡要素配置和理想状态有较大的偏差,城乡要素错配密切影响着城乡融合水平的提升[35]。周佳宁等基于"流空间"视角探索淮海经济区人流、物流、资本流等要素对城乡融合发展进程的影响，发现人口通常会选择向发展较好的地方流动，人口的流入促进城乡各个维度的融合发展；现代物流打破了传统的生产和消费方式，但其向内集聚的趋势阻碍了扩散效应的发挥；资本的自由流动为城乡资金带来活跃的资金循环链，但资本的趋利性导致资本对农业生产的利好效应不够突出，城乡经济差距在此期间被拉大[36]。

2.1.4 关于城乡融合测度的研究

由于我国幅员辽阔、人口众多，受历史、地理等因素的影响，各地区城乡之间的发展状态不尽相同。因此，学者们选取不同地区对其城乡融合发展状况进行分析。从建立地区城乡融合发展的指标体系来看，相关学者多采用主成分分析法、层次分析法、耦合协调度模型、基于熵权法等具体研究方法。

(1) 基于主成分分析法的实证研究。主成分分析法是一种简化原始指标数量的统计方法。毕欣程和张之峰从城乡经济社会发展差异、乡村经济社会发展水平、设施与环境建设三个方面建立城乡融合发展评价指标体系，又将三个方面的一级指标具体拆分为一个评价目标层和三个准则层，运用主成分分析法对吉林省 2000—2017 年城乡融合发展情况进行探讨[37]。谢守红等在充分比较城乡发展水平的情况下，从城乡经济融合、社会融合、人民生活融合三个方面对长江三角洲地区 26 个城市 2007 年和 2016 年的截面数据建立了城乡融合评价体系，运用主成分分析法依据各主成分的方差占比得出权重，依次计算各样本值的综合得分[38]。黄永春等运用主成分分析法探讨了数字经济如何影响城乡融合发展，基于 2011—2020 年省级面板数据，研究发现数字经济从城乡收入差距、产业融合、要素流动等多个维度正向促进城乡融合的发展[39]。

(2) 基于层次分析法的实证研究。层次分析法是将定性与定量相结合的方法。周新秀和刘岩建立了经济、社会、人口、空间、生态环境 5 个方面共 15 项指标的城乡融合评价体系，运用网络层次分析法测度了山东省 17 个地市的城乡融合发展水平。结果表明，山东省城乡融合程度和经济发展水平呈正相关，城乡融合程度差异较大，总体呈现由东向西依次递减的趋势[40]。王颂吉等从县域城乡空间、经济、社会 3 个维度构建城乡一体化评价体系，运用层次分析法和均方差决策法对 2011 年陕西省 83 个县(市)进行了测度分析。研究结果表明，县域经济社会发展到一定阶段后产生县域城乡一体化，陕西县域城乡一体化发展水平总体呈现出关中地区中等偏上，陕南地区中等偏下，陕北地区各县(市)差异较大的特点[41]。郭岚从上海的经济发展、基础设施、社会生活、公共服务和生态环境等 5 个维度搭建了城乡一体化发展评价指标体系，运用层次分析法确定各指标权重,结论表明上海城乡一体化程度较高[42]。

(3) 基于耦合协调度模型的实证研究。耦合协调是两个及两个以上系统相互作用而对彼此产生影响,在发展过程中逐步协调一致的现象。王维运用耦合协调模型对长江经济带 131 个地市的城乡协调发展水平进行了测度,研究表明,长江经济带 131 个地市的城乡发展水平都呈现上升趋势,下游城市的城乡协调发展水平较高[43]。王颖等从城市发展水平和农村发展水平两方面构建城乡综合发展水平评价体系,运用耦合协调度模型测算出东北地区城乡协调度整体呈现低水平、地区间差异大但稳步发展的状态[44]。高晓慧测了四川省 21 个市(州)城乡发展耦合协调度,结果表明全省城乡协调度整体向好,但巴中、甘孜、广元等市(州)对城乡发展要素的投入力度不够,导致整体城乡发展水平较低[45]。

(4) 基于熵权法的实证研究。熵权法的基本思想是利用信息熵确定各指标的权重,从而判断某个指标对综合评价的影响程度。杨飞虎等从城乡要素融合、宜居融合、治理融合、产业融合、富裕融合 5 个维度出发构建城乡融合发展水平评价体系,选取 2004—2017 年各省数据,运用熵权法确定各指标的权重,得出在研究年份内各省城乡融合水平持续上升的结论[46]。王伟和孔繁利着重从人口、经济、社会、空间、生态 5 个维度构建城乡融合评价体系,运用熵权 TOPSIS 法测算各省 2005—2020 年城乡融合综合得分,并进一步阐述互联网普及和农村金融发展能够促进本地区城乡融合[47]。庞洪伟等从城乡融合的基础、保障、载体、动力、结果 5 个维度出发,运用熵权法对西藏自治区 7 个地市 2006—2020 年城乡融合发展水平展开评价,发现西藏自治区 7 个地市 2020 年城乡融合发展水平较 2006 年提高了一倍,但 2015 年后融合发展水平波动性较大且整体偏低[48]。

2.1.5 关于城乡融合发展存在问题的研究

改革开放以来,中国城乡融合发展取得了长足进步,但是在发展过程中仍面临一些问题和亟须突破的难点。学者们就这些问题及难点,从不同角度进行了分析与研究。

(1) 从制度演进角度的分析。李迎生认为,虽然我国在 20 世纪 50 年代实现的户籍制度、劳动用工制度、粮油供应制度和社会福利制度在一定程度上推动了社会的发展,但是这些制度也固化了城乡二元结构。改革开放以来,家庭联产承包责任制的推行、乡镇企业和城镇的崛起使得城乡二元结构有所松动,但要彻底改变这种结构,还需要国家经济实力和综合国力的大步提升[49]。刘纯彬指出由户籍制度、粮食供给制度、住宅制度等 11 种制度组成的二元社会结构是城乡利益冲突的根本原因，阻碍了农村的工业化和城市化[50]。张丽艳等认为户籍制度、劳动就业制度、用地制度等六大制度是城乡关系发展的障碍，提出要打破城乡分割的户籍、就业和社会保障制度，缩小城乡各项制度的差距，城市与农村相互作用才能提高城市化水平[51]。王南以四川省城乡融合为例，提出目前城乡融合规划的体制机制有待进一步健全，城市规划和乡村规划无法统筹，乡村规划过于片面、单一[52]。

(2) 从生产力和生产关系角度的分析。赵伟指出由于城市和农村的工农产业分布不同造成了城乡生产力的分布差异，导致农业在市场前景、技术创新和资本青睐方面都处于劣势；并且随着社会经济发展，家庭联产承包责任制已不再适合当前的农业发展需求，其单薄的势力难以抗衡自然风险和市场风险[53]。冯雷认为随着知识经济时代的到来，工业的不断创新使得其吸收劳动力的过程放缓，而农业机械化时代的到来，又释放出大量农村劳动力；新的产业无法完全吸收农村剩余劳动力，农村剩余劳动力无法适应产业的升级转型[54]。周清香和何爱平指出生产力是推动城乡发展的根本动力，生产关系是推动城乡发展的根本条件。当前由于城乡二元结构的存在、城乡公共服务的不均等化以及要素在城乡间不能自由流动，导致农村生产力发展受阻，这在很大程度上制约着城乡融合发展[55]。

(3) 从社会融合角度的分析。何永芳等通过解析城乡融合发展的逻辑，认为城乡的社会保障体系还没有达到一体化，主要表现为农村卫生保障不到位、教育资源投入力度不够、文化事业脱离农民群众实际以及城乡一体化机制体制不完善[56]。岳志鹏在探讨城乡融合的必然性和可行性的基础上，依据 2000—2016 年城乡基础设施配置表，提出城乡融合发展过程中一大突出问题是城乡公共资源配置不均衡，从基础设施配置表中可以明显看出在城乡基础设施建设过程中存在不均衡情况[57]。黄渊基等认为城乡收入差距的逐步扩大是当前城乡融合发展进程中的主要问题[58]。申丽坤等以城乡融合的视角，提出农村人口迁移到城市后没有获得与城市居民同等的社会身份和权利，这在社会保险制度、救济制度、福利制度等方面尤为突出[59]。

2.1.6　关于城乡融合实践路径的研究

在厘清影响城乡融合发展水平的影响因素和面临的主要问题后，我国城乡融合的实践路径也得到学者们的广泛讨论，这些讨论主要从以下四个方面展开：

(1) 从政府与市场的关系视角分析。文丰安认为在推进城乡融合高质量发展的道路上，政府与市场要分别发挥自身的优势，市场要发挥在资源配置中的决定性作用，政府要采取财政补助、税收优惠等政策吸引要素流入乡村[60]。张天佐提出，在乡村振兴战略的实施下，我们要坚持市场在资源要素配置中的决定性地位，使得政府更好地发挥自身的作用，健全城乡统一、竞争有序的市场环境[61]。高帆认为新时代城乡融合的内涵和意义更加广阔，这就要求政府和市场的关系进一步调整，政府和市场的关系不再是单纯的替代关系，而是基于统筹协调发展的互补关系。他提出政府要继续放宽对要素市场的管理力度，促进城乡要素双向流动，健全地方财政体系及考核激励机制[62]。

(2) 从建立健全融合机制视角分析。魏后凯认为中国经济发展已进入新常态，制度体系的构建要从整体的角度考虑，"四大制度"和"两大体系"的建立是城乡发展的根本制度保障。"四大制度"指改革未触及社会福利统一的户籍制度、建立城乡统一的土地制度、完善城乡就业不平等的就业管理制度、建立完善城乡均等的社会保障制度；"两大体系"指将城市基础设施向农村不断延伸的公共服务体系、建立城乡统一治理的社会治理体系[63]。袁方城和周韦龙立足中国式现代化进程，充分考虑乡村特色与资源禀赋，主张在城乡空间全领域建立城乡共治机制，提高城乡空间利用效率[64]。盛开在分析我国基本国情的基础上，进一步提出重构城乡关系就要打破土地单向流转到城市的土地制度，为农民获取更多利益；建立有多方资金参与的投融资制度，改变资金由农村单向流入城市的困局；加大政策激励，打通人才回乡通道，为人才创造有利的就业机会和就业环境[65]。

(3) 从推进要素在城乡间流动视角分析。陈晓莉和吴海燕提出要创新城乡间要素流通方式，用多样化和差异化的理念发展农村农业，形成农村和城市的互补关系，如发展乡村旅游、农村电商等，吸引外部资金、人才流入农村[66]。梁鹏通过对河南省城乡融合现状的研究，认为城市和农村间劳动力、资本、土地等要素的流动推动了河南省城乡融合的发展[67]。文丰安在对中国式城乡融合进程进行分析后，进一步提出国家首先要加大对流入乡村资金的激励政策，利用虹吸效应吸引更多社会资本；其次各地政府要定期对城乡融合进程展开督查，确保资金使用到位，提高资金的利用率；最后，完善金融体制，为农村农民返乡创业提供金融支持，拓宽城乡之间的资金往来[68]。

(4) 从乡村多层次发展的视角分析。曾鹏等以北京市通州区枣林庄村为研究对象，提出在我国城乡融合不断深入发展的过程中，将乡村划分为个体、群落和城乡区域三级空间，能够较为完善地匹配乡村振兴三级目标，从乡村个体差异化定位、乡村群落优势互补、城乡区域结构优化融合三个方面，为城乡融合提供发展新思路[69]。李小红和段雪辉认为在当前城乡融合中乡村仍处于被动顺从的发展地位，应该让乡村和农民摆脱依赖的地位与心理，大力引进乡村人才，推动土地集约化经营，发展农村集体经济，建立完善的农民专业合作社[70]。罗志刚提出打造"块状组团式"居住群，构建城乡社区管理模式，并引导农村居民自我管理、自我服务，共建城融乡中的和谐画面[71]。

2.2　国外研究进展

自现代城市出现后，各国学者对城乡融合的讨论便没有停止过。国外学者对城乡融合的讨论本质上是探索城乡二者的关系，且理论具有明显的时代特征。本节通过对国外城乡发展理论的梳理，探讨城乡融合的影响因素，从而探索城乡融合的合理发展态势。

2.2.1　关于城乡发展理论的研究

早在 16 世纪，托马斯·莫尔就洞悉了早期资本主义的本质并提出批判，他在《乌托邦》一书中试图构建城乡和谐发展的雏形——乌托邦社会。19 世纪早期，圣西门提出实业制度，期望由工商业资本主义带领农业发展，试图在这种制度下将农业和农民的利益最大化，以缓解城乡矛盾[72]。罗伯特·欧文提出的农业新村建立在公有制工农合作社的基础上，他认为工业是物质基础，把城乡结合的农业新村看作缓解城乡矛盾的希冀之地[73]。埃比尼泽·霍华德则在《明日：真正改革的和平之路》一书中提出一种全新的理论——田园城市论，该理论认为城市应有严格的人口数量限制、土地规模限制和城市用地限制，旨在建立一个可以避免因城市发展过快而产生"城市病"的田园城市，将城和乡的发展等同起来[74]。20 世纪 50 年代后，工业化的极大发展推动了城市化进程的加速，但同时也带来城乡对立的矛盾，世界各国都开始关注城乡发展问题。荷兰经济学家 J. H. 伯克在研究印度尼西亚的社会经济问题时，提出了"二元经济"这一概念。后来，美国经济学家威廉·阿瑟·刘易斯在其著作《劳动无限供给下的经济发展》中提出，发展中国家的城市现代工业部门不断从农业部门中汲取过剩劳动力，直到过剩劳动力被完全吸收，迎来劳动力从供给过剩到短缺的"刘易斯拐点"，至此城乡二元结构转变为一元结构[75]。戴尔·乔根森在批驳刘易斯模式的基础上，提出新的二元经济理论。他认为，当农业增长超出人口最大增长限度时才会出现农业剩余，并且工业的产生和发展都是以农业剩余为基础的。因此，农业剩余越大，工业增长的速度越快[76]。Ranis 和 Fei 也对刘易斯的理论提出质疑，指出他过于强调工业的重要性，而忽视农业的发展。他们认为，要平衡工业和农业的发展进程，才能消除发展中国家的二元经济结构[77]。马克思、恩格斯运用唯物史观阐明了从事工业和农业的不再是两个阶级，而是同阶级的人从事不同的工种；城乡融合的发展形态应是结合城市和乡村的优点，而去掉两者的糟粕[78]。瑞典经济学家缪尔达尔在其著作《经济理论与不发达区域》中提出"回波效应"和"扩散效应"，指出不发达地区市场自由运行会造成国家内部经济发展的不平等，即会产生地理上的二元经济结构[79]。20 世纪 90 年代，日本学者岸根卓郎提出城乡融合的国土设计，他将城乡系统放入整个自然界中，规划出"自然-空间-人类系统"三维于一体的城乡融合社会，以期实现城乡的协调发展[80]。区域经济非均衡发展理论为城乡融合理论提供了不同视角的理论基础。法国经济学家弗朗索瓦·佩鲁提出的增长极理论认为，经济增长不可能均衡地作用于每一个区域或行业，而是由一个增长点或增长极向外扩散，带动其他区域或行业的发展[81]。J. R. 弗里德曼的"核心-边缘"理论将空间系统分为核心区和边缘区，核心区和边缘区相互依存，但整体发展方向取决于核心区，二者共同发挥优势，推动区域协调发展[82]。阿尔伯特·赫希曼的不平衡增长理论主张在投资资源有限的情况下，发展中国家应首先投资具有较强产业关联度的产业部门，使引致投资最大化，来推动其他产业部门的经济增长，逐步缩小区域经济差异[83]。

2.2.2　关于城乡融合的影响因素研究

20 世纪 50 年代后，随着农业机械化的广泛运用，大量农村劳动力失去了工作，城乡之间的关系发生了改变[84]。在国外城乡融合影响因素的研究中，要素能否自由流动很大程度上影响着城乡之间的关系。德国经济学家阿尔弗雷德·韦伯提出，城乡间产业要素的自由流动可以使城市和乡村的资源配置更加优化，从而减小城乡间的空间差异[85]。美国学者理查德·佛罗里达在研究了19 世纪 70 年代和 20 世纪 30 年代两次经济危机的基础上指出，人口要素在城乡间的自由流动对城乡融合发展有着至关重要的作用；一个地区只有留住人才、用好人才，才能振兴地区经济，促进城乡发展[86]。随着对城乡关系研究的深入，一些国外学者认为平等的城乡居民收入分配制度也影响着城乡关系的发展。秘鲁前总统亚历杭德罗·托莱多在其著作《共享型社会》中提到，合理平等的分配制度才能拉动拉丁美洲的本土消费，才能带动经济增长，确保真正提高居民的幸福感，从而打造出共享型社会[87]。美国学者马修·德雷南在研究了 2008 年金融危机和大萧条之间的潜在联系后指出，收入的不平等才是引发两次危机的原因，并强调引起城乡居民收入不平等的根本原因在于政治制度[88]。

影响城乡融合的因素是纷繁复杂的，美国经济学家约瑟夫·E. 斯蒂格利茨在其著作《重构美国经济规则》中强调，美国目前的贫富差距远超于政治和经济社会所反映的现状。他认为，必须在基础设施等公共资源上投入大量资金，才能为社会经济的长期发展打下牢固的基础[89]。Ahmed Hussein Allawi 和 Haider Mohammed Jawad Al-Jazaeri 两位学者运用 GIS 技术对伊拉克阿巴西亚区的各个村庄进行分析，他们认为，农村地区的良好发展对城乡融合有着积极的作用，农村的人口、经济活动的性质、农村与主干道的距离、农村与卫生院的距离等因素对农村地区的发展影响较大[90]。随着信息通信技术的不断发展，互联网促进了技术的传播和创新，提高了人们做决策的质量，刺激了消费需求并且降低了生产成本，对经济增长的作用愈加显著。Michaël de Clercq 等通过汇总估算欧盟成员国城乡宽带覆盖和经济增长的关系，认为欧洲城乡数字鸿沟是真实存在的，而这一差距也导致农村地区实体经济的落后，是城乡经济差距不断扩大的原因[91]。

2.2.3　关于城乡融合的实践路径研究

为推动城乡关系的良好发展，国外学者提出诸多城乡融合的具体实践路径。结合各地区不同的发展路径，John Knight 对日本农村"一村一品"的做法予以肯定，他认为这种方式让当地能够结合自身优势，因地制宜，选择适合的发展方式，同时积极拓宽海内外市场，提高当地产品销售量，促进地区经济发展效益[92]。Dafang Shi 在研究亚洲地区城乡融合现状中，提出城乡互融区这一概念。他认为，目前很多城市已经出现了这块区域，这是独立于城市和乡村的区域，但同时这块区域又是城市和乡村结合的产物，它模糊了城市和乡村的边界，又促进了两者的交融，能够极大地推进城乡的进一步融合[93]。小城镇的发展为城乡融合提供了新的角度，Bajracharya 在研究尼泊尔小城镇的基础上提出，当地应以市场为导向，整合资源向外发展，利用增加对小城镇和重要村庄的投资以及为当地农业发展提供信贷服务等手段，促进小城镇发展[94]。Gaile 指出，小城镇的活跃发展可以为城市提供非农就业人员，还可以为乡村农业活动注入新鲜力量，改善城乡间的关系[95]。从其他不同角度探索实践路径，阿尔弗雷德·韦伯认为，首先要将城市和乡村空间上的差异逐步缩小，这样就能推动城乡进一步交流，加快要素在城乡间的自由流动，从而能够在城乡间进行资源要素的合理配置[85]。Nguyen 等提出可以在城市形成"区位熵"，以此吸引农村劳动力择优流动，通过人口聚集、城市资本回流农村、城市文化外溢等方式作用于城乡融合[96]。Andrea Cattaneoa 等依据城乡连续体，提出城乡福利服务区(URCA)的中心地理论，并详细比较了在考虑城乡联系时不同融合方法的区别，最终给出政策建议：要建立多中心系统，打造多个城市中心，为农村提供丰富的就业机会和广阔的农产品市场，充分发挥多个城市中心的扩散效应，使农村不再受单一城市中心的影响，实现城乡社会经济进一步融合[97]。

2.3 理 论 基 础

2.3.1 区域经济发展理论

区域经济发展理论旨在揭示区域与经济相互作用的影响结果，是研究在一定自然区域或行政区域内经济活动变化或运动规律的理论。这一理论在资本主义蓬勃发展的 18 世纪萌芽，并在资本主义工业化快速发展的 20 世纪逐渐兴盛，直至今日依然充满活力。区域经济发展理论的创始人、德国农业经济学家约翰·冯·杜能提出了农业区位论，20 世纪德国经济学家阿尔弗雷德·韦伯提出了工业区位论，随后德国经济学家沃尔特·克里斯塔勒在杜能和韦伯理论的基础上构建了中心地理论。此外，德国经济学家奥古斯特·勒施提出了创新性市场区位理论。这些早期的区域经济发展理论大都是运用大量实地调研资料后得出的理论模型，研究方法都是微观区位因素，研究对象都以单项决策为主，研究区域是与外界隔绝的孤立区域，在研究过程中容易忽视自然条件和各区域差异。

20 世纪 50 年代后，区域经济发展理论研究的关注点逐渐由研究区域内问题转变为研究区域间问题，从而促使两大流派区域均衡发展理论和区域非均衡发展理论诞生。

在区域均衡发展理论的发展进程中，英国经济学家罗森斯坦-罗丹的大推动理论和美国经济学家罗格纳·纳克斯的贫困恶性循环理论产生了深远的影响。罗森斯坦-罗丹主张，发展中国家应对国民经济的各个领域同时进行规模一致的投资，以促进整体经济的快速增长。罗格纳·纳克斯认为，发展中国家存在供给和需求不足的两大恶性循环链条，想要破除恶性循环，必须增加储蓄，扩大投资规模，促使各个行业产生相互需求。区域均衡发展理论在新古典经济学的基础上，以完全竞争市场和生产要素无成本自由流动作为假设条件，认为当生产要素(资本、劳动、技术)的边际收益在区域间取得均衡时，区域总收益才能达到最大值。但由于过于理想化的前置条件和采用静态分析方法，区域均衡发展理论只在市场机制成熟的发达国家有研究价值，而无法在发展中国家的经济发展中提供理论动力；并且该理论忽视了市场的作用，因为在发展中国家较为发达区域往往基础服务设施较好，资本更倾向于这些发达区域，而非在各个区域均衡投资。

发展中国家在经济建设中采用较多的是区域非均衡发展理论，该理论驳斥了均衡发展理论关于完全竞争市场和要素无成本自由流动的前提条件，认为应该正视区域经济差异，优先发展占据优势的区域或部门，通过这些区域或部门带动全局的发展。非均衡发展理论体系按照是否纳入时间变量分为两类：无时间变量的理论探讨的是区域和产业之间的横向关系，主要有缪尔达尔的循环累积因果论、佩鲁的增长极理论和弗里德曼的"核心-边缘"理论等；有时间变量的以美国经济学家 J. G. 威廉森的"倒 U 型"理论为代表，该理论以区域经济的空间结构变化为研究对象，通过截面分析和时序分析，认为发展阶段与区域差异大小存在倒 U 型关系，并且在经济发展达到较高阶段后，持续的增长将更加依赖于区域间的均衡。在非均衡发展理论的框架下，有两种不同的观点：一种认为区域之间存在相互影响但发展趋势并不一致，另一种则认为区域内部的自我累积和循环导致了区域间的两极分化。20 世纪 80 年代后，区域经济发展理论迎来了百花齐放的时代，如迈克尔·波特对产业集群的研究，彼得·罗布森提出了产业经济一体化，我国学者王缉慈、赵慕兰倡导的区域创新网络新观念，等等。

　　区域经济发展理论在每个阶段都有其时代局限性，每个时代的理论既有对上个时代的继承，也有创新。党的十八大以来，中国经济社会发展进入了新时代，社会主要矛盾也转变为人民日益增长的美好生活需要和不平衡不充分的发展之间的矛盾。因此，城乡融合发展成为新时代发展的应有之义和必然要求。

2.3.2　马克思恩格斯的城乡融合思想

　　马克思和恩格斯在批判地继承空想社会主义思想的基础上，坚持历史唯物主义和辩证唯物主义基本观点，深刻揭示了城乡关系从混沌一体到高度融合的演进规律。在原始社会，人类大多依靠捕猎、采摘等方式生活，生产力低下。随着时间的不断推移，人们开始集中而居，出现了早期的农耕活动。之后，人口规模愈加庞大，粮食产能过剩，人们开始创造性地发明生产工具，生产力得到进一步提升。随着几个部落通过契约或征服形成大小不一的城市，城乡关系开始登上历史舞台[98]114。伴随着社会分工的明确和细化，乡村资源和人口不断流向城市，逐渐拉大了城市和乡村的差距。现代城市诞生于资本主义生产方式之中，工场手工业和机械化大生产进一步巩固了城市的主导地位。机械化大生产使得城市对劳动力的需求激增，促使大量农民抛下土地来到城市，成为资本主义生产中的一环。虽然这些农民在城市中得到了更好的生活和更多的财富，但是大工业生产方式不断渗透到城市的每一处角落，取代工业和手工业的旧秩序，最终城市战胜乡村，激化了城乡矛盾，城乡差距进一步扩大，城乡关系由混沌一体走向分离对立[98]243。

　　马克思和恩格斯在深刻把握城乡关系发展规律的基础上，科学展望城乡关系发展的最高境界——城乡融合。恩格斯在其著作《共产主义原理》中首次引入了"城乡融合"的概念,他强调,唯有打破传统的分工模式,通过产业教育和工种的变革,才能确保每个人都能受益于社会福利,再进一步通过城乡融合使社会所有成员都能得到全面发展[98]243。在《论住宅问题》中,恩格斯又进一步阐释了实现城乡融合的必然性。他指出:一方面,实现城乡融合是工业发展的直接需要,随着科学技术的不断发展,资本主义工业生产将摆脱受限于原料、燃料和市场的局面,这为其在全国范围内均匀分布创造了有利条件;另一方面,实现城乡融合是农业生产和公共卫生事业所必需的,城市工业发展所侵占的土地及造成的巨大环境污染对乡村农业生产和公共卫生事业发出挑战,而由此形成的矛盾只能随着农业生产和公共卫生事业的进一步发展得到解决,这二者的发展又必将推动城乡融合的实现。

"工人和农民的阶级差别消失""人口分布不均现象消失",这是马克思、恩格斯认为实现城乡融合的标志。马克思、恩格斯从社会宏观层面提出了城乡融合的实现条件:生产资料的公有制是城乡融合的基础,社会分工与生产力发展是城乡融合的动力,人的自由全面发展是城乡融合的主体条件。

马克思主义完成了城乡间对立统一关系在理论层面的推导,将城乡关系纳入政治与社会议题,从宏大的历史唯物角度考察了城乡关系的演变规律,但受制于时代局限和阶级斗争的目的,关于如何实现城乡融合仅做了基础性的思考,在实现机制和路径方面的内容较少。

2.3.3 当代西方城乡融合理论

1. 空间社会学理论

伴随着全球化、工业化、城市化进程的快速推进,空间成为呈现社会各种现象的载体,以空间为研究范式的空间社会学在这一背景下诞生了。空间社会学研究最早可追溯到以法国社会学家奥古斯特·孔德为代表的西方古典社会学派,到 20 世纪初至 30 年代是以美国社会学家罗伯特·帕克为代表的芝加哥学派,直至 20 世纪 60 年代以法国哲学家亨利·列斐伏尔为代表的新马克思主义学派诞生,空间社会学才逐渐发展成社会学分支学科。在这一理论的发展早期,学者们将空间看作独立的、客观的个体,忽略了城市空间与城市社会的联系。列斐伏尔在其最后一部重要著作《空间的生产》中,从空间的视角探讨人类社会,以空间和区域的冲突隐喻阶段冲突,深刻批判了城市空间的日常生活状况。他认为,城市是资本主义发展的载体,是日常生活、使用价值消费和社会再生产的区域性具体场所,是全球性矛盾最突出、最严重的地方。在空间生产的过程中,城市空间的基本矛盾就是剥削空间以谋求利益的资本的需要与消费空间的人的需要之间的矛盾[99]。随着工业化和城市化的飞速发展,城市空间呈现爆炸式扩张状态，挤压了城市居民的生活空间。城市空间通过吸收大量过剩资本和劳动力，在缓解危机的同时也制造出了经济泡沫，为经济危机埋下巨大隐患。

随着社会形态的变化和历史进程的推进，社会空间的矛盾有了新的变化，从而推动社会空间在结构和模式上作出相应调整。这有助于中国在推进城乡发展的道路上，能够及时对暴露出的问题作出调整并合理规划发展道路。当前中国城乡发展的实质就是空间扩张和资本积累、增值，其主要表现为城市吞并城郊的土地与村庄，使之成为新的城区；中心城市不断改建、重建，以提高土地的使用价值。城市作为现代性活动开展的主要空间，其迅速扩张与乡村急剧收缩是相互影响的。因此，在城乡发展的过程中，我们更应该考虑城市与乡村的融合，打破城市和乡村在工农业发展、公共产品服务、基础设施建设等方面的空间距离感。中共中央、国务院在《关于建立健全城乡融合发展体制机制和政策体系的意见》中指出，在树立城乡一盘棋的理念下，构建城乡规划布局；根据"多规合一"的标准来制定市县的空间规划，确保土地使用规划与城乡规划能够紧密结合，保障"三区三线"在市县级别得到准确实施[100]。"三区"是指城镇空间、农业空间和生态空间，"三线"是指根据这三类空间划定的生态保护红线、永久基本农田保护红线和城镇开发边界。可以看出，党在制定国家发展政策规划中，始终坚持以优化空间治理体系和空间结构为主导方向，根据我国特有的条件，构建城乡空间管理的规划和建设布局。

2. 空间相互作用理论

为了确保生产和日常生活的稳定运行，无论是城市间还是城市与乡村之间，都不断进行着物质、能量、人员和信息的交流互动，这种持续不断的交流互动被称作空间相互作用[101]。1957 年，美国地理学者爱德华·乌尔曼首次提出了空间相互作用理论。随着对这一理论的深入探索，乌尔曼汲取了众多学者的见解，并结合其他学科的理论模型，形成了空间相互作用理论体系。他认为空间相互作用的产生必须具备三个前提条件：首先是城市间的互补性，城市间对商品、技术、资源等要素有相互需求；其次是城市间的通达性，这不仅受城市间交通物流的影响，也受城市间行政、文化、社会等因素的影响；最后是相互作用的可介入性，具体是指城市间的相互作用是多层次的，一个城市与另一个城市之间的相互作用会受其他城市的影响。正因为这样的相互作用关系，空间上独立的各个城市才能整合成一个有机体。

空间相互作用的方式有三种。一是对流，指劳动力、生产资料等在空间上的移动；二是传导，涉及多种系统间的联系，例如行政系统、财务系统等；三是辐射，指信息的扩散和创新的引领带动作用。城市和乡村也利用这三种方式发挥空间相互作用的影响，城市和乡村之间持续地交换资本、劳动力、信息等要素，在资源分配、空间布局、功能分工等多个方面实现全面的协调与整合，例如基础设施的建设、产业的配套关联、公共服务一体化等。因此，在充分发挥城市规模效应、协同效应的基础上，应该统筹城乡融合发展，将提升城乡融合发展质量作为增强城乡空间相互作用的着眼点。

2.3.4　中国特色城乡融合思想

从中华人民共和国成立之初的农村支持城市，到新世纪的城乡统筹、城乡一体化，直到新时代的城乡融合，一系列城乡建设政策体系较为完整地展现了不同时期、不同经济基础下城乡关系与国家经济建设目标的协调，同时也是对马克思主义城乡关系理论的实践。源于中国城乡关系实践的理论总结，如城乡一体化思想、城乡统筹思想等，形成了中国特色城乡融合理论体系，进一步完善了马克思主义城乡关系理论，填补了城乡融合的实现路径与机制的空白，对发展中国家如何在城市化进程中协调和平衡城市与乡村关系具有重要的参考意义。

中华人民共和国成立后，毛泽东同志在中共七届二中全会上强调，城乡必须兼顾，必须使工人和农民、工业和农业紧密地联系在一起[102]。在此思想的指导下，中国共产党通过开展土地改革、缩小征税范围减轻农民负担、促进城乡商品交流等多项措施，调动经济活力，巩固新生政权。在此基础上，我国开始着手社会主义改造，实施"一五"计划。在实现"先进工业国"战略目标的指引下，农业大力支援工业、农村大力支持城镇的现象导致了城乡分割的二元结构。统销统购制度、户籍制度、人民公社制度等虽然为工业发展创造了良好的条件，但是这些制度将农业劳动人口严格限制在农村，压制了农业的发展。在中华人民共和国成立到改革开放前的这段时间里，我国主要处于以城市为中心的城乡兼顾阶段。

党的十一届三中全会后，以邓小平、江泽民、胡锦涛为核心的中央领导集体，先后提出"城乡互动""城乡协调""城乡统筹"的城乡发展观，是马克思主义城乡关系理论与中国具体实际相结合的成功典型。邓小平同志认为，结合我国的实际国情，当时我们有 80% 的人口都居住在农村地区，因此，必须首先解决农村问题。同时，他认为，农业和工业、城市和乡村相互影响，农业是工业发展的基础，工业可以支援农业的发展，实现农业现代化[103]。随着改革开放的不断深入，工业化、城镇化的步伐不断加快，城乡发展差距也在逐步拉大。为了缓解城乡发展矛盾，构建融洽的城乡关系，江泽民同志于 2002 年在党的十六大报告中提出，统筹城乡经济社会发展，建设现代农业，发展农村经济，增加农民收入，是全面建设小康社会的重大任务。2004—2012 年的中央一号文件对这一理念不断丰富和发展。2007 年，胡锦涛同志在党的十七大报告中提出，要建立以工促农、以城带乡长效机制，形成城乡经济社会发展一体化新格局，为加快农业和农村发展指明了方向。

党的十八大以来，我国发展步入了新的历史时期，社会的主要矛盾已经转变为人民日益增长的美好生活需要和不平衡不充分的发展之间的矛盾。考虑到我国目前的实际情况，城乡之间的发展不均衡是主要问题，而乡村的发展也不够充分[104]。因此，以习近平同志为核心的党中央提出，形成"以工促农、以城带乡、工农互惠、城乡一体"的新型工农城乡关系，让广大农民平等参与现代化进程、共同分享现代化成果。党的十九大首次提出"城乡融合发展"的概念，标志着我国城乡关系进入新的历史阶段。2019 年，《关于建立健全城乡融合发展体制机制和政策体系的意见》(以下简称《意见》)的发布，是党在十九大后作出的重大决策部署。《意见》主要强调要健全农业转移人口市民化机制、建立要素合理配置机制(如人才入乡和工商资本入乡激励促进机制、科技成果入乡转化机制、农村承包地制度、农村宅基地制度改革机制等)、建立基本公共服务普惠共享机制、建立基础设施一体化发展机制、建立健全有利于农民收入持续增长的体制机制。党的二十大报告继续强调，坚持城乡融合，加快打通城乡要素自由流动渠道，持续推进乡村振兴发展，并就加快推进城乡融合作出一系列部署。党的十八大以来，以习近平同志为核心的党中央高度重视城乡发展，站在全局的高度，科学研判我国城乡发展面临的新形势、新任务，结合马克思主义城乡关系理论形成了一系列关于城乡发展的新思想、新理念、新战略。在这一过程中，习近平总书记始终坚持以马克思主义城乡关系理论为指导，不断总结实践经验，逐步形成了习近平新时代中国特色社会主义思想，为处理好城乡关系提供了新思路，打开了新局面[105]。

党中央在 2021 年发布的中央一号文件《中共中央 国务院关于全面推进乡村振兴加快农业农村现代化的意见》中提出，要加大农村资源路、产业路、旅游路和村内主干道的建设，打造城乡交通一体化。只有先解决交通不便，才能有助于城乡间解决空间上距离带来的问题。城乡间在产业结构上也应加强分工协作，调整优化农业产业结构，提高农业机械化、智能化水平，使城市创新辐射农业产业重点领域和关键环节，以城带乡，提高城乡融合发展质量。

国家发改委颁布的《2022 年新型城镇化和城乡融合发展重点任务》中提出，提高农业转移人口市民化质量，推进城镇基本公共服务均等化，加强农民工就业服务和技能培训；持续优化城镇化空间布局和形态，完善边境地区城镇功能，加快推进新型城市建设，提升城市治理水平；以县域为基本单元推动城乡融合发展，推进城镇基础设施向乡村延伸、公共服务和社会事业向乡村覆盖，推进巩固拓展脱贫攻坚成果同乡村振兴有效衔接。

2023 年中央一号文件指出，坚持农业农村优先发展，坚持城乡融合发展，强化科技创新和制度创新，坚决守牢确保粮食安全、防止规模性返贫等底线，扎实推进乡村发展、乡村建设、乡村治理等重点工作，加快建设农业强国，建设宜居宜业和美乡村。

2024 年，《中共中央 国务院关于学习运用"千村示范、万村整治"工程经验有力有效推进乡村全面振兴的意见》指出，以学习运用"千万工程"经验为引领，以确保国家粮食安全、确保不发生规模性返贫为底线，以提升乡村产业发展水平、提升乡村建设水平、提升乡村治理水平为重点，强化科技和改革双轮驱动，强化农民增收举措，打好乡村全面振兴漂亮仗，绘就宜居宜业和美乡村新画卷，以加快农业农村现代化，更好推进中国式现代化建设。

中国特色城乡融合思想在马克思主义思想的价值引领和作用机制指导下，进一步明确了城乡融合的实现路径，并以不同时代背景下的政策实践验证了其科学性与可行性。表 2-1 展现了中国城乡融合政策具体的演进过程，图 2-1 归纳了城乡统筹—城乡一体化—城乡融合发展政策演变的关键节点。时至今日，虽然城乡融合在实践中取得了巨大成就，但我国的城乡二元结构问题尚未得到根本解决，依然需要继续探索落实城乡融合发展的有效路径。

表 2-1　中国城乡融合政策演进过程

时　间	文件及会议名称	主　要　内　容
2002 年 11 月 8 日	党的十六大报告	统筹城乡经济社会发展，推进农业和农村经济结构调整，全面繁荣农村经济。
2003 年 12 月 31 日	《关于促进农民增加收入若干政策的意见》	按照统筹城乡经济社会发展的要求，坚持"多予、少取、放活"的方针，调整农业结构，扩大农民就业，深化农村改革，尽快扭转城乡居民收入差距不断扩大的趋势。
2004 年 12 月 31 日	《关于进一步加强农村工作提高农业综合生产能力若干政策的意见》	坚持统筹城乡发展的方略，继续调整农业和农村经济结构，进一步深化农村改革，促进农村经济社会全面发展。
2005 年 12 月 31 日	《关于推进社会主义新农村建设的若干意见》	统筹城乡经济社会发展，扎实推进社会主义新农村建设。

续表一

时 间	文件及会议名称	主 要 内 容
2006 年 12 月 31 日	《关于积极发展现代农业扎实推进社会主义新农村建设的若干意见》	统筹城乡经济社会发展,实行工业反哺农业、城市支持农村和多予少取放活的方针,巩固、完善、加强支农惠农政策,切实加大农业投入,积极推进现代农业建设,强化农村公共服务,深化农村综合改革。
2007 年 10 月 15 日	党的十七大报告	统筹城乡发展,建立以工促农、以城带乡的长效机制,形成城乡经济社会发展一体化新格局。
2007 年 12 月 31 日	《关于切实加强农业基础建设进一步促进农业发展农民增收的若干意见》	按照形成城乡经济社会发展一体化新格局的要求,突出加强农业基础建设,扎实推进社会主义新农村建设。
2008 年 10 月 12 日	《关于推进农村改革发展若干重大问题的决定》	建立促进城乡经济社会发展一体化制度,统筹土地利用和城乡规划、统筹城乡基础设施建设和公共服务、统筹城乡社会管理。
2008 年 12 月 31 日	《关于 2009 年促进农业稳定发展农民持续增收的若干意见》	推进城乡经济社会发展一体化,加快农村社会事业发展、农村基础设施建设,扩大农村劳动力就业,把解决好农业、农村、农民问题作为全党工作和政府全部工作的重中之重。
2009 年 12 月 31 日	《关于加大统筹城乡发展力度 进一步夯实农业农村发展基础的若干意见》	把统筹城乡发展作为全面建设小康社会的根本要求,把改善农村民生作为调整国民收入分配格局的重要内容,把扩大农村需求作为拉动内需的关键举措,把发展现代农业作为转变经济发展方式的重大任务,把建设社会主义新农村和推进城镇化作为保持经济平稳较快发展的持久动力。
2012 年 11 月 8 日	党的十八大报告	推动城乡发展一体化,坚持工业反哺农业、城市支持农村和多予少取放活方针,加大强农惠农富农政策力度。坚持把国家基础设施建设和社会事业发展重点放在农村,坚持和完善农村基本经营制度,着力在城乡规划、基础设施、公共服务等方面推进一体化,促进城乡要素平等交换和公共资源均衡配置。

时 间	文件及会议名称	主 要 内 容
2013 年 11 月 12 日	党的十八届三中全会公报	健全体制机制，形成以工促农、以城带乡、工农互惠、城乡一体的新型工农城乡关系，加快构建新型农业经营体系，推进城乡要素平等交换和公共资源均衡配置，完善城镇化健康发展体制机制。
2013 年 12 月 12 日	中央城镇化工作会议	从我国社会主义初级阶段基本国情出发，稳步提高城镇化发展水平。
2014 年 1 月 19 日	《关于全面深化农村改革加快推进农业现代化的若干意见》	健全城乡发展一体化体制机制，开展村庄人居环境整治，推进城乡基本公共服务均等化，加快推动农业转移人口市民化。
2014 年	《国家新型城镇化规划(2014－2020 年)》	推进城镇化水平和质量稳步提升、城镇化格局更加优化、城市发展模式科学合理、城市生活和谐宜人、城镇化体制机制不断完善。
2014 年 12 月 22 日	中央农村工作会议	推进农业现代化和新型城镇化建设，发挥好新型城镇化对农业现代化的辐射带动作用。
2014 年 12 月 31 日	《关于加大改革创新力度加快农业现代化建设的若干意见》	围绕城乡发展一体化，深入推进新农村建设。强化规划引领作用，加快提升农村基础设施水平，全面深化农村改革。
2015 年 12 月 31 日	《关于落实发展新理念加快农业现代化 实现全面小康目标的若干意见》	加快补齐农业农村短板，坚持工业反哺农业、城市支持农村，促进城乡公共资源均衡配置、城乡要素平等交换，稳步提高城乡基本公共服务均等化水平。
2016 年 12 月 31 日	《关于深入推进农业供给侧结构性改革 加快培育农业农村发展新动能的若干意见》	协调推进农业现代化与新型城镇化，以推进农业供给侧结构性改革为主线，围绕农业增效、农民增收、农村增绿，加强科技创新引领，加快结构调整步伐，加大农村改革力度，提高农业综合效益和竞争力，推动社会主义新农村建设取得新的进展，力争农村全面小康建设迈出更大步伐。

时　间	文件及会议名称	主　要　内　容
2017 年 10 月 18 日	党的十九大报告	实施乡村振兴战略，坚持农业农村优先发展，巩固和完善农村基本经营制度，构建现代农业产业体系、生产体系、经营体系，促进农村一二三产业融合发展。
2017 年 12 月 28 日	中央农村工作会议	实施乡村振兴战略，统筹推进"五位一体"总体布局和协调推进"四个全面"战略布局，坚持把解决好"三农"问题作为全党工作重中之重，坚持农业农村优先发展，建立健全城乡融合发展体制机制和政策体系。
2018 年	《乡村振兴战略规划(2018—2022 年)》	坚持乡村振兴和新型城镇化双轮驱动，从城乡融合发展和优化乡村内部生产生活生态空间两个方面，明确国家经济社会发展过程中乡村的新定位，重塑城乡关系、促进农村全面进步的新路径和新要求。
2018 年 1 月 2 日	《关于实施乡村振兴战略的意见》	从提升农业发展质量、推进乡村绿色发展、繁荣兴盛农村文化、构建乡村治理新体系、提高农村民生保障水平、打好精准脱贫攻坚战、强化乡村振兴制度性供给、强化乡村振兴人才支撑、强化乡村振兴投入保障、坚持和完善党对"三农"工作的领导等方面对实施乡村振兴战略进行了全面部署。
2018 年 3 月 13 日	《关于实施 2018 年推进新型城镇化建设重点任务的通知》	加快农业转移人口市民化，提高城市群建设和城市发展质量，推进城乡产业融合发展。深化城乡土地制度改革，健全城镇化投融资机制。
2019 年 1 月 3 日	《关于坚持农业农村优先发展做好"三农"工作的若干意见》	坚持农业农村优先发展总方针，以实施乡村振兴战略为总抓手，抓重点、补短板、强基础，围绕"巩固、增强、提升、畅通"深化农业供给侧结构性改革，坚决打赢脱贫攻坚战，充分发挥农村基层党组织战斗堡垒作用，全面推进乡村振兴。

续表四

时 间	文件及会议名称	主 要 内 容
2019 年 3 月 31 日	《2019 年新型城镇化建设和城乡融合发展重点任务》	突出抓好在城镇就业的农业转移人口落户工作，培育发展现代化都市圈，推进大城市精细化管理，支持特色小镇有序发展，加快推动城乡融合发展。
2019 年 4 月 15 日	《关于建立健全城乡融合发展体制机制和政策体系的意见》	建立健全有利于城乡要素合理配置、有利于城乡基本公共服务普惠共享、有利于城乡基础设施一体化发展、有利于乡村经济多元化发展、有利于农民收入持续增长的体制机制。
2019 年 12 月 19 日	《国家城乡融合发展试验区改革方案》	在试验区实现城乡生产要素双向自由流动的制度性通道基本打通，城乡有序流动的人口迁徙制度基本建立，城乡统一的建设用地市场全面形成，城乡普惠的金融服务体系基本建成，农村产权保护交易制度基本建立，农民持续增收体制机制更加完善，城乡发展差距和居民生活水平差距明显缩小。
2020 年 1 月 2 日	《关于抓好"三农"领域重点工作确保如期实现全面小康的意见》	补齐全面小康"三农"领域突出短板，发展富民乡村产业、稳住农民工就业、稳定农民转移性收入，切实抓好党中央部署的各项重点改革任务，进一步激发农业农村发展活力。
2020 年 4 月 3 日	《2020 年新型城镇化建设和城乡融合发展重点任务》	加快实施以促进人的城镇化为核心、提高质量为导向的新型城镇化战略，提高农业转移人口市民化质量，增强中心城市和城市群综合承载、资源优化配置能力，推进以县城为重要载体的新型城镇化建设，促进大中小城市和小城镇协调发展，提升城市治理水平，推进城乡融合发展。
2020 年 12 月 28 日	中央农村工作会议	全面推进乡村振兴是"三农"工作重心的历史性转移，要健全防止返贫动态监测和帮扶机制，巩固拓展脱贫攻坚成果。加快发展乡村产业，深化农村改革，实施乡村建设行动，推动城乡融合发展见实效。

续表五

时　间	文件及会议名称	主　要　内　容
2021 年 1 月 4 日	《中共中央 国务院关于全面推进乡村振兴加快农业农村现代化的意见》	补齐农业农村短板弱项，推动城乡协调发展，构建新发展格局，畅通城乡经济循环，实现巩固拓展脱贫攻坚成果同乡村振兴有效衔接。
2021 年 4 月 8 日	《2021 年新型城镇化建设和城乡融合发展重点任务》	深入实施以人为核心的新型城镇化战略，促进农业转移人口有序有效融入城市，增强城市群和都市圈承载能力，转变超大特大城市发展方式，提升城市建设与治理现代化水平，推进以县城为重要载体的城镇化建设，加快推进城乡融合发展。
2022 年 1 月 4 日	《关于做好 2022 年全面推进乡村振兴重点工作的意见》	保障国家粮食安全，强化现代农业基础支撑，推进农村一二三产业融合发展，实现乡村振兴取得新进展、农业农村现代化迈出新步伐。
2022 年 3 月 10 日	《2022 年新型城镇化和城乡融合发展重点任务》	深入推进以人为核心的新型城镇化战略，提高农业转移人口市民化质量，持续优化城镇化空间布局和形态，以县域为基本单元推动城乡融合发展，推进城镇基础设施向乡村延伸、公共服务和社会事业向乡村覆盖。
2022 年 6 月 21 日	《"十四五"新型城镇化实施方案》	加快农业转移人口市民化，优化城镇化空间布局和形态，推进新型宜居、韧性、创新、智慧、绿色、人文城市建设，提升城市治理水平，促进城乡要素自由流动和公共资源合理配置，逐步健全城乡融合发展体制机制和政策体系。
2022 年 10 月 16 日	党的二十大报告	全面推进乡村振兴，坚持农业农村优先发展，坚持城乡融合发展，全方位夯实粮食安全根基，发展设施农业、乡村特色产业，统筹乡村基础设施和公共服务布局，巩固和完善农村基本经营制度，深化农村土地制度改革，完善农业支持保护制度，健全农村金融服务体系。

续表六

时　间	文件及会议名称	主　要　内　容
2023年1月2日	《关于做好2023年全面推进乡村振兴重点工作的意见》	坚持农业农村优先发展，坚持城乡融合发展，强化科技创新和制度创新，坚决守牢确保粮食安全、防止规模性返贫等底线，扎实推进乡村发展、乡村建设、乡村治理等重点工作，加快建设农业强国，建设宜居宜业和美乡村。
2024年1月1日	《中共中央 国务院关于学习运用"千村示范、万村整治"工程经验有力有效推进乡村全面振兴的意见》	以学习运用"千万工程"经验为引领，以确保国家粮食安全、确保不发生规模性返贫为底线，以提升乡村产业发展水平、提升乡村建设水平、提升乡村治理水平为重点，强化科技和改革双轮驱动，强化农民增收举措，打好乡村全面振兴漂亮仗，绘就宜居宜业和美乡村新画卷，以加快农业农村现代化，更好推进中国式现代化建设。

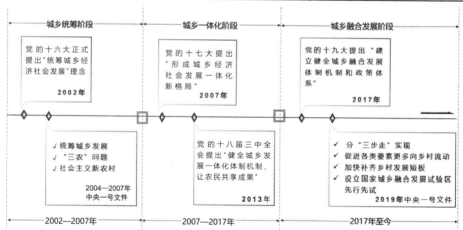

注：图片自绘

图2-1　城乡发展政策演变图

2.4　城乡融合发展的内涵与动力机制

本节在界定城乡融合内涵的基础上，从城乡融合发展的驱动因素、驱动主体与驱动方式等方面构建城乡融合发展的动力机制。

2.4.1　城乡融合的内涵

融合是不同群体或个体在一定的碰撞或接触中逐渐汇合成一体的过程。因此，从城乡关系的角度出发，城乡融合就是指较为发达的城市带动相对落后的乡村，破除二者直接的壁垒，促进生产要素和生产力在城市与乡村间合理流动，逐步缩小城乡社会和经济生活差距，直至二者融为一体。从经济发展的角度出发，城乡融合就是统一布局城市和乡村的经济发展，增进城乡间经济交流，促使生产力在城乡间优化分工、合理分配，以达到最优经济效益。从生态环境的角度来说，城乡融合是将城市和乡村的生态环境视为一个整体，利用机制推动二者空间、资源、组织和制度的融合，从而使城乡生态治理发生转变，促进城乡健康发展[106]。城乡融合并不是城市反哺乡村或乡村照搬城市发展模式，而是城乡利用各自的优势要素实现自主融合。在要素实现自由合理流动的基础上，城乡间达成互补、工农互促，进而破除城乡二元结构，实现城乡融合发展。

因此，在界定城乡融合发展的内涵时需要兼顾以下三方面：首先，要将城市与乡村看作一个整体，将乡村与城市放在同等地位统筹发展；其次，城乡资源互相作用，充分发掘城乡发展优势，追求城乡等值化发展，而非简单地追求城乡同一化发展；最后，城乡融合发展涵盖多个维度，应全面考虑城乡发展的各个维度，实现均衡配置，共同繁荣。

本书认为城乡融合是一个多层次、系统全面的复杂概念，不仅是经济、空间维度的重新分配，更是社会、生态环境、人口等方面的融合发展。城乡融合是城乡关系发展的一种状态，也是一种过程。资源要素自由流动是城乡融合发展的前提，产业合理分布与密切联系是城乡融合发展的经济基础，城乡功能互补互促是城乡融合发展的核心内容，空间融合是城乡融合的重要载体，人与自然和谐共处是城乡融合坚持的底线，人的全面发展是城乡融合的最终目标。因此，城乡融合发展的内涵应该包括经济融合、社会融合、人的融合、空间融合、生态融合五个方面。其中，经济融合使城乡生产要素边际报酬趋于均等，劳动生产率趋于协同[107]；社会融合强调城乡公共服务均等化[108]；人口融合是城乡融合发展的原生动力，人的双向融合是重构城乡关系、促进城乡融合发展最为关键的要素；空间融合指城乡物质和信息交流时空压缩，可以畅通要素流动渠道，有效降低要素流动的摩擦成本，实现要素在城乡间的平等使用，城乡空间融合一方面可以优化城乡产业布局，促进城乡产业发展，另一方面可以促进城乡人口流动和身份认同，加速城乡文化的碰撞与交流；生态融合即城乡生态环境共治共享，实现区域环境质量整体改善和提高。只有城乡经济、社会、人、空间、生态达到多维双向融合，才意味着城乡关系实现深度融合。

2.4.2 城乡融合发展的动力机制

只有科学分析城乡融合的动力机制，才能找到促进城乡融合发展的正确路径。在新时代社会主要矛盾变化的背景下，应该坚持问题导向，重构城乡融合发展的动力机制。本小节从驱动因素、驱动主体和驱动方式三个方面构建城乡融合发展的动力机制，作为本书的理论依据。

1. 城乡融合发展的驱动因素

不同于城乡统筹所强调的政府宏观调控手段，城乡融合更侧重资源与要素的融合互通，通过发挥市场机制在资源配置中的决定性作用与政府的引导作用，实现城乡之间的空间优化、要素流通、产业发展、公共服务均等化，从而激发乡村内生动力，催生乡村自主独立发展的能力，并在乡村与城市的联结和互动中实现乡村社会、生态及文化的发展，达到高质量、可持续的乡村振兴。

1) 要素自由流动是推动城乡融合的核心因素

党的二十大报告提出"坚持城乡融合发展，畅通城乡要素流动"，城乡要素自由流动既是打破城乡二元结构的重要手段，更是实现乡村振兴的重要条件。在强调工业和城镇优先发展的背景下，乡村的土地、资金、劳动力等生产要素长期处于单向流往城镇的情况，要素持续流失是造成乡村发展不充分甚至凋敝的原因之一。

习近平总书记强调，城乡循环是国内循环的重中之重，也是确保国际双循环健康发展的关键要素，这就要求我们必须建设全国统一大市场来疏通城乡要素流动渠道[109]。

从系统论思维看，要素流动与城乡融合是一个外生冲击内生化的过程，要素自由流动是城乡融合的核心驱动因素。城乡融合是城市和乡村基于各自要素禀赋与相对优势，通过要素流动实现城乡之间由要素稀缺性转向要素互补性，进而推动城乡两大地域系统间空间、社会、经济与人口结构的互动与耦合[110]。要素流动尤其是城市要素流入乡村，成为乡村产业发展的内在驱动因素。产业振兴是乡村振兴的重中之重，通过产业振兴促进乡村振兴，最终实现城乡融合。各要素流动对城乡融合的作用如下：

(1) 劳动力要素。人口流动是城乡要素流动的核心和起点，能够带动其他类型的要素集聚、扩散与流动。助推乡村振兴最稀缺的要素就是掌握现代农业科技和经营管理的劳动力，城市劳动力向乡村流动，为乡村带来新的信息技术和科技人才。

(2) 土地要素。土地是我国城乡发展的基础要素，是人才、资本等其他要素的物质载体。随着城市的扩张以及农户兼业化、非农化特征的出现，乡村土地利用方式逐渐从农业生产向非农建设用途转变，加之城乡二元土地制度的阻碍，农民宅基地、承包地的退出未能与乡村人口的转移同步，因此迫切需要有效盘活乡村土地资源，建立城乡统一的土地市场。

(3) 资本要素。资本要素向农村流动弥补了农村发展资金不足的短板，对其发展有着最直接的作用和影响，是带动农村社会快速发展的有效途径。加大资本要素的投入对农村地区产业升级优化、农村环境污染防治、公共基础设施建设等均有重要作用。

(4) 技术要素。农村科技服务体系不完善，人才队伍建设严重滞后，这是制约乡村振兴的关键因素。城乡之间通过企业扩张、技术引进和技术支援等方式实现技术要素流动，助力农村地区优化产业结构、革新生产方式、提高劳动生产效率，进而促进农村农业经济发展，缩小城乡发展差距。

(5) 信息和数据要素。利用新一代信息技术可以促进农业产业数字化、乡村治理数字化，促进乡村振兴与城乡融合。数字技术在农业中的深层使用提高了农业生产中对信息的抓捕能力，获取了精确的农业生产数据，从而推动农业"精确化"生产，实现精准管控，合理调整生产布局。互联网平台公开、共享的特点，打破了农业技术应用和服务的壁垒，快速传递了农户的技术需求，使农户足不出户便可提升农业技术应用技能和水平，从而促进农业技术成果的快速应用。基于大数据的共建共享、外部经济性的特征，实现农村医疗卫生机构与城市医院的互联互通和数据共享，实现医保异地联网结算，利用互联网平台实现优质医疗资源下沉共享，促进城乡医疗均衡；凭借数字技术信息整合功能、数据共享的特征，在大数据、云计算等新一代数字技术的支持下，将"互联网＋便民服务"全面推向农业农村，有效打破组织壁垒和信息壁垒，破解农村公共服务不完善、分散化、信息不对称的难题。

2) 产业重构与发展是城乡融合的关键因素

党的二十大报告提出，"加快建设农业强国，扎实推动乡村产业、人才、文化、生态、组织振兴"，其中，产业振兴放在首要位置。习近平总书记在 2022 年中央农村工作会议上强调，产业振兴是乡村振兴的重中之重。产业的发展对乡村振兴起着决定性的作用，是乡村振兴战略的关键所在。没有产业振兴，乡村就不能实现真正的振兴；没有产业振兴，乡村就无法增长财富，也缺乏振兴的内生动力。构建现代乡村产业体系，打造农业全产业链，既是加快农业农村现代化建设的重大任务，又是全面推进乡村振兴的坚实基础。产业振兴是乡村振兴的基础，是促进城乡融合发展的重要支撑。

长期以来，农村的产业链短，主要集中于农产品出售和粗加工等初级产业环节，资本力量薄弱且缺少农村金融服务体系，无法将农村的生产要素转化为产业优势，实现经济利润。因此，必须要提升农村的产业竞争力。产业发展是城乡之间的经济纽带，是生产要素的动态集合，加快城乡产业的融合，推动产业链与价值链延伸及下沉到农村，是农村充分发挥自身优势，加入国内经济大循环的有效路径。同时，针对农村传统产业基础薄弱、竞争优势小的形势，提升农业产业化水平和农业要素生产率、促进农村产业重构与发展，是加快城乡融合的重要途径。

3) 制度安排是城乡融合的重要保障因素

制度是消除城乡发展弱均衡化、城乡关系低关联化、要素配置非理性化，促进城乡全面融合的"助推器"。因此，推动城乡融合发展亟须发挥制度的整合与协调功能。政府支持是实现城乡融合的重要驱动力，政府的发展战略直接决定着城乡融合的发展方向和发展水平。

目前，城乡融合主要面临着两大任务，一是破除城乡二元结构体制，二是缩小城乡发展差距。因此，政府提出"坚持农业农村优先发展"的方针政策。政府既是政策的制定者，也是政策的执行者。政策制定的偏向性对城乡发展具有重要影响，但同时政策的执行效果也对城乡发展有着直接的影响。比如，在政策的执行中，有些地方政府利用行政手段过度干预经济发展的微观领域，扰乱了市场行为，阻滞了市场运作，这又在一定程度上拉大了城乡发展差距。因此，在新时代城乡融合发展的过程中，地方政府要科学全面地制定有关城乡融合各个方面的宏观政策，明确自己的角色定位，履行好政府职能，确保城乡融合各项政策落实到位，切实缩小城乡差距，促进城乡经济繁荣。

4) 开放水平是城乡融合的外部驱动因素

区域开放水平越高，越有利于吸引全球资源的集聚，拓展乡村的发展空间和资金来源。我国经济发展始于改革，兴于开放，对外开放与引进外资是我国经济发展的重要驱动力。乡村振兴与城乡融合发展同样需要提高开放水平：一是要实现乡村与城市之间的开放，吸引城市的要素流入乡村；二是要提升乡村的对外开放水平。改革开放以来，东部沿海地区尤其是珠三角地区紧抓政策优势，通过承接第四次国际产业转移，以"三来一补"为基础，依靠外资在村庄建工厂，快速推进了乡村工业化与城镇化的发展进程，不仅促使本地农村剩余劳动力向非农产业转移，还吸引了大量外地劳动力到本地就业。得益于开放政策，珠三角地区的乡村在经济发展、基础设施、公共服务等各方面发展水平大力提升，城乡差距大幅缩小。

2. 城乡融合发展的驱动主体

在城乡融合发展的过程中，驱动主体的积极参与和协同合作起到至关重要的作用。驱动主体既关系到城乡融合思想的发展和顶层设计的制定，又关系到城乡融合各项具体政策的执行实施。

首先，城乡融合发展的主要驱动主体由自上而下的政府主导。城乡融合是一项复杂又具有系统性的工程，需要各级政府在顶层设计上制定发展战略。政府不仅要确保城乡融合走在正确的发展道路上，还要统一其他主体对城乡融合的思想认知，并带领其他主体积极参与其中。纵观城乡关系发展道路，1978 年年底，政府推广家庭联产承包责任制，城乡经济差距缩小，城乡关系向好；1993 年，政府提出建立社会主义市场经济体制，将城市作为经济体制改革的重点，城乡差距逐渐加大，城乡关系分离；2004 年，中央再次就"三农"问题发布一号文件，不断实施城乡统筹措施，城乡差距逐步缩小；2012 年，政府在全面建成小康社会目标的引领下，实施精准扶贫、美丽乡村建设、农业供给侧改革等重大战略，城乡得到全面发展，城乡关系走向融合。2017 年，党的十九大报告首次提出"城乡融合发展"概念，城乡关系进入新的历史阶段。在 40 多年改革开放的实践中，政府边探索边顺应时势调整战略方针，出台了一系列城乡发展指导政策，起着显著的主导作用。城乡深度融合需要政府继续发挥在农村基础设施建设、公平市场环境建设、利益分配关系调节等方面的积极作用，具体来讲，包括在制定科学规划、发展用地、财政支持、税收优惠、融资贷款、人才支撑、机制建设等方面提供政策保障。

其次，企业、新型农村集体经济组织等市场主体也是推动城乡融合的驱动主体。实现城乡产业一体化，促使城乡人口、资金、技术等要素在城乡间自由流动和优化配置，推动城乡间产业联动发展，是城乡融合的必要条件[111]。城市工业企业向农村延伸，将生产制造、组装等低价值环节迁往地价较低和劳动力资源紧缺的农村，实现城乡资源要素的整合；或是将失去竞争优势的产业整体迁往农村地区，这样既为城市产业升级提供充足空间，又为农村带来较为先进的产业。随着我国全面建成小康社会，农村人口收入增加，农村地区市场具有较大的潜力，许多企业已经开辟农村营销渠道，为农村生产过程中如收割、耕作等环节提供专业服务，这是城市第三产业向农村的延伸。企业等市场主体积极参与城乡产业融合发展，不仅能扩大自身市场使利益最大化，还能增加产业发展机会以得到政策扶持。发展新型农村集体经济对于促进农业、农村、农民三个维度的共同富裕具有十分重要的实践价值。新型农村集体经济具有强大的劳动联合或资本联合能力，更便于将农户组织起来，形成共建共赢的劳动合力，形成规模化、科技化、机械化等现代农业生产模式，从而不断增强农业综合竞争力。新型农业经营主体包括专业大户、家庭农场、农民合作社、农业企业。其中，专业大户和家庭农场一般是家庭经营，农民合作社和农业企业是合作经营、集体经营、企业经营。

再次，我国社会组织在城乡融合发展过程中的作用愈加显著。由于市场经济具有趋利性，而发展乡村产业经济具有一定的公益性，因此，许多公益类社会组织弥补了农村公共服务与产品不足的问题。在广泛的社会资本和公众的参与下，社会组织增加对城乡公共服务的供给，并在城乡地区开展大量有效的公益类慈善活动。同时，社会组织还可以搭建起城乡沟通的桥梁，为经济欠发达地区提供人力、物力等资源，加强城乡联系。社会组织如行业商会等，还可以通过制定行业标准优化城乡区域产业结构，促进城乡区域产业协调发展。社会组织与政府、企业等多元主体合作，可以增强城乡融合发展合力，壮大城乡融合建设队伍。

最后，农民既是乡村振兴最广泛的参与者，也是最有力的推动者，更应该是最主要的受益者。乡村振兴离不开农民发挥自身的主体作用和创新精神，政府要催生乡村建设的"内生性"力量，引导企业与农民合作，实现优势互补，推动农村产业的共同繁荣。城乡关系走向融合不是单一的城市无限扩张或乡村人口迁往城市，而是要实现农业强、农村美、农民富的目标。要提升农民职业荣誉感，积极培养新型农民，帮助乡村留住中青年人才，使乡村发展焕发新的活力。城乡融合的价值导向是实现人的全面发展，目标导向是实现城乡居民生活品质等值化。在城乡融合的发展过程中，要时刻关注农民的利益，充分尊重农民的意愿。乡村产业的发展最终要落实到农民的实际收入上，通过提供就业机会、创业支持、分红等方式，增加农民的收入来源。在乡村产业链上构建利益共同体，使得产业链上的各方都能够从中获益，特别是使农民能分享产业发展带来的红利；加大对农村基础设施、公共产品、公共服务等方面的投入，加大惠农富农的政策力度，使农民生活更加富裕。

3. 城乡融合发展的驱动方式

在厘清城乡融合发展的驱动因素和驱动主体后，理应关注城乡融合发展的驱动方式，即研判以何种政策、何种动力带动城乡关系发展。

首先，要强化自上而下的顶层设计引导力。站在国家全局层面制定城乡融合顶层设计，不仅能从国家发展全局来部署城乡融合工作，发挥集中力量办大事的体制优势，还能在实践中让城市和乡村始终保持紧密联系，推动二者密切交流、相互促进。立足国家层面的城乡融合顶层设计，还能聚拢更多城乡融合建设主体，使其参与到城乡发展中，为城乡发展提供更加牢固的资源。

其次，探索自下而上的基层经验与自上而下的顶层设计相结合，促进城乡融合政策落实到位。国家顶层设计离不开基层经验的不断探索。在改革开放的40 多年间，从家庭联产承包责任制到如今的农村土地"三权分置"，离不开一次次的试点试验。党和国家不断总结积累每一次的基层探索成果，并将其与顶层设计相结合，逐渐摸索出一条顶层设计与基层经验相结合的改革道路。只有这样，才能避免陷入教条主义和经验主义，才能更好地激发农民的积极性，促进改革更深更实。

最后，要正确处理政府与市场的关系。自改革开放以来，我国已基本建立了适应社会主义市场经济发展要求的农村经济新体制。农业农村现代化与市场化进程稳步推进，城乡二元结构正在发生转变。在这样的背景下，政府引导与市场调节的有机结合成为城乡融合的重要推力。一方面，由于我国城乡一体的市场机制尚未全面形成，因此，市场对资源配置的决定性作用还不能完全发挥。这就要求我们必须拓宽城乡双向开放渠道，破除机制体制的弊端，从实推进人口和资源要素在城乡间自由流动和合理配置，构建起一个城乡一体的市场体系。另一方面，政府在城乡融合发展中要充当好统筹者的角色。城乡融合是涉及多方面的系统性工程，政府要协调好各项工作。在打通城乡一体市场的过程中，政府要清除多种阻力，制定有效合理的制度，营造良好的市场营商环境。在适应农村经济以及城乡融合发展新形势的过程中，政府要厘清和市场的边界，在充分发挥市场在资源配置中的决定性作用的同时，政府这只"有形的手"也要充分发挥宏观调控的积极作用，为城乡融合持续注入活力。

第3章   城乡融合发展现状评价

定量测度我国城乡融合发展水平，从时序演变、空间格局、不同维度等多个角度分析我国城乡融合发展现状，为剖析城乡融合问题和提出解决路径提供现实依据。

3.1   中国城乡融合发展的现实基础

3.1.1   我国经济实力明显提升，现代化产业体系较为完善

改革开放以来，我国经济实力迅速提升，GDP 和人均 GDP 均位居世界前列，是全球第二大经济体，已成为世界经济增长的重要引擎。我国用几十年时间完成了发达国家几百年的工业化历程，产业门类最为齐全，制造业规模居全球首位。如今，现代化产业体系建设如火如荼，产业结构高级化进程加快，再加上战略性新兴产业和未来产业加持，新质生产力成为经济高质量发展的新动能，为推动城乡融合发展奠定了良好的经济基础。

1. 我国综合国力显著提升

改革开放以来，我国经济实力明显提升。根据国家统计局官方网站数据显示(见表 3-1)，2009 年我国 GDP 为 348 517.7 亿元，是 1978 年的 95 倍。2010年我国 GDP 超过日本，居世界第二位。2012 年我国 GDP 突破 50 万亿元，是1978 年的 146 倍，对世界经济增长的年均贡献率超过 20%[112]。2019—2022 年我国经济总量仍稳步提升，尤其是在 2020 年，我国是唯一实现经济正增长的经济体，突破 100 万亿元大关，对世界经济的贡献度不断提高。近三年我国GDP 年均增长率达到 4.5%，高于世界平均增速(2.5%)，我国经济的增长不断推动着东亚地区经济快速复苏。再从人均 GDP 来看，1978 年我国人均 GDP仅为 381 元，2016 年和 2018 年突破了 50 000 元和 60 000 元大关，2022 年上升到 85 698 元，远超改革开放初期水平，这表明我国正从人均收入中等偏上国家向高收入国家迈进。

表 3-1　2009—2021 年我国国内生产总值和人均国内生产总值

年份	国内生产总值(亿元)	人均国内生产总值(元)	年份	国内生产总值(亿元)	人均国内生产总值(元)
2009	348 517.7	26 180	2016	746 395.1	53 783
2010	412 119.3	30 808	2017	832 035.9	59 592
2011	487 940.2	36 277	2018	919 281.1	65 534
2012	538 580.0	39 771	2019	986 515.2	70 078
2013	592 963.2	43 497	2020	1 013 567.0	71 828
2014	643 563.1	46 912	2021	1 149 237.0	81 370
2015	688 858.2	49 922	2022	1 210 207.0	85 698

2. 现代化产业体系加快建设

党的二十大报告对建设现代化产业体系作出重大部署："坚持把发展经济的着力点放在实体经济上，推进新型工业化，加快建设制造强国、质量强国、航天强国、交通强国、网络强国、数字中国。"构建现代化产业体系是实现中国式现代化的必然要求。现代化产业体系包括现代农业、先进制造业、现代服务业、新兴产业、未来产业等，形成了若干新业态，促进了传统产业体系的迭代升级。在中国式现代化进程推进过程中，我国产业发展逐渐呈现出产业结构高端化、核心技术自主化、产业发展低碳化等特点[113]。

数字经济的快速发展为现代产业体系建设提供了新动能。2022 年，我国数字经济规模达到 50.2 万亿元，位居世界第二，在人工智能、云计算、大数据、区块链、量子信息等新兴技术领域跻身全球第一梯队；我国以新型传感器、智能控制系统、工业机器人、自动化成套生产线为代表的智能制造装备产业体系逐步形成工业互联网，已全面融入 49 个国民经济大类，其中具有影响力的工业互联网平台达到 240 个。数字经济推动了现代农业产业的发展：数字技术推动了城乡产业融合，为农业产业发展带来巨大的乘数效应；智慧农业、数字农业的大力发展推动了农业增值增效，促进了农村一二三产业的融合发展，为促进农民增收、实现乡村振兴提供了现实基础。

3.1.2　城镇化发展进入中后期，城乡居民生活水平明显提升

1. 以县城为载体，稳步推进新型城镇化建设和乡村振兴

Cali 等、Thanh 等学者指出城镇化发展给农村带来了分配效应、后向关联效应、非农就业效应和土地价格效应[114-115]。我国城镇化发展速度和质量是人类历史上前所未有的[116]。截至 2023 年年底，我国城镇化率已达到 66.16%，达

到世界平均城镇化水平,虽说和发达国家相比还存在差距,但城镇化建设已处于中后期转型阶段。党的十八大以来,我国高度重视新型城镇化建设。新型城镇化强调高质量的城镇化,其内涵可以概括为"经济高质量发展、生态高质量建设、资源高质量利用、技术高质量研发、社会高质量发展、知识高质量生产、环境高质量改善、减排高质量推进"八个"高质量发展"的有机统一[117]。2023年,我国中央经济工作会议指出,新型城镇化战略的实施必须和乡村振兴有机结合,即要推动以县城为载体的新型城镇化建设。县城作为连接城市和乡村的纽带,是城乡融合发展的基本单元。一方面,县城具有人口和经济活动集聚优势,可以通过基础设施和公共服务建设,吸引农村人口向县城流动,并通过交通设施建设、数字赋能等将基础设施和公共服务向农村地区延伸,增强对乡村发展的辐射带动作用;另一方面,县城还具有承接城市产业转移的功能,并借助人口自由流动来盘活农村闲置土地,优化城市空间,实现城市和乡村的协调发展。因此,以县城为载体,稳步推进新型城镇化建设和乡村振兴是我国城乡融合发展的重要模式。

2. 城乡居民生活水平显著提升

据2010—2022年《中国统计年鉴》显示,从2009年到2021年,我国城镇居民可支配收入从17 174.7元提高到47 411.9元,农村居民可支配收入从5153.2元提高到18 930.9元,分别提高2.76倍和3.67倍。表3-2展现了我国城乡居民恩格尔系数的变化,从日常消费结构来看,我国城镇和农村居民恩格尔系数在2020年之前呈稳步下降趋势,说明我国居民消费水平逐渐提升,消费结构不断优化升级,生活水平明显改善,为城乡居民发展成果共享目标的实现提供了现实基础。值得注意的是,2020年和2021年,我国城乡居民恩格尔系数基本上升到同2016年与2017年一样的水准,但按照联合国对恩格尔系数的划分标准①,我国居民生活水平仍处于"富足"区间。出现以上现象的原因是,疫情期间,居民收入预期低,消费信心和消费意愿明显减弱。未来要继续提振消费信心,营造良好的市场环境,持续发力促消费、稳增长、添活力。

表3-2 2009—2021年我国城乡居民恩格尔系数

年份	城镇居民恩格尔系数(%)	农村居民恩格尔系数(%)	年份	城镇居民恩格尔系数(%)	农村居民恩格尔系数(%)
2009	32.9	38	2016	29.3	32.2
2010	31.9	37.9	2017	28.6	31.2
2011	32.3	37.1	2018	27.7	30.1

① 根据联合国的划分,恩格尔系数在20%～30%区间为富足条件。

年份	城镇居民恩格尔系数(%)	农村居民恩格尔系数(%)	年份	城镇居民恩格尔系数(%)	农村居民恩格尔系数(%)
2012	32	35.9	2019	27.6	30.0
2013	30.1	34.1	2020	29.2	32.7
2014	30	33.6	2021	28.6	32.7
2015	29.7	33.0			

3.2　中国城乡融合发展水平测度

3.2.1　指标体系构建依据

城乡融合是在体制机制和要素流动等方面实现城乡互补、全面融合和共同繁荣的新型城乡关系，融合的关键在于进一步缩小城乡差距。城乡融合发展是一个多领域、全方位的全面融合概念，需要城乡在经济、社会、生态环境等方面实现共建共享共荣，其内涵应包括经济融合、人的融合、空间融合、社会融合以及生态融合。

(1) 经济融合。城乡经济融合是城乡融合发展的基础，城乡产业结构变迁过程反映了城乡关系的调整过程，农民收入水平的提高有利于进一步缩小城乡居民收入差距，实现城乡融合发展。选取 6 个具体指标来衡量城乡经济融合水平，分别是城乡固定资产投资额比、城乡居民人均消费支出比、非农产业产值比、第三产业产值比、城乡居民人均收入比、城乡居民恩格尔系数比。

(2) 人的融合。城乡人口融合体现了"以人为本"的价值观，只有城乡人口融合，才能实现城乡共享发展和共同富裕。人口融合的核心，在于推动城乡人口居住与就业结构的优化趋同，而人口就业结构、素质水平、流动迁移状况都侧面反映了城乡人口的融合程度。选取城乡居民就业比重、非农与农业从业人员数比、城乡人口教育反差、城乡人口平均受教育年限比、城乡人口迁移率 5 个具体指标衡量城乡人口融合水平。

(3) 空间融合。空间是城乡的共同载体，是城乡关系演变的地理表达，城乡人口和土地的城镇化率、交通便利程度以及信息化水平都能体现城乡在空间维度的融合水平。选取 5 个具体指标来评价城乡空间融合水平，分别是人口城镇化水平、土地城镇化水平、交通网密度、旅客周转量、互联网普及程度。

(4) 社会融合。城乡二元经济结构的对立不断演化为社会结构的对立，城乡基础设施建设水平、公共服务供给能力、文化认同感等均能体现一个区域城乡社会融合发展水平。社会融合强调在公共服务、社会福利等方面实现城乡居民共享，因此，选取 6 个具体指标来评价城乡社会融合水平，分别是城乡教育支出比重、城乡拥有医院卫生院床位数比、城乡居民社会养老保险覆盖率、城乡居民失业险参保人数比、城乡居民人均住房面积比、城乡人均文教娱乐支出比。

（5）生态融合。良好的生态环境有利于民生福祉的增加，而城市相关产业向农村地区转移会导致农村环境恶化，这就要求在重塑新型城乡关系的过程中应当更加注重人与自然的和谐共生。因此，从建成区绿化覆盖率、环境污染治理完成度、城市生活垃圾无害化处理率、城乡节能减排 4 个具体指标对城乡生态融合水平进行衡量。

基于以上分析，在遵循科学性、全面性、系统性及可获得性原则下，构建了城乡融合发展水平评价指标体系，包括城乡经济融合、人的融合、空间融合、社会融合以及生态融合 5 个维度共 26 个测度指标，见表 3-3 所示[118]。

表 3-3　城乡融合发展评价指标体系

一级指标	二级指标	三级指标	指标计算或说明	指标属性
经济融合	城乡经济水平	城乡固定资产投资额比	城镇固定资产投资额/农村固定资产投资额	逆向
		城乡居民人均消费支出比	城镇家庭人均消费支出/农村家庭人均消费支出	逆向
	城乡产业结构	非农产业产值比	第二、三产业产值/第一产业产值	正向
		第三产业产值比	第三产业产值/总产值	正向
	城乡收入差距	城乡居民人均收入比	城镇居民家庭人均可支配收入/农村居民家庭人均可支配收入	逆向
		城乡居民恩格尔系数比	城镇居民恩格尔系数/农村居民恩格尔系数	正向
人的融合	城乡就业结构	城乡居民就业比重	城镇居民就业人数/农村居民就业人数	逆向
		非农与农业从业人员数比	第二、三产业从业人员数/第一产业从业人员数	正向
	城乡人口质量	城乡人口教育反差	城镇初中以上文化程度人员数/农村初中以上文化程度人员数	逆向
		城乡人口平均受教育年限比	城镇人口平均受教育年限/农村人口平均受教育年限	逆向
	城乡人口互动	城乡人口迁移率	农村人口迁入城镇常住的人口数/当年农村常住人口数	正向

续表

一级指标	二级指标	三级指标	指标计算或说明	指标属性
空间融合	城乡空间集聚	人口城镇化水平	城镇人口数/总人口数	正向
		土地城镇化水平	建成区面积/土地总面积	正向
	城乡流通程度	交通网密度	公路与铁路运营总里程/土地总面积(万千米/万平方千米)	正向
		旅客周转量	亿人千米	正向
	城乡信息化水平	互联网普及程度	城乡互联网接入端口数年增长率	正向
社会融合	城乡教育	城乡教育支出比重	城镇普通初中生人均教育经费支出/农村普通初中生人均教育经费支出	逆向
	城乡医疗	城乡拥有医院卫生院床位数比	城镇每千人拥有医院卫生院床位数/农村每千人拥有医院卫生院床位数	逆向
	城乡社会保障	城乡居民社会养老保险覆盖率	城乡居民社会养老保险参保人数/应参保总人数	正向
		城乡居民失业险参保人数比	城乡居民失业险参保人数/失业总人数	正向
	城乡社会生活	城乡居民人均住房面积比	城镇居民人均住房面积/农村居民人均住房面积	逆向
		城乡人均文教娱乐支出比	城镇人均文教娱乐支出/农村人均文教娱乐支出	逆向
生态融合	生态绿化	建成区绿化覆盖率	建成区绿化面积/建成区总面积	正向
	环境保护	环境污染治理完成度	环境污染治理投资额/总产值	正向
		城市生活垃圾无害化处理率	经过处理的生活垃圾量/生活垃圾总量	正向
		城乡节能减排	能源消费总量/GDP(吨标准煤/万元)	逆向

3.2.2　研究对象及数据来源

本书的研究对象为全国 30 个省级行政区，由于政策差异及数据缺失等原因，中国香港、澳门、台湾及西藏等省级行政区不列入本书统计范围。考虑到数据的可得性，以及尽可能观测较长时间维度的城乡融合发展趋势，本书的样本区间确定为 2009—2021 年，数据来源于 2010—2022 年的《中国统计年鉴》《中国农村统计年鉴》《中国环境统计年鉴》《中国人口与就业统计年鉴》，以及各省份各年统计年鉴与国民经济和社会发展统计公报，个别年份缺失数据根据线性插值法计算补齐。

3.2.3 测度方法

投影寻踪模型可以避免传统评价方法权重取值的主观干扰，利用给予实数编码的加速遗传算法优化投影方向，使评价结果更为准确客观。因此，本书运用基于加速遗传算法的投影寻踪评价模型测度城乡融合发展水平。基于实数编码的加速遗传算法(Real coding based on accelerating genetic algorithm-RAGA)的投影寻踪聚类评价模型(Projection pursuit classification model based on RAGA，RAGA-PPC)的建模过程包含以下四个步骤：

1. 指标数据集归一化

在构建的指标体系中，各个指标之间由于计量单位和数量级不尽相同，使得各指标不具有可比性，所以首先需要对数据进行无量纲化处理。这里采用极差归一化法对数据进行处理。

正向指标：

$$x(i,j) = \frac{X_{ij} - \min(X_{ij})}{\max(X_{ij}) - \min(X_{ij})} \tag{3-1}$$

负向指标：

$$x(i,j) = \frac{\max(X_{ij}) - X_{ij}}{\max(X_{ij}) - \min(X_{ij})} \tag{3-2}$$

设有 n 个样本，p 个指标，$X_{ij}(i = 1,2,\cdots,n; j = 1,2,\cdots,p)$，其中，$i$ 为样本，j 为指标，X_{ij} 为第 i 个样本的第 j 项指标数值，$x(i,j)$ 为归一化后的值。

2. 构造投影指标函数 $Q(a)$

设样本投影值为 $Z(i)$：

$$Z(i) = \sum_{i=1}^{p} a(j)x(i,j) \tag{3-3}$$

其中，$x(i,j)$ 为第 i 个样本第 j 个评价指标归一化后的值，p 为评价指标个数(维度)，$a(j)$ 为 p 维的单位向量，表示 p 个指标投影的方向向量。此步骤就是把 p 维数据综合成以 a 为投影方向的一维投影值，然后根据 $Z(i)$ 的一维散布图进行分类。

综合投影指标值时，投影值 $Z(i)$ 的分布特征要求应为：局部投影点尽可能密集，最好凝聚成若干个点团；而在整体上，投影点团之间尽可能散开。基于此，投影指标函数可构造为：

$$Q(a) = S_Z D_Z \tag{3-4}$$

$$S_Z = \sqrt{\sum_{i=1}^{n}(Z_i - \overline{Z})^2 / (n-1)} \tag{3-5}$$

$$D_Z = \sum_{i=1}^{n}\sum_{j=1}^{n}(R - r_{ij})f(R - r_{ij}) \tag{3-6}$$

其中，S_Z 为投影值 $Z(i)$ 的标准差，D_Z 为投影值 $Z(i)$ 的局部密度，$\overline{Z}$ 为 $Z(i)$ 的平均值；R 为局部密度的窗口半径，取 $R = 0.1S_Z$；r_{ij} 表示样本之间的距离，$r_{ij} = Z_i - Z_j$；$f(t)$ 为一单位阶跃函数，当 $t \geqslant 0$ 时，其值为 1，当 $t < 0$ 时，其值为 0。

3. 优化投影指标函数

不同的投影方向反映不同的数据结构特征，一般最佳投影向量方向就是使得目标函数取得最大值的投影方向，即：

$$Q(a) = \max(S_Z D_Z) \tag{3-7}$$

$$s.t. \sum_{i=1}^{p} a_j^2 = 1 \tag{3-8}$$

通过实数编码的加速遗传算法对其进行优化，以 a_j 为优化变量。RAGA 是分别在父代群体的基础上通过选择算子、交叉算子、变异算子得到 3 个子代群体，选择 N(群体规模)中的优秀个体作为下一代父代群体，有限次运算后进行加速遗传，缩小优秀个体选择区间。演化迭代与加速遗传的反复交替进行可实现遗传进化逐步向最优个体逼近，达到某一设定值或达到预定加速次数时整个算法运行结束。

4. 分类评价

将步骤 3 求得的最佳投影方向 a^* 代入公式(3-3)可求得各样本点的投影值 $Z(i)^*$。$Z(i)^*$ 和 $Z(j)^*$ 进行比较，两者越接近越趋向于同一类。

运用 MATLAB 2020 编程处理数据，建立 RAGA-PPC 模型。种群规模 N = 400，交叉概率 Pc = 0.8，变异概率 Pm = 0.2，变异方向所需随机数 M = 10，加速次数 Ci = 15，ads = 1 为求最大值，迭代次数 k = 50，优化变量数量 n = 25。

3.2.4　测度结果

使用 MATLAB 2020 运行基于加速遗传算法的投影寻踪评价模型后，可得到各个指标的权重，以此测算出中国 30 个省级行政区在 2009—2021 年的城乡融合发展水平，见表 3-4 所示。

表3-4　2009—2021年全国30个省级行政区城乡融合综合发展水平

地区	各年城乡融合综合发展水平数值													年均增长率
	2009	2010	2011	2012	2013	2014	2015	2016	2017	2018	2019	2020	2021	
北京	0.654	0.680	0.695	0.710	0.691	0.706	0.712	0.731	0.746	0.761	0.780	0.799	0.808	0.016
天津	0.449	0.484	0.521	0.537	0.559	0.573	0.580	0.606	0.609	0.613	0.625	0.653	0.646	0.028
河北	0.295	0.330	0.375	0.411	0.427	0.440	0.462	0.501	0.484	0.494	0.512	0.526	0.537	0.047
山西	0.268	0.295	0.333	0.376	0.407	0.420	0.435	0.438	0.439	0.453	0.457	0.478	0.484	0.046
内蒙古	0.238	0.273	0.295	0.328	0.368	0.385	0.396	0.408	0.416	0.422	0.426	0.441	0.449	0.050
辽宁	0.368	0.379	0.419	0.439	0.443	0.462	0.485	0.484	0.498	0.505	0.513	0.531	0.540	0.030
吉林	0.313	0.331	0.366	0.378	0.393	0.418	0.436	0.452	0.452	0.463	0.475	0.505	0.528	0.041
黑龙江	0.319	0.337	0.348	0.374	0.383	0.399	0.419	0.433	0.435	0.453	0.467	0.493	0.505	0.036
上海	0.574	0.625	0.637	0.677	0.657	0.678	0.693	0.724	0.726	0.743	0.755	0.783	0.800	0.026
江苏	0.430	0.468	0.504	0.523	0.529	0.542	0.552	0.561	0.568	0.581	0.589	0.590	0.590	0.025
浙江	0.434	0.466	0.478	0.514	0.535	0.548	0.564	0.558	0.570	0.582	0.588	0.598	0.603	0.026
安徽	0.303	0.308	0.372	0.412	0.444	0.467	0.494	0.496	0.510	0.525	0.542	0.562	0.571	0.050
福建	0.352	0.371	0.398	0.437	0.468	0.475	0.491	0.496	0.510	0.514	0.519	0.529	0.543	0.034
江西	0.323	0.339	0.392	0.409	0.434	0.449	0.468	0.475	0.480	0.494	0.518	0.537	0.546	0.041
山东	0.367	0.391	0.448	0.478	0.500	0.515	0.525	0.530	0.539	0.546	0.558	0.567	0.576	0.035
河南	0.300	0.321	0.367	0.407	0.430	0.455	0.474	0.493	0.498	0.520	0.537	0.545	0.566	0.050

各年城乡融合综合发展水平数值

地区	2009	2010	2011	2012	2013	2014	2015	2016	2017	2018	2019	2020	2021	年均增长率
湖北	0.323	0.343	0.390	0.420	0.454	0.474	0.491	0.495	0.507	0.517	0.529	0.560	0.575	0.045
湖南	0.304	0.329	0.384	0.415	0.446	0.462	0.474	0.480	0.487	0.502	0.511	0.528	0.541	0.045
广东	0.347	0.373	0.402	0.436	0.490	0.513	0.529	0.542	0.544	0.560	0.555	0.560	0.570	0.039
广西	0.237	0.238	0.277	0.321	0.374	0.390	0.404	0.419	0.433	0.448	0.466	0.492	0.506	0.060
海南	0.335	0.357	0.388	0.415	0.446	0.468	0.488	0.490	0.498	0.510	0.521	0.541	0.559	0.040
重庆	0.308	0.372	0.416	0.442	0.481	0.507	0.524	0.533	0.542	0.562	0.571	0.583	0.603	0.053
四川	0.287	0.299	0.332	0.365	0.399	0.423	0.443	0.459	0.475	0.489	0.499	0.519	0.530	0.048
贵州	0.177	0.229	0.284	0.307	0.351	0.367	0.384	0.392	0.408	0.436	0.460	0.482	0.485	0.081
云南	0.210	0.243	0.272	0.315	0.327	0.367	0.385	0.400	0.405	0.422	0.443	0.453	0.459	0.062
陕西	0.258	0.304	0.345	0.369	0.408	0.417	0.438	0.447	0.453	0.463	0.478	0.490	0.499	0.052
甘肃	0.180	0.196	0.250	0.283	0.307	0.337	0.360	0.366	0.398	0.409	0.423	0.432	0.442	0.071
青海	0.217	0.254	0.307	0.330	0.323	0.347	0.366	0.380	0.393	0.411	0.433	0.447	0.459	0.059
宁夏	0.208	0.268	0.298	0.319	0.364	0.374	0.378	0.413	0.420	0.417	0.427	0.449	0.451	0.061
新疆	0.235	0.280	0.320	0.332	0.338	0.357	0.358	0.364	0.373	0.399	0.422	0.442	0.448	0.051
平均值	0.320	0.349	0.387	0.416	0.439	0.458	0.474	0.485	0.494	0.507	0.520	0.537	0.547	0.042

3.3　中国城乡融合发展水平分析

3.3.1　中国城乡融合发展的时序演变

　　以 2009 年、2012 年(十八大)、2017 年(十九大)和 2021 年为研究节点,可以看出,中国的城乡融合发展水平存在明显的不均衡现象。2009 年,位于东部地区的北京和上海城乡融合发展水平处于全国领先地位;天津、浙江和江苏紧随其后,具有强大的发展势头;近一半省份城乡融合发展比较落后,低于年均值,这些省份大部分位于西部和东北部地区,与北京和上海相差悬殊,呈现两极化趋势。2012 年、2017 年和 2021 年,城乡融合发展水平位居榜首的依然为北京和上海,其次是天津、浙江、江苏。江苏 2021 年的城乡融合发展水平略低于重庆,这与重庆加快探索农村集体产权制度改革、重点培育涉农主体、加快推进农业农村现代化等系列举措密切相关。大部分西部和东北部地区城乡融合发展水平较低,原因可能是城乡要素双向流动不顺畅,城乡产业互补衔接受到阻碍,城乡利益优化分配不足,城乡公共产品供给差距明显,"以城带乡"引领作用未充分发挥。

　　从城乡融合发展水平的均值来看,首先,城乡融合发展水平均值呈折线上升趋势,2021 年城乡融合发展水平均值为 0.547,与 2009 年相比,提升了 0.227 个单位,年均增长率为 4.2%,说明我国城乡融合程度有所提升,城乡关系趋于改善。2009—2015 年城乡融合发展水平均值增幅较大,是城乡融合的快速增长阶段,这主要是因为"城乡统筹发展""城乡一体化"战略提出后,政府实施了一系列相关措施,包括健全惠农政策、建设美丽乡村等,促进了城乡间要素的流动,增强了农村发展的活力。2015 年之后城乡融合发展水平均值的增速明显放缓,这和我国经济进入新常态以及农业供给侧的结构性问题有关。其次,位于东部地区的北京、天津、上海、江苏、浙江、山东、广东以及位于中部地区的湖北,其城乡融合发展水平始终高于年均值,原因是我国东部地区具备以工促农、以城带乡的物质条件,可以通过产城融合解决城市发展空间问题和农村产业匮乏问题。辽宁、福建的城乡融合发展水平在研究后期略低于年均值,而河南、海南、重庆的城乡融合发展水平在研究后期高于年均值。其中,河南作为"三农"大省之一,通过改革创新和实施乡村振兴战略,推动了农民收入的提升,显著促进了全省城乡融合协调发展;海南近年来强调全省"一盘棋",全岛"同城化",深入推进"美丽海南百镇千村"建设及农村"厕所革命"等,加快行政村班车和基础设施建设,大力推动城乡融合发展;重庆主要围绕让资源"活起来"、让乡村"美起来"、让产业"强起来"来促进乡村发展,城乡融合发展成效显著。大部分西部、中部、东北部地区,城乡融合发展水平在研究期间均处于均值以下,进一步反映了我国城乡融合发展阶梯特征明显。

从城乡融合发展水平的年均增长率看,北京、上海虽是数字经济发展的领先者,但增长速率低于全国年均增长率(0.045),分别为 0.016、0.026,增速在全国处于落后区。相反,城乡融合发展水平比较落后的贵州,其城乡融合增速反而领跑全国,这是因为贵州致力于推进以县城为重要载体的新型城镇化。长期以来,贵州省政府坚持以城带乡路径,引导优势产业不断向黔中城市群和三条城镇发展带集聚,加大对重点帮扶县的帮扶力度,加强农村建设投入力度,不断缩小城乡发展差距。甘肃、云南、宁夏、广西、青海等西部地区城乡融合发展增速加快,发展潜力巨大。据此可知,发达省份城乡融合发展水平虽然高,但增速低,正是发达省份"高水平、低增长"的特征产生的"拉平效应",打破了"强者愈强"的马太效应。

3.3.2 分区域与分维度城乡融合发展的时序演变

分四大区域[①]来看,中国城乡融合发展水平区域差异明显,呈现东部、中部、东北、西部地区阶梯型递减的特点。由图 3-1 可知,东部地区城乡融合发展水平远高于同时期的全国水平,东部地区在城乡融合发展战略指引下,通过产业转移路径,发挥中心城市的带动作用,大幅提高了城乡融合发展水平;中部地区的城乡融合发展水平在 2009—2017 年跟全国水平非常接近,2018—2021 年略高于全国水平,虽然中部崛起战略加快了中部地区的经济发展,基本改善了城乡发展不协调局面,但中部地区城镇化率低、产业结构不优、对资源要素高度依赖等因素依然制约城乡融合发展水平的提高;东北部地区城乡融合发展水平在 2009—2011 年和 2021 年高于全国水平,其余年份均低于全国水平;我国虽然解决了绝对贫困问题,但西部地区仍存在大量贫困边缘群体,生产力布局和公共资源配置有待实现突破,城乡融合发展水平明显低于全国平均水平。从发展趋势看,四大区域城乡融合发展水平均呈现逐步上升的趋势,东部、中部、西部和东北部地区 2009—2021 年城乡融合发展水平的增长幅度分别为47.09%、80.27%、108.57%、57.18%。东部地区的整体经济及县域经济发展水平高,带动了乡村各方面的发展,城乡差距较小,因此城乡融合发展水平高于

---

① 东部地区包括北京、天津、河北、上海、江苏、浙江、福建、山东、广东、海南;中部地区包括山西、安徽、江西、河南、湖北、湖南;西部地区包括内蒙古、广西、重庆、四川、贵州、云南、陕西、甘肃、青海、宁夏、新疆;东北部地区包括辽宁、吉林、黑龙江。

其他区域。而中部、西部和东北部地区在中部崛起、西部大开发、东北振兴等国家战略的支持下，提高了城乡间的交通便利性与要素流动速度，城乡融合发展水平大幅提高，但与东部沿海地区相比仍存在较大差距。

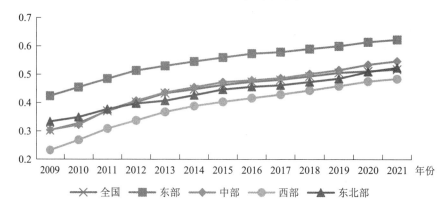

图 3-1 2009—2021 年全国与四大区域城乡融合发展水平变化趋势

为了全面分析我国城乡融合发展水平，笔者绘制了城乡融合五大维度指数变化趋势图，如图 3-2 所示。从五个维度发展水平看，我国城乡融合结构总体表现为经济融合、社会融合、生态融合、空间融合、人的融合水平依次递减的特点。从五个维度变化趋势看，除人的融合维度指数保持稳定外，其他四个维度指数在样本期内总体都呈上升趋势，表明城乡融合进程有序推进，发展结构逐渐优化。经济融合、社会融合始终处于主导位置，其中，社会融合的增速最快，年均增幅达到 9.86%，主要是因为近年来国家对农村居民基本养老、基本医疗等投入不断加大，城乡社会保障差距逐渐缩小。人的融合指数最低且发展最慢，未来还需要通过加强交通承载力、优化公共服务供给水平、完善人才下乡政策来促进人口要素自由流动。

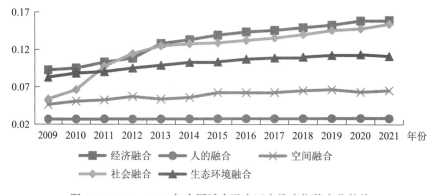

图 3-2 2009—2021 年全国城乡融合五大维度指数变化趋势

3.3.3　中国城乡融合发展的区域差异、动态演化及空间相关性

1. 城乡融合发展的区域差异

Dagum 基尼系数弥补了其他测度地区差距方法因无法解决考察数据存在交叉重叠现象的不足，能够更好地识别地区差距来源问题。计算公式如下：

$$G = \frac{\sum_{j=1}^{k}\sum_{n}^{k}\sum_{i=1}^{nj}\sum_{r=1}^{nh}|y_{ji} - y_{hr}|}{2n^2\overline{y}} \tag{3-9}$$

$$G = G_w + G_b + G_t \tag{3-10}$$

其中，k 表示区域个数，n 表示省份个数；n_j、n_h 分别表示 j、h 区域包含的省份个数；y_{ji}、y_{hr} 分别表示 j、h 区域任意省份的城乡融合发展水平；$\overline{y}$ 表示所有省份城乡融合水平的均值。G_w 表示区域内差距贡献，G_b 表示区域间差距净贡献，G_t 表示超变密度贡献。

为揭示我国城乡融合的区域差异以及差距来源，将 30 个省级行政区分为东、中、西、东北部四大区域，并采用 Dagum 基尼系数对城乡融合水平的区域内和区域间差异进行计算，计算结果如表 3-5 所示。由表 3-5 可知，样本期内我国城乡融合发展总体基尼系数呈持续下降的趋势，由 2009 年的 0.170 下降至 2021 年的 0.080，这表明由于近年来国家出台的一系列促进城乡融合发展的政策，推动了城乡要素自由流动，我国城乡融合发展水平的区域差距正在持续缩小。

笔者进一步绘制了如图 3-3 和图 3-4 城乡融合区域内差异和区域间差异雷达图。从区域内差异来看，东部地区的区域内差异最大，表明东部地区省份间城乡融合发展水平差距最大，可能的原因是北京、上海城乡融合发展水平位居前列，而海南、福建城乡融合发展水平仅略高于全国均值。从其变化趋势来看，2015 年之前，东部地区省份间城乡融合发展水平差距并不大且有缩小趋势，2015 年之后城乡融合发展水平差距缩小幅度有所减缓，政府应注重加强海南和福建等沿海省份农业农村现代化建设，利用好新型城镇化建设以撬动城乡高质量融合，缩小与北京、上海城乡融合发展的差距。东北部地区区域内差异次于东部地区，区域内差异呈现波动下降的趋势，原因是辽宁城乡融合发展水平在东北三省中最高，城乡融合发展动力更强，吉林和黑龙江城乡融合发展水平较低，尤其是黑龙江的融合发展水平最低，进而使东北部地区区域内基尼系数相对较高。但近年来，随着《推进东北地区等老工业基地振兴三年滚动实施方案》出台，东北部地区区域内差异逐渐减小，城乡融合获得长足发展。西部区域内城乡融合发展和中部区域内城乡融合发展差距均较小，研究期间中部地区区域内差异缩小幅度并不明显，西部地区的城乡融合区域内差异在 2017 年之后明显缩小。

表 3-5　2009—2021 年城乡融合 Dagum 基尼系数及分解结果

年份	总体基尼系数	区域内差异				区域间差异						贡献率(%)		
		东部	中部	西部	东北	东-中	东-西	东-东北	中-西	中-东北	西-东北	区域内	区域间	超变密度
2009	0.170	0.135	0.037	0.031	0.093	0.136	0.169	0.292	0.052	0.179	0.137	17.92	80.53	1.55
2010	0.155	0.131	0.031	0.029	0.089	0.139	0.171	0.258	0.044	0.138	0.107	19.10	78.50	2.40
2011	0.133	0.115	0.042	0.028	0.073	0.133	0.132	0.224	0.042	0.110	0.106	19.00	77.18	3.82
2012	0.122	0.103	0.017	0.037	0.060	0.117	0.132	0.209	0.039	0.102	0.092	17.89	79.09	3.02
2013	0.109	0.084	0.019	0.033	0.068	0.101	0.133	0.184	0.042	0.095	0.073	18.33	77.92	3.75
2014	0.102	0.082	0.020	0.032	0.059	0.095	0.124	0.171	0.039	0.090	0.068	18.34	77.23	4.43
2015	0.098	0.076	0.022	0.032	0.059	0.088	0.114	0.165	0.039	0.090	0.071	18.29	77.20	4.51
2016	0.096	0.077	0.021	0.025	0.059	0.090	0.114	0.161	0.033	0.082	0.065	18.71	77.30	3.99
2017	0.092	0.079	0.026	0.031	0.054	0.089	0.114	0.152	0.038	0.076	0.059	19.38	75.51	5.11
2018	0.089	0.079	0.025	0.024	0.051	0.085	0.111	0.145	0.038	0.075	0.055	19.59	74.73	5.69
2019	0.084	0.079	0.028	0.021	0.047	0.081	0.106	0.137	0.040	0.071	0.049	20.08	73.91	6.01
2020	0.081	0.080	0.027	0.017	0.046	0.076	0.094	0.131	0.035	0.070	0.051	20.88	73.22	5.90
2021	0.080	0.077	0.029	0.015	0.049	0.072	0.087	0.129	0.034	0.073	0.055	20.99	72.46	6.56

从区域间差异来看，东-东北地区间的差异程度最大，这表明东部地区凭借完善的数字技术、现代化产业体系以及现代化城市发展，发挥了"以城带乡、以工促农"的积极效应，而东北部地区虽是我国的粮食大省，承担着保障国家粮食安全的作用，但其经济结构不合理，相关体制机制僵化，市场主体活力不足，农村地区经济发展乏力[119]，最终使得东北部地区城乡融合发展水平远远落后于东部地区。十八大以来，我国高度重视东北部地区经济发展，并出台了一系列指向性明确的政策，在一定程度上加快了东北部地区城乡融合步伐，使两大区域之间相对差异明显缩小。中-西地区区域间基尼系数最小且相对差异没有明显缩小趋势。此外，无论是东-西、东-东北、中-东北、西-东北，区域间相对差异均呈现收缩趋势。

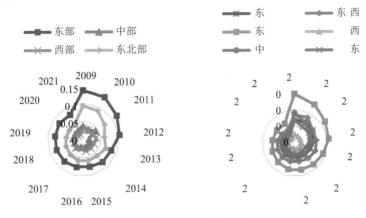

图 3-3　区域内基尼系数变化图　　图 3-4　区域间基尼系数变化图

此外，为了研究我国城乡融合发展水平的地区差异来源，将总体基尼系数分为区域内基尼系数、区域间基尼系数和超变密度，并计算三者贡献率(见图3-5)。研究期间，区域间差异贡献率呈不规则下降趋势，2009 年贡献率占到总差异的 80.53%，2010 和 2011 年有下滑趋势，但在 2012 年又提升到79.09%，之后占比逐年下降，但依然是我国城乡融合发展水平不平衡的主要原因(2021 年贡献率为 72.46%)，表明我国城乡融合发展水平地区差异主要来自于四大区域间发展的相对差异；区域内差异贡献率在 20%左右，研究期间呈先上升后下降再上升趋势，与基期相比，2021 年贡献率上升 3.07 个百分点；研究期间，超变密度贡献率介于 1.55%~6.56%，贡献率最小，表明样本交叉问题对总体差异影响不大。值得注意的是，从 2017 年起，超变密度引起的城乡融合不均衡的比例呈急剧上升趋势。以上研究结果与王弘儒的研究结果一致[120]，因此提高东北部和西部地区城乡融合发展水平是我国城乡融合高质量发展的关键。

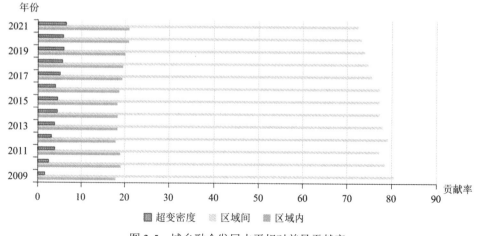

图 3-5 城乡融合发展水平相对差异贡献率

2. 城乡融合发展的动态演化

以上分析表明我国城乡融合发展水平差异较大，为了更准确反映全国与四大区域城乡融合发展水平的整体形态和差异变化，笔者采用 Kernel 密度估计刻画，其计算公式如下：

$$f(x) = \frac{1}{nh} \sum_{i=1}^{n} K(y) \tag{3-11}$$

$$K(y) = \frac{1}{\sqrt{2\pi}} \exp\left(-\frac{y^2}{2}\right) \tag{3-12}$$

$$y = \frac{x_i - \bar{x}}{h} \tag{3-13}$$

其中，$f(x)$ 表示 Kernel 密度函数，n 表示样本量，x_i 表示样本值(服从独立同分布)，$\bar{x}$ 表示样本均值，h 表示平滑参数(带宽)，参考 Silverman 的研究[121]，定义 $h = 1.06\sigma n^{-\frac{1}{5}}$，其中 σ 由 $\min\left\{s, \frac{Q}{1.34}\right\}$ 来决定，s 为标准差，Q 为四分位间距。

全国城乡融合发展水平分布动态演进如图 3-6 所示。由图 3-6 可知，Kernel 密度曲线的分布中心经历了小幅右移趋势，反映了我国城乡融合发展水平呈上升态势，城市的"强"与农村的"弱"对比减弱。图中城乡融合水平分布动态演进呈多峰特征，主波峰位于左侧，峰值有所上升，分布中心向右偏移，说明我国大部分省份城乡融合发展处于低值区，近年来低值区城乡融合发展水平在增加的同时发展差异也在缩小。右侧次波峰逐渐凸显，由 2009 年的三峰演变为 2021 年的双峰，波峰的分布中心和波峰高度基本不变，反映出我国城乡融合高值区发展较为稳定，但极化现象在加剧。

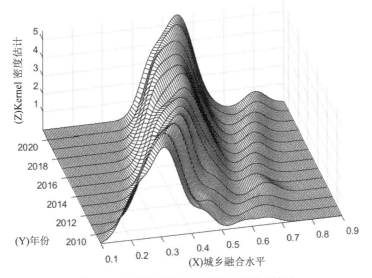

图 3-6　全国城乡融合水平的分布动态演进

　　图 3-7 为四大区域城乡融合水平分布动态演进图。根据图(a)可知，东部地区城乡融合在研究期间变化较大，由初始的三峰变为双峰，并且双峰的距离逐渐增大，表明东部地区城乡融合极化现象严峻，加快促进农民增收及扎实推动城乡融合发展还需漫长的过程。主波峰位于左侧低值区，分布中心位置基本不变，波峰高度逐年增加，说明大部分东部地区省份城乡融合水平较低，城乡融合发展水平没有明显提高，省份间发展差距在缩小；次波峰位于右侧，峰值很低，波峰呈先左移后右移的趋势，波峰高度略有上升，表明城乡融合发展程度较高的省份间城乡融合水平差距也在缩小。根据图(b)可知，中部地区城乡融合发展水平的分布中心总体右移，说明中部地区城乡融合程度整体在提升。研究期间呈单峰特征，波峰高度基本不变，意味着中部地区城乡融合发展差距并没有出现缩小趋势。根据图(c)可知，在研究期间西部地区城乡融合发展水平的分布中心总体右移，始终为单峰状态，不存在多极化趋势。除 2013 年波峰高度明显下降外，整体呈波动上升趋势，表明西部地区各省份城乡融合水平的绝对差异在缩小。出现以上现象的原因是 2013 年党的十八届三中全会提出构建新型工农城乡关系，意味着我国开始进入城乡融合发展体制机制建设新阶段。根据图(d)可知，东北部地区城乡融合发展分布函数与西部地区类似，波峰处于 0.32～0.48，分布中心右移，峰值逐渐增高，表明东北部地区城乡融合发展水平还不高，城乡融合发展水平提升的同时内部差距逐年缩小。

综上所述，我国城乡融合分布中心有向右移动趋势，多峰特征显著，主波峰位于城乡融合发展低值区，但各省城乡融合发展水平差异在逐渐缩小，次波峰位于城乡融合发展高值区且高值区城乡融合发展难以达到多重均衡状态。东部地区城乡融合发展水平没有明显提升，由三峰演变为双峰，且波峰间距离拉大，主波峰位于低值区且内部差距在缩小，次波峰位于高值区且内部差距也在减小。中部地区城乡融合发展水平在提升，但研究期间发展差距并没有出现缩小趋势。西部和东北部地区城乡融合发展态势类似，均为单峰状态，融合水平逐渐提高的同时发展差距在缩小。

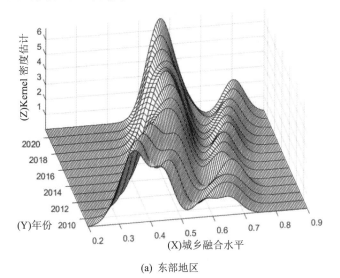

(a) 东部地区

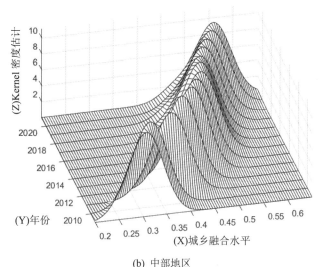

(b) 中部地区

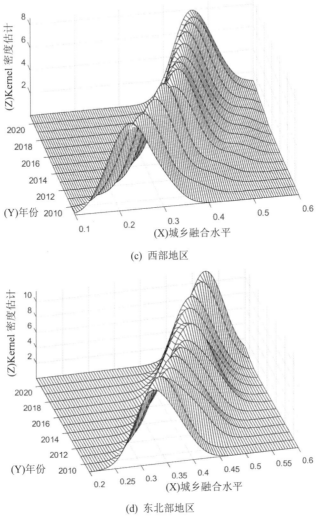

(c) 西部地区

(d) 东北部地区

图 3-7　四大区域城乡融合水平分布动态演进

3. 城乡融合发展的空间特征

考虑到城乡融合发展可能具有空间效应，本书通过构建空间经济地理权重矩阵分析城乡融合水平的相关性。全局莫兰指数(Moran's I)的主要功能是证明空间范围内的整体关联性，具体计算公式如下：

$$莫兰指数 = \frac{\sum_{i=1}^{N}\sum_{j=1}^{N}W_{ij}(Y_i-\bar{Y})(Y_j-\bar{Y})}{\sum_{i=1}^{N}\sum_{j=1}^{N}W_{ij}\frac{1}{N}\sum_{i=1}^{N}(Y_i-\bar{Y})^2} \tag{3-14}$$

由于全局莫兰指数无法反映局部区域内的空间异质性与不稳定性，局部莫兰指数在一定程度上作补充，具体计算公式如下：

$$莫兰指数 = \frac{(Y_i - \bar{Y})}{\frac{1}{N}\sum_{i=1}^{N}(Y_i - \bar{Y})^2}\sum_{i \neq j}W_{ij}(Y_j - \bar{Y}) \tag{3-15}$$

其中，Y_i 表示地区 i 的观测值，Y_j 表示地区 j 的观测值，$\bar{Y}$ 表示被观测指标的平均值，N 表示地区数，W_{ij} 表示空间权重。

基于全局莫兰指数的空间演变趋势结果，如表 3-6 所示。样本期内城乡融合水平的全局莫兰指数在 1%的水平上通过显著性检验且结果均为正，表明城乡融合水平表现为高-高集聚(H-H 型)和低-低集聚(L-L 型)特性，城乡融合发展水平相近的省份相互集聚，满足地理学第一定律。莫兰指数值整体呈现先上升后下降的趋势，说明随着时间的推移各省份城乡融合水平的空间集聚性和依赖性先加强后有所减弱，未来如何打通资源要素溢出通道，实现协同发展是城乡融合发展的重要课题。

表 3-6   2009—2021 年城乡融合全局空间自相关检验

年份	莫兰指数	Z 统计量	P 统计量	年份	莫兰指数	Z 统计量	P 统计量
2009	0.394	4.956	0.000	2016	0.367	4.581	0.000
2010	0.410	5.161	0.000	2017	0.380	4.743	0.000
2011	0.399	4.994	0.000	2018	0.367	4.617	0.000
2012	0.405	5.065	0.000	2019	0.354	4.509	0.000
2013	0.411	5.034	0.000	2020	0.337	4.343	0.000
2014	0.401	4.939	0.000	2021	0.313	4.072	0.000
2015	0.388	4.771	0.000				

接着选择莫兰散点图对城乡融合水平的空间集聚模式进行衡量。图 3-8 展示了样本起始年份(2009 年)、十九大提出城乡融合发展(2017 年)和最近状况(2021 年)这三年的散点图。根据局部莫兰散点图中的象限分布和变化情况，可将各省份城乡融合发展分为双高型、低高型、双低型、高低型、进化型以及退化型 6 类(如表 3-7 所示)。

一是双高型，北京、上海、天津、江苏、浙江、广东共 6 个省份在研究期内一直位于第一象限，表示本地区和周边地区的城乡融合发展较好，这些省份主要位于东部沿海地区，区位条件、资源禀赋都具有很大的优势，因此城乡融合发展进程较快。二是低高型，内蒙古位于第二象限，表示本地区城乡融合发展较弱但其周边地区城乡融合发展较好，内蒙古邻近河北、北京、天津等省份，有望受周边城市产生的正向溢出效应影响而获得发展。三是双低型，贵州、甘肃、广西等 13 个省份位于第三象限，表示本地区与周边地区的城乡融合水平均较低，且在短时间内不可能有快速的发展。这些省份大多位于西北或西南地区，促进城乡融合的各项禀赋条件都较薄弱，城乡融合水平进步空间较大。四是高低型，海南位于第四象限，表示本地区城乡融合发展较好但周边地区较弱。近年来，多项政策的颁布促进了海南的发展，例如，扩大自贸港建设吸引了周边地区大量人才、资金和技术流入海南，从而可能会对周边地区产生虹吸效应。五是进化型，重庆、山东、湖南等 7 个省份的城乡融合水平都有不同程度的提高，均得益于本地区城乡融合发展水平提高或周边地区城乡融合发展水平提高。六是退化型，辽宁由第四象限跃迁到第三象限，福建由双高型变为低高型，表明这两个省份的城乡融合水平都出现了不同程度的下降。辽宁属于东北三省之一，因资源外流、经济衰退等原因出现了城市收缩效应，弱化了城乡关系，驱使城市和乡村向一体化反方向的城乡二元结构演进。

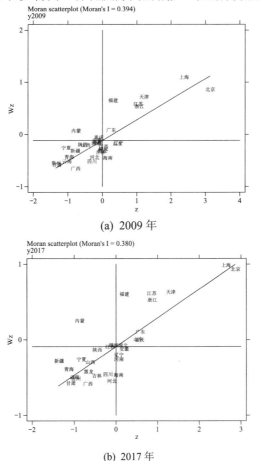

(a) 2009 年

(b) 2017 年

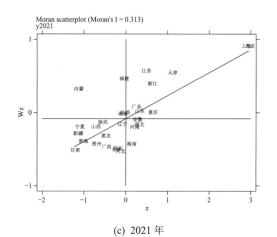

(c) 2021 年

图 3-8   2009 年、2017 年和 2021 年中国城乡融合发展水平莫兰散点图

表 3-7   样本期内各象限分布及变化情况

类　型	象限分布及变化	省　份
双高型	第一象限	北京、上海、天津、江苏、浙江、广东
低高型	第二象限	内蒙古
双低型	第三象限	贵州、甘肃、广西、云南、青海、宁夏、新疆、陕西、山西、河北、黑龙江、吉林、四川
高低型	第四象限	海南
进化型	第二象限→第一象限	重庆
	第三象限→第一象限	
	第四象限→第一象限	山东
	第三象限→第二象限	湖南、江西
	第三象限→第四象限	安徽、湖北、河南
退化型	第一象限→第三象限	
	第二象限→第三象限	
	第四象限→第三象限	辽宁
	第一象限→第二象限	福建
	第一象限→第四象限	

第 4 章 中国城乡融合发展的问题与影响因素

本章从城乡融合发展的五大维度剖析我国城乡融合发展过程中存在的问题及薄弱点，以便在实践中"深耕优势，补足短板"。

4.1 中国城乡融合发展存在的总体问题

4.1.1 从经济融合看，城乡经济低速增长，城乡居民收支差距大

经济融合包括城乡经济水平、城乡产业结构和城乡收入差距三个二级指标，变化趋势如图 4-1 所示。与基期相比，城乡经济水平、城乡产业结构、城乡收入差距均呈增长趋势，其中，城乡收入差距增速最快，城乡居民收入差距有拉大的趋势，城乡经济水平呈低速增长，城乡产业结构有待继续优化。从三个指标具体演变趋势看：

(1) 城乡经济水平除在 2010 年略有下降外，其余年份均保持低水平增长，其由城乡固定资产投资额比和城乡居民人均消费支出比测度。城乡固定资产投资额比在研究期间呈现持续快速增加趋势，到 2021 年已达到 91.650，城乡固定资产投资额比的增长并不利于农村经济持续快速增长，不利于农村扩大生产能力，也不利于居民生活空间的拓展；城乡居民人均消费支出在稳步减小，城镇家庭人均消费与农村家庭人均消费比由 2009 年的 3.071 下降到 2021 年的 1.904，且农村消费水平和消费结构较城镇居民仍有明显差距。城乡固定资产投资额比与城乡居民人均消费支出比的共同作用使得城乡在经济融合方面较为缓慢。

(2) 城乡产业结构由非农产业产值比和第三产业产值比测度。整体上看，城乡产业结构发展水平并不高，第二、三产业产值占第一产业产值的比重及第三产业产值占总产值的比重均不足 4%，表明非农产业和农业发展间的连接依然较弱，三产融合度较低。如今，农村仍然以分散经营的农业为主导，而工业和服

务业大多集聚在城市，这导致农业产业链出现脱节甚至断裂，许多优质农产品因无法及时得到加工和销售，烂毁在地里。从其变化趋势看，2009—2011 年第三产业产值比减小，说明城乡产业结构并不合理，2011—2020 年城乡产业结构持续优化，2021 年有小幅倒退趋势，但总体来说产业结构向着合理化和高级化方向发展。有研究表明，我国农业产业链不断延伸，农产品附加值不断提高，农业产业化发展模式更加多元化，农村产业功能不断扩展[122]。

(3) 在城乡收入差距方面，城乡居民恩格尔系数相差不大，2021 年城乡居民恩格尔系数比仅为 0.8746；城乡居民家庭人均可支配收入差距虽有减小的趋势，但 2021 年城镇居民家庭人均可支配收入的均值是农村居民的 2.504 倍，城乡收入比尚未根本缩小。城镇居民收入具有多渠道性，农村居民大多靠售卖低价值的农产品和外出打工获得收益，加之城乡资源分配不均衡、农村劳动者素质不高、农业机械化和智能化水平有待提高，农村居民缺乏开展多种经营的渠道与信心，收入难以突破瓶颈。

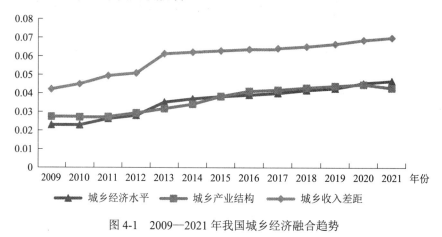

图 4-1　2009—2021 年我国城乡经济融合趋势

4.1.2　从人的融合看，乡村人口质量不高，城乡人口互动少

人的融合包括城乡人口质量、城乡就业结构、城乡人口互动三个二级指标，图 4-2 展现了三个二级指标发展水平的变动情况。

(1) 城乡人口质量由城乡人口教育反差(城镇初中以上文化程度人员数/农村初中以上文化程度人员数)和城乡人口平均受教育年限比测度，有小幅下降趋势。其中，平均受教育年限比变化幅度不大，由 2009 年的 1.287 下降到 2021 年的 1.282，但初中以上文化程度人员比由 2009 年的 1.652 增加到 2021 年的 6.652。可以看出，"乡村弱，城市挤"依然是我国义务教育面临的现实问题，教育资源均等化步伐有待加快，农村居民整体文化素质偏低，长期如此会阻碍农业农村现代化发展。

(2) 城乡就业结构不断完善，依托互联网平台发展起来的网约车、外卖、快递、直播、家政服务等新业态新模式吸纳了大量农村劳动力就业，农村就业人员从第一产业逐渐向第二和第三产业转移，劳动市场一体化打破了户籍与地理限制，为农民提供了自由、平等的就业机会，促进了农民多渠道就业增收，城乡就业结构不断优化升级。

(3) 城乡人口互动少，人的融合度低，表现为城乡人口迁移率由 2009 年的 3.059%下降到 2021 年的 2.418%，2021 年农村人口迁入城镇常住的人口数仅占当年农村常住人口数的 2.418%，这可能是城乡二元问题尚未根本消除，我国推进新型城镇化建设、促进城乡融合进程还需要制度上的深层变革。

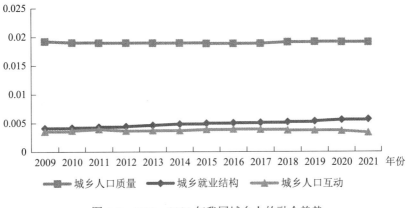

图 4-2　2009—2021 年我国城乡人的融合趋势

4.1.3　从空间融合看，城乡流通程度和信息化水平低

城乡空间融合包含城乡空间集聚、城乡流通程度和城乡信息化水平三个二级指标，如图 4-3 所示，我国城乡空间融合中，城乡空间集聚程度最高，城乡流通程度次之，城乡信息化水平最低。从具体变化趋势看：

(1) 城乡空间集聚呈大幅度升高趋势，表现为人口城镇化水平和土地城镇化水平不断提升，2021 年人口城镇化水平达到 64.720%，土地城镇化水平达到 0.650%。未来要继续提高农业转移人口市民化质量，持续优化城镇空间布局和形态，积极促进城乡人、地的深度融合。

(2) 城乡流通程度由旅客周转量和交通网密度测度，呈波动式上升，在2019 年达到最大值(值为 0.028)。2020 年和 2021 年由于新冠疫情的冲击，旅客周转量降低到 2014 和 2015 年的水准，但从其他年份的数据来看，我国旅客周转量整体较好。交通网密度由 2009 年的 0.410 增加到 2021 年的 0.566，公路铁路几乎通达所有具有条件的乡镇和建制村,交通设施立体化发展的同时,各类运输装备技术与智能化水平也不断取得突破,交通运输高质量发展为城乡流通打下了坚实基础。

(3) 城乡信息化水平由城乡互联网接入端口数年增长率衡量,研究期间不仅发展程度最低而且发展水平在下滑,其变化轨迹大致形成了三个波峰。第一个波峰出现在 2010 年,城乡信息化水平达到 0.0079,第二个波峰出现在 2012年,城乡信息化水平为 0.0082,第三个波峰出现在 2015 年,峰值最大,城乡信息化水平为 0.0088。2015 年之后,城乡信息化水平逐年下降。上述现象表明,全国城乡通信与网络普及均进入了平稳发展阶段。

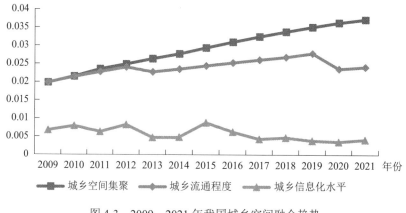

图 4-3   2009—2021 年我国城乡空间融合趋势

4.1.4   从社会融合看,城乡居民基本公共服务均等化程度低

社会融合包括城乡教育、城乡医疗、城乡社会保障和城乡社会生活四个二级指标,如图 4-4 所示,我国社会融合除城乡社会保障发展较好之外(即城乡居民社会养老保险覆盖率和城乡居民失业险参保人数比呈良好发展趋势),其余指标均阻碍城乡融合的推进。主要表现为:

(1) 城乡教育差距大。2021 年我国城镇普通初中生人均教育经费支出是农村地区的 1.147 倍,反映了城市和乡村的教育投入分配存在"一多一少"问题,且两者的差距并没有明显缩小趋势。由于乡村地区师资力量不足,教育质量不高等问题突出,尤其是一些偏远地区无法得到优质的教育资源[123],人口质量下滑,所以建立健全投入机制是现阶段乡村人力资源开发的重点工作[124]。

(2) 城乡医疗差距大。农村卫生保障不到位,2009 年城镇每千人拥有医院卫生院床位数是农村的 2.299 倍,2021 年虽降为 1.243 倍,但农村依然面临床位偏少的困境,因此,需要加快农村基层医疗发展,提高农村床位供给密度。

（3）城乡社会生活差距大。城乡社会生活差距用城乡居民人均住房面积比和城乡人均文教娱乐支出比测度，结果显示住房城乡建设领域发展不平衡、不充分的问题依然很突出，城乡人均文教娱乐支出比也极度不协调。2020 年城镇人均文教娱乐支出水平为农村的 2 倍，农村的文化活动站、体育设施、室外活动场地等基本活动场所建设有待完善，村民日常文化生活单调匮乏，与城市多元现代的文化生活对比强烈。

综上，我国城市集中了教育、医疗、养老、住房、社会服务、文化等方面的优势资源，而乡村公共服务设施配套失衡，社会融合进程慢。因此，以推进城乡基本公共服务均等化为抓手，增强城乡居民获得感和幸福感是城乡融合乃至社会融合的关键。

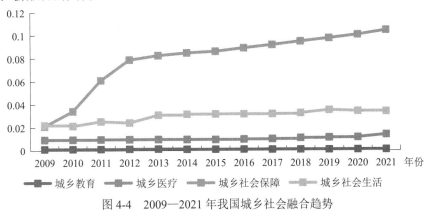

图 4-4　2009—2021 年我国城乡社会融合趋势

4.1.5　从生态融合看，生态绿化开发慢，环保投融资不足

"十三五"时期，是我国改革开放以来环境质量改善成效最大的 5 年，也是生态环境保护事业发展最快的 5 年。我国政策举措之实、治污力度之大、环境质量之好前所未有，"绿色中国"的形象已然呈现。然而，面对城乡融合发展新任务，农村人居环境的改善仍任重道远。城乡生态融合包括生态绿化和环境保护两个二级指标，如图 4-5 所示，其变化趋势主要表现为：

（1）生态绿化由建成区绿化覆盖率来体现，研究期间，我国建成区绿化覆盖率由 2009 年的 38.2%上升到 2021 年的 42.5%，上升幅度不大。未来要结合城市更新，通过拆违建绿、留白增绿等方式，增加城市的绿地，同时也要将乡村绿化美化纳入村庄规划统筹考虑，并鼓励各地积极开展公园绿地开放共享工作，拓宽居民绿色活动空间。

（2）环境保护呈缓慢上升趋势。环境保护由环境污染治理完成度、城市生活垃圾无害化处理率及城乡节能减排三个细分指标测度。其中，环境污染治理完成度是相对薄弱的环节，总体保持下降态势，环境污染治理投资额占总产值的比重从 2009 年的 1.62%下降到 2021 年的 1.56%，大大低于发达国家环保投资力度，具体情况为：城市建设中的大量污水废气没有得到合理化处理便流入连接城乡的各大河流中，对乡村地区的水资源造成极大污染，乡村成为生态负担的承担者[60]，且由于乡村地区基础设施落后，废气废水废渣难以处理，更严重威胁了脆弱的乡村环境。有研究发现，每增加 1000 元的生态转移支付资金，环境质量就得到 2.285 个百分点的改善[125]，因此，我国要以环境治理水平较高的国家为标准①，坚持实施生态转移支付政策，增加财政支出在环保投资中的比重，尤其是要增加农村环境保护基础设施建设，促进环保市场发展。城市生活垃圾无害化处理率比较高，2021 年经过处理的生活垃圾量占生活垃圾总量的 99.88%。在节能减排方面，能源消费总量占据 GDP 的比重在下降(由 2009 年的 93.253%下降到 2021 年的 45.597%)，说明经济发展对能源的依赖程度在降低，能源节约优化成效显著，能源利用效率获得提升。

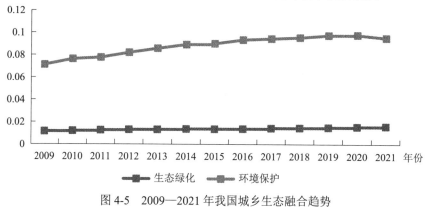

图 4-5   2009—2021 年我国城乡生态融合趋势

4.2 中国城乡融合发展的影响因素分析

4.2.1 模型构建

为了分析中国城乡融合的影响因素，构建如下计量模型：

$$Y = \alpha + \beta X_{it} + u_i + u_t + \varepsilon_{it} \tag{4-1}$$

---

① 20 世纪 70 年代，发达国家的环保投资已经占到 GNP 的 1%～2%，其中美国为 2%，日本为 2%～3%，德国为 2.1%。(注：数据来源于曲延春[126]. 农村环境治理中的政府责任再论析：元治理视域[J]. 中国人口·资源与环境，2021，31(2)：71-79.)

其中，被解释变量 Y 为城乡融合水平，X 是对城乡融合发展产生影响的各项因素的集合，α 表示常数项，i 表示地区，t 表示时间，β 为本书重点关注对象，反映了各项因素对我国城乡融合发展水平的影响效应，若 β 显著为正，说明某因素能提高城乡融合水平。u_i、u_t 分别表示个体、时间固定效应，ε_{it} 表示随机扰动项。

4.2.2　变量选取及数据来源

城乡融合影响因素模型中的被解释变量和解释变量如下：

(1) 被解释变量。本书的被解释变量为城乡融合水平，根据表 3-1 城乡融合评价指标体系测度。

(2) 解释变量。以城乡融合发展的驱动因素分析为基础，参照王大超等[127]、徐生霞等[128]、方创琳[129]、孟莹等[130]的研究，将劳动力要素流动、土地要素流动、政府支农力度、数字经济发展水平、经济发展水平、开放程度、市场化程度共 7 项因素作为影响城乡融合水平的主要因素进行分析，为消除异方差影响，对指标进行对数处理。

劳动力要素流动(LFM)采用各省份大学生到农村工作的人数来衡量，数据来源于各省份"三支一扶"计划招募公告。城市流入农村的大学生等劳动力具有较高的人力资本价值，有利于农村产业发展和治理水平的提高。

土地是社会生产的基本要素和空间载体，其他城乡要素需土地要素支撑或与其结合才能发挥最大效用，因而土地要素合理流动与否决定着城乡融合发展程度的高低。现阶段土地要素流动(LEF)主要指农用地向非农用地的转移，因此采用工商用地面积比重来衡量。

政府支农力度(GSA)采用各地财政支出中农林水支出占财政总支出的比重来衡量。

数字技术可以赋能乡村振兴，促进农业农村现代化。数字经济发展水平(DEL)选取域名数、互联网宽带接入端口、光缆线路长度、电信业务总量、软件业务收入、计算机通信和其他电子设备制造业主营业务收入、每百家企业拥有网站数、有电子商务交易活动企业比重、电子商务销售额、政府网站数量、政务头条号数量、政务微博竞争力指数这 12 个指标来衡量，并使用投影寻踪评价模型计算得出相关结果。

区域经济发展水平可以提高农业生产效率，也可以提高消费需求和投资需求，带动乡村振兴。经济发展水平(EL)采用各地区的人均 GDP 水平来衡量。

区域开放水平越高，越有利于吸引全球资源的集聚，能拓展乡村的发展空间和资金来源。开放程度(OL)采用按汇率折算的进出口总额与 GDP 的比值来衡量。

市场化程度(ML)，指市场在资源配置中所起作用的程度，用来反映转轨国家由传统计划经济体制向市场经济体制转变的进程。由王小鲁等编制和发表的《中国分省份市场化指数报告(2021)》是本书市场化指数的主要数据来源，该指数主要是由政府与市场的关系、非国有经济的发展、产品市场的发育程度、要素市场的发育程度及市场中介组织的发育和法律制度环境等 5 个代表市场不同方面的指数合成，每个方面的指数又由若干分项指数构成，共 17 项基础指数，是一个整体反映市场化水平的综合性指标。

数据描述性统计结果如表 4-1 所示。样本期内，城乡融合发展水平的均值为 0.457，标准差为 0.112，最小值为 0.177，最大值为 0.808，表明我国城乡融合发展水平较低且省份间存在较大差异。核心解释变量的描述性统计结果均在合理范围内。

表 4-1   解释变量的描述性统计结果

解释变量	样本量	均　值	标准差	最小值	最大值
城乡融合水平	390	0.457	0.112	0.177	0.808
劳动力要素流动	390	1069.031	847.809	57.982	4594.793
土地要素流动	390	0.800	0.038	0.019	0.209
政府支农力度	390	0.113	0.032	0.039	0.204
数字经济发展水平	390	0.251	0.115	0.064	0.768
经济发展水平	390	52 157.540	29 039.560	10 814	187 526
开放程度	390	0.271	0.305	0.008	1.548
市场化程度	390	7.853	1.899	3.360	12.922

4.2.3 研究结果分析

本节主要分析各影响因素对城乡融合发展水平的影响程度，回归结果如表 4-2 所示。表 4-2 列(1)表示聚类到全国层面，列(2)至列(5)分别是东、中、西、东北部地区城乡融合发展水平影响因素的回归结果。列(1)显示，在全国层面上，劳动力要素流动、政府支农力度、经济发展水平、开放程度、市场化程度均会对城乡融合发展水平产生显著的正向影响，且经济发展水平的影响力度最大，表现为当经济发展水平提升 1 个单位，城乡融合发展水平上升 0.549 个单位，说明增强城乡经济联系，畅通城乡经济循环，对推动城乡融合具有积极作用。值得注意的是，数字经济发展水平对城乡融合发展水平产生负向影响，该结果与以往的研究结论有所不同。王松茂等学者以长江经济带 11 个省份为例，发现数字经济发展水平每上升 1%，城乡融合发展水平就上升 0.171%[130]；王军等学者基于数字经济发展水平较高的长三角城市群 26 个城市的面板数据，发现数字经济对城乡融合的影响呈"倒 U"型，但目前长三角地区发展处于拐点左侧[132]。这种差异可能是研究对象不同造成的，上述研究均以数字经济发展较好的地区为研究对象，而本书是基于全国 30 个省份。虽然我国城市和农村互联网普及率均不断提高，但农村居民数字技术应用的广度和深度不如城市居民，数字技术"使用鸿沟"大，再加上城市"虹吸效应"的影响，使更多的农民进入城市从事第二、三产业，从而导致农村出现"村庄空心化、土地闲置"现象。此外，现阶段数字经济发展呈现出"东强西弱"的特点，东部地区的数字经济发展水平整体上优于其他地区，而中部、西部和东北部地区的数字经济起步较晚、发展较慢，这种恶性循环在西部和东北部地区表现更显著。因此，现阶段数字经济发展会造成乡村地区衰落，对全国性的城乡融合产生负向的影响。

从四部分区域的回归结果来看：

(1) 对东部地区而言，劳动力要素流动、土地要素流动、政府支农力度、经济发展水平、市场化程度均通过正向显著性检验，说明这 5 个因素能够有效强化聚集资源的能力，为农村发展提供坚实基础。数字经济发展水平没有通过显著性检验，原因可能是东部地区数字化和城市化发展水平较高，城乡融合水平已经达到较高水平，数字经济带来的红利对城乡融合影响不显著；对外开放程度也没有通过显著性检验，但其具有正向效应，有望通过继续加大区域经济外向型成分及产业发展向全球价值链中高端攀升，来提升对外开放对城市和农村经济发展的驱动作用。

(2) 对中部地区而言，仅有政府支农力度和经济发展水平通过正向显著性检验，即政府支农力度和经济发展每提升 1 个单位，分别推动城乡融合提升 0.213 和 0.405 个单位。此外，从四大区域对比看，政府支农力度对中部地区的促进效应已远高于全国水平，并且在四大区域中也是最高的，因此，对于中部地区来说，城乡融合的关键是要提高对农林水的财政支出。

(3) 对西部地区而言，同样是政府支农力度和经济发展水平通过正向显著性检验，意味着政府支农力度和经济发展每提升 1 个单位，分别推动城乡融合提升 0.130 和 0.663 个单位。数字经济通过了 5%的负向检验，原因可能是西部地区数字经济发展水平普遍较低，城乡数字经济发展差距大，数字经济优先在城市发展，农村地区很难享受数字经济发展带来的红利，即"雪中送炭"效应远小于"锦上添花"效应。未来要更加注重乡村信息基础设施建设，完善农村流通服务体系，加强新型职业农民和新型经营主体的培育，切实推动数字技术对农业生产与科技服务的改造升级作用，从而发挥数字经济对西部地区城乡融合的"雪中送炭"效应。

(4) 对东北部地区而言，数字经济发展水平和经济发展水平在 1%水平上显著为正，说明数字经济发展水平和经济发展水平每提升 1 个单位，分别推动城乡融合提升 0.111 和 0.427 个单位，对外开放程度和市场化程度在 1%水平上显著为负，其余因素没有通过显著性检验，原因可能是东北部地区一些城市享有对外开放优惠政策，会导致农民收入难以跟上城市居民收入的增长速度，城乡收入差距大，进而导致城乡融合发展进程缓慢[129]。

(5) 此外，可以看到中、西、东北部地区的经济发展水平均对城乡融合产生显著正向影响，应重点提升这些地区的人均 GDP 水平以促进城乡融合。

表 4-2   城乡融合水平影响因素回归结果

	(1)	(2)	(3)	(4)	(5)
	全国	东部	中部	西部	东北部
lnLFM	0.021***	0.017*	−0.029	0.012	0.011
	(2.763)	(1.872)	(−1.119)	(0.626)	(0.705)
lnLEF	0.021	0.063**	−0.016	−0.004	0.000
	(1.341)	(2.362)	(−0.308)	(−0.147)	(0.023)
lnGSA	0.187***	0.124**	0.213**	0.130*	0.028
	(5.993)	(2.609)	(2.216)	(1.924)	(0.785)
lnDEL	−0.077***	−0.033	0.085	−0.115**	0.111***
	(−3.640)	(−1.223)	(0.920)	(−2.175)	(3.602)
lnEL	0.549***	0.410***	0.405***	0.663***	0.427***
	(23.595)	(11.630)	(5.365)	(13.830)	(14.644)
lnOL	0.027**	0.019	0.057	0.018	−0.074***
	(2.293)	(0.551)	(1.357)	(0.958)	(−3.656)
lnML	0.075**	0.264***	−0.028	−0.019	−0.156***
	(1.994)	(3.492)	(−0.147)	(−0.341)	(−3.151)
Constant	−6.588***	−5.428***	−4.169***	−7.876***	−4.990***
	(−24.122)	(−13.378)	(−4.006)	(−13.592)	(−11.914)
Obs	390	130	78	143	39
R^2	0.911	0.877	0.924	0.931	0.991
个体/时间固定效应	是	是	是	是	是

注：***代表 p<0.01，**代表 p<0.05，*代表 p<0.10；括号内为稳健性标准误，其中列(1)聚类到全国层面，列(2)至列(5)分别聚类到四大区域。

　　为了解决自变量和因变量之间的内生性问题，采用自变量滞后一期的方法进行稳健性检验。表 4-3 的回归结果与基准回归一致，表明本书的研究结果具有稳健性。

表 4-3　稳健性检验结果

变　量	自变量滞后一期
lnLFM	0.019***
	(2.92)
lnLEF	0.025*
	(1.82)
lnGSA	0.112***
	(4.19)
lnDEL	−0.066***
	(−3.81)
lnEL	0.483***
	(25.25)
lnOL	0.024**
	(2.34)
lnML	0.053*
	(1.66)
Constant	−5.919***
	(−26.10)
Obs	360
R^2	0.918

第5章　三种不同类型空间区域城乡融合发展存在的问题

城乡融合发展理论研究了"城乡混沌一体—城乡分离对立—更高水平的均衡与融合"后，田园城市、城乡混合体模型、城乡区域网络模型等理论进一步探讨了城乡空间组织形态。进入 21 世纪，城市和乡村边界愈发模糊，学者们逐渐意识到在完全城市和完全乡村地区还存在过渡空间，开始重新审视城乡空间形态，深入探究不同类型空间区域推进城乡融合的现实问题与发展模式。

李培林在《村落的终结——羊城村的故事》一书中提到，城市周边的村庄因与主城区的空间距离不同和受城镇化影响不同，可划分为城中村、近郊农村、远郊农村三种类型(见表 5-1 及图 5-1)[133]。本章首先对中国三种不同类型村庄的基本概念和相关学说进行概述，接着对这三种类型村庄城乡融合现状及主要问题进行阐述。

表 5-1　城乡融合类村庄的类型划分

与主城区的距离	受城镇化影响程度	类　型
被划分为城市建设用地或已被城市包围	规划建设用地或现状建设用地	城中村
村庄和城市(规划)建成区有一定空间距离	位于城镇开发边界	近郊农村
村域土地边界不与城市(镇)相接	在经济发展和产业定位上受到城市影响	远郊农村

图 5-1　城乡融合类村庄的类型划分

5.1　城中村城乡融合发展存在的问题

5.1.1　城中村的定义和类型

1. 城中村的定义

20 世纪 90 年代，城中村的叫法比较多样化，如城乡边缘地带、城市里的村落、都市里的乡村、城市孤岛等，直到 2001 年，才形成了"城中村"这个较为统一的术语。早期学术界基于不同学科背景，从不同视角对城中村的概念展开了探讨，主要有以下五种观点(见表 5-2)。

表 5-2　不同研究视角下城中村的定义

研究视角	城 中 村 定 义
从土地和土地性质角度	城中村是城市在发展进程中，将距新、旧城较近的村庄纳入城市建设用地范畴内形成的特殊社区，大部分耕地的性质在城市扩张过程中由集体所有转为国家所有并用于商业开发，征地过程中返还给乡村的宅基地、自留山丘等保持集体所有权不变，村民仍享有宅基地使用权[134]。
从人口学角度	城中村人口大部分是土著农民和外来人员，他们很少从事农业活动，居民文化程度较低[134]。
从房屋建筑布局角度	城中村是一种在城市建设区内形成的介于农村"一栋一户"和城市多层建筑之间的特殊社会形态，城中村的建筑密度高，建筑结构以砖混为主，建筑布局杂乱，缺乏整体规划[135]。
从产权和经营制度角度	城中村村民虽然在耕地被征用后基本转为城市户口，由所在的城市行政单位管辖，但城中村是宅基地权属、户籍、行政管理体制等多方面仍然保留着农村模式的农村聚落[136]，所在城市通常负有保障村民子女上学、就业和发展集体经济等方面的义务。
从社会关系角度	城中村是社会属性仍属于传统农村的特殊社区，村民生活习惯和交往模式有别于城市社区，村民并没有参与到新的城市经济分工和产业布局中，仍然以土地及附着物为生活保障来源[137]。

以上研究是从单一学科背景出发或从某地区发展现状出发归纳总结的，都涉及城乡二元结构，体现了城中村具有城市和村落二重属性(见表 5-3)。事实

上，城中村是我国独有的城市现象，是城乡二元制下城市化发展的产物。城中村的关键属性应至少包括三点：第一，城中村的外部形态表现为村庄农用土地不断减少，大部分被纳入城市建设用地，建筑物以住宅为主，建筑密度和建筑容积率高，居住人口由土著农民和外来人口构成，是低收入群体的居住区；第二，城中村具有特殊的体制特征，其土地产权归村落集体所有，管理模式属于由村民委员会承担的自组织模式；第三，城中村是一种社会形态，村民生活方式和心理虽受到了城市的影响，但依然保持着以地缘和血缘关系为主的初级关系，城中村集体经济收入主要靠出租土地及房屋等非正规经营项目。

基于以上分析，本书将城中村定义为在城市建设急剧扩张进程中，被城市建设用地包围或者纳入城市建成区，没有或者仅有少量农用地，在宅基地权属、户籍、行政管理体制等多方面仍然保留着农村模式，经济生产方式单一落后的农村聚落。从时间跨度上说，城中村是实现城乡融合的一个阶段，从空间跨度讲，城中村是城市范围内的村庄，是"半城市化"的空间载体，是一种"城不像城，村不像村"的独特地域现象。

表 5-3   城中村的二重属性

城 市 特 征	村 庄 特 征
居民居住地：市区、市中心	土地所有权：部分或全部归集体所有
居民从事职业：主要为第二、三产业	管理模式：村民委员会管理社区
城中村居民生活方式：逐步城市化	城中村居民户籍：保留村籍

2. 城中村的类型

根据研究侧重点不同，城中村主要分为以下几种：

第一，根据土地的所有权状态划分，包括已"撤村建居"、正在"撤村建居"和尚未"撤村建居"三类城中村。已"撤村建居"指土地被国家全部征用，农民不再享有集体土地所有权，村已经被城市完全包围，原农民已全部转为居民，只是保留着农村传统的生活习惯。这是通常所说的广义上的城中村，这类城中村已完成改造融入城市之中。正在"撤村建居"指土地大部分被征用，土地所有权部分属于国家所有，部分属于集体所有，但原农民未转为居民。尚未"撤村建居"指已列入城市框架范围，土地仍全部属于集体所有。后两种是狭义上的城中村，是通常所说的要改造的城中村。

第二，根据城中村发展阶段划分，可分为四个阶段。第一阶段是聚落形成阶段，也可称为前城中村阶段，在这一阶段，城镇化发展还没有波及农村，城中村还仅仅是农民居住村落。第二阶段是城乡接合部阶段，越来越多的农民开始走出田间，从事非农业生产活动。第三阶段是城中村阶段，在这一阶段，城市建成区已将村镇全部包围，也就是广义上的城中村。第四阶段是城中村瓦解阶段，农民逐渐融入城市，原有的社区逐渐瓦解，这个时候已经是实际意义上的城市化了。

第三，根据城中村的社会形态划分，基于土地利用比、外来人口占比和物业出租收入占比，城中村分为典型城中村、转型城中村和边缘城中村。

5.1.2　城中村形成的原因

1. 工业化和城市化进程加快

改革开放以后，工业化的发展促进了城市化进程加快，而城市化快速发展的一个突出表现就是城市规模不断扩大。我国城市数目从 1978 年的 320 个发展到 2021 年的 685 个，城市建成区面积也由 3.6 万平方千米扩大到 6.24 万平方千米[138]。城市在快速发展的过程中，需要通过征收的方式将周边的郊区和农村用于农业生产的耕地不断划入到城市地域范围内。由于政府不能征收农民用于生活的宅基地，所以城市扩张的时候绕过了农民生活区，逐渐形成城市包围农村、城乡混合用地的独特地理景观，这是城中村形成的直接原因。

2. 城乡二元体制的确立

20 世纪 50 年代，国家为了推进工业化发展，制定了一系列城乡隔离政策，使城和乡成了独立的运行单元，城乡二元体制就此出现，这是城中村形成的制度原因。二元体制主要体现在三个方面：一是二元土地制度；二是二元户籍制度；三是二元行政管理制度。我国实行的是农村集体土地管理制度，这使得原住居民有寻租和出租房屋的权利。农业剩余劳动力大规模涌入城市，但因二元户籍制度的制约，这些外来人口并不能享受和城市居民同等的待遇与保障，加上外来人口普遍劳动能力低、经济收入有限、生存技能薄弱，因此，大多数外来人口便会选择离城区距离不远且租金相对便宜的农村居住，这在一定程度上促使了城中村的形成。需要注意的是，城乡二元体制是城中村形成的必要条件，换句话说，城乡二元体制不一定形成城中村，但是城中村的形成一定是以城乡二元体制为前提的。城乡二元体制与新市民住房需求在空间上结合必然产生城中村。

3. 市场需求刺激

随着城市经济的发展，我国大量乡村人口涌入城镇寻找就业机会，但这些新市民大多从事技术含量较低的行业，他们的收入无法负担得起城市住房，再加上政府在公共住房领域严重缺位，没有及时提供公共住房，因此，城中村村民利用二元体制的制度缝隙，在自有宅基地建造房屋，如通过加高私宅，形成"一线天、握手楼"等独特景观，为这些新市民提供了廉价的住房和长期生存发展的条件，起到了"减压阀"和"缓冲器"的作用。

城中村为城市中低收入新市民提供了栖身之所，弥补了政府在正规住房方面的失灵，并使多方受益：新市民获得低成本住房，村集体和村民获得租金收入，城市政府减少了公共服务支出，城市企业获得低成本劳动力。可见，城中村是能够使多方受益的，并逐步形成了正反馈体系，各利益主体均不希望打破既有的利益格局，因此，城中村会出现"越禁越多"的现象。

综上，本书认为城中村的出现始于城乡工业化和城市化进程加快与城乡二元体制的确立，固化于新市民对非正规住房持续性的需求，城乡二元体制是城中村形成的必要条件，与新市民住房需求相互耦合共同构成城中村形成的充分必要条件。

5.1.3 城中村的发展历程

改革开放前，中国城市化一直处于迂回发展阶段，自 20 世纪 80 年代后，我国经济快速发展，城市开始以摊大饼式、轴向式及蛙跳式模式向周边地区扩张，同时土地有偿使用使城市向郊区扩张成为可能。图 5-2 展示了城中村的发展历程。在城中村形成的最初阶段，村庄和城市是在要素、产业、制度、空间等多层面独立的发展体，城市主要采用"向心式"和"圈式蔓延"发展模式，城市外围依托中心城区的资源要素集聚作用获得发展。城市的思想观念和生活方式尚未扩展到村镇，村镇周围遍布农地，农民以种地为主要职业，村内人口密度低，经济结构简单，村镇的主要功能是农民居住聚落。

在城中村形成的早期阶段，具体为 20 世纪 80 年代到 20 世纪 90 年代，随着基础设施的不断完善和工业化进程的推进，城市发展模式"圈式蔓延"被"轴型拓展"模式取代，中心城区迅速膨胀，弊病百出。以伦敦为例，根据 White 的研究可知，19 世纪伦敦人口骤增了 558 万[139]。为此，19 世纪末，英国社会活动家埃比尼泽·霍华德提出了田园城市理论，他建议以一种逆城市化的方式瓦解特大城市，主张将城市周边的村庄纳入建设规划中[140]。该理论极大地影响了现代城市规划体系和理论的发展以及我国城乡关系的实践。受此影响，我国城市和农村的发展关系开始由独立转变为农村寄生于城市，城市规模扩大，开始延伸到周围农村，农村内部发生了翻天覆地的变化：从土地用途看，农地开始被征用于商业楼宇的建设或住宅区的开发，村内地价飞速上涨；从产业结构看，由农业生产为主转变为以工业、服务业为主，居住在农村宅基地的农民开始从事买卖、租赁房屋的职业；从村子的物质空间看，越来越多的违章建筑拔地而起，农村房屋建筑开始向高层发展，大型企业落地农村，农村变得拥挤不堪。这一阶段，城市与农村的区别在逐渐变小。

1990 年以后，我国进入了城中村阶段，城市近郊农用耕地几乎全部被城市征用，村民居住的地方已完全被城市建成区包围，村落外观已经类似于城市建成区，农民依靠二三产业为生，村内人口混杂，治安混乱，城乡间文化冲突严峻。除了集体产权以及农民户口依然是农业户口，城中村已与传统村落截然不同，是典型的城中村。在这一阶段，从地域上看，城中村尽管已经属于城市，但是由于城乡二元体制的存在，城中村内基本公共服务设施不完善，农民享受不到与城市居民相同的待遇和社会保障，村民还未实现市民化，村内建筑物也没有进行统一规划，未真正实现城乡融合发展。

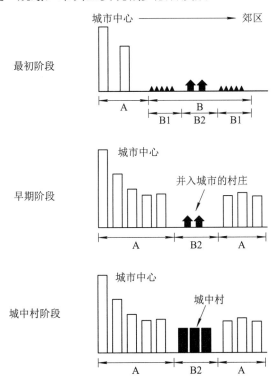

注：参考王永峰[141]的研究。其中，A代表国有土地，
B代表农村土地，B1代表农地(耕地)，B2代表农村宅基地。

图 5-2　我国城中村的发展历程

5.1.4　城中村城乡融合发展存在的问题

根据 2023 年中国人民大学公共管理学院叶裕民教授研究团队的研究成

果，绘制了中国城中村区域的规模情况，如图 5-3 所示。可以看出，我国存在数量较多、待改造的城中村，其中，成都市的城中村数量最多，截至 2023 年 7 月，城中村累计个数达到 1412 个，其次为上海、北京，分别有 894 个和 501 个。遗憾的是，与沿海城市相比，内陆城市缺乏关于城中村的统一、清晰的定义，在较长时间内缺少对城中村的规划。可见，在城市更新、能级提升的过程中，城中村的拆迁改造任重道远。从村庄建设用地面积占城市建成区面积的比重来看，东莞最高，达到 81.2%，其次为成都(70.7%)和广州(47.0%)。在一些特大超大城市中，城中村为大量非户籍常住人口提供了住所。深圳非户籍常住人口占总人口的比重高达 96%，上海和东莞的占比均为 75%。城中村是很多在北京、上海、广州、深圳等超大特大城市打拼的新市民、青年人及外来务工者的第一个"落脚点"，低租金、上班近的优势让他们在城市里少了一份压力，多了一分希望。从某种意义上讲，城中村减轻了政府的人口安置压力，具有"减压阀"的作用[142-143]。而且，城市就业结构滞涨反而利于城中村非正规经济的发展，对解决农村剩余劳动力具有重要作用。此外，城中村具有相对宽松的管理体制，租金低廉，非正规就业机会多，有能给外来人口提供心理缓冲的文化环境，是外来人口适应城市生活的缓冲带。

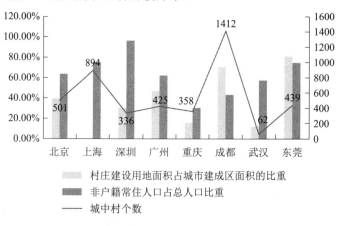

图 5-3   城中村区域的规模

综上，不可否认的是，城中村在城镇化建设扎实推进、城市发展质量稳步提升进程中具有一定的积极作用，但随着新型城市建设步伐加快，城中村也对经济社会、环境保护与治理等方面产生了不利影响，成为城市发展的瓶颈。一方面，城中村为外来人口提供了大量廉价住房和生存机会，也为失地农民带来了经济收入，起到了空间和社会冲突"减压阀"的作用；另一方面，城中村派生了土地利用不经济、居住环境差、社会治安问题严峻、文化观念差异大等复杂多样的负面问题。显然，城中村已不能适应我国高质量发展的要求，城中村改造势在必行。城中村在土地管理、政治行政、物质空间、社会治安、文化传承、回迁安置等方面存在一系列问题，一直是城市更新的痛点，具体体现在以下几方面。

1. 土地效益低

一是城中村土地经征地拆迁后转为城市建设用地，产权本应归国家所有，但城中村的土地产权归村落集体所有，而集体土地开发的显著特征是"小、散、乱"，难以从整体层面实现土地的最优化利用，再加上城中村土地越来越值钱，政府征用土地需要支付大量补偿款，因此政府开发活动一般会避开城中村，导致城中村发展规划和城市存在较大差距。二是城乡土地权属混乱，产权界定模糊，土地利用效率低，致使产生了以土地增值收益分配失衡为特点的社会不公问题、土地资源浪费问题[144]及"一线天""握手楼""贴面楼"等不符合规范的建筑。如果相关部门没有形成土地使用和租赁的管理监督机制，将对城市高质量发展造成影响。

2. 村内政治制度不健全

城中村虽然在地域范围内已经被划入城市范围，但其内部仍旧实行农村集体所有制和农村管理体制。村民自治制度是我国农村基层管理制度，村民委员会是村民的自治组织，村民自治的主要内容包括民主选举、民主决策、民主管理和民主监督。村民自治制度体现了我国基层民主政治建设取得伟大进展，也是社会主义民主发展史上重要的里程碑。但由于某些原因，村民自治制度在实际实行过程中存在一些问题，使得村民自治的难度加大，自治效果不佳。这些问题具体表现为：

(1) 城中村村民参与自治的主动性不强。村民委员会作为城中村村民政治权利利益诉求的依靠，是国家对城中村村民空间政治权利庇护的港湾。城中村村民本应通过民主选举来行使自己的空间政治权利，保护自己的合法权益，但由于村民与村民委员会的权利范畴不同，形成了空间政治权利的隔阂。在村民看来，村民委员会是政府的权力机构和"代理人"，难以代表公众的利益，其在公权力制约下与村民博弈[145]。也有村民认为自治是村民委员会和村干部的事，故而无视与自己无关的各项政治活动。

(2) 村民委员会忽视村民诉求。我国许多城中村均存在类似情况，村民通过信访、举报、司法等形式维权时，得不到村民委员会的积极回应，只能借助网络媒体对其"不作为、少作为"的行为进行抗议。

(3) 依法选举不能实现正规化。一方面，我国部分村民委员会在执行具体工作时，忽略村民集体利益和诉求，不能为村民解决实际问题，并且有时村民委员会或村党支部直接插手村民自治，导致村民将选举权仅视作形式上的权利，民主决策和民主议事执行困难。另一方面，一些素质低的村民委员会成员候选人通过贿赂、拉帮结派、包办代替等不正当手段参与竞选，直接影响选举的公平性。

3. 物质空间表象差

(1) 城中村居住环境"脏、乱、差"。随着大量外来人口涌入城中村居住，由于缺乏基本的环卫、市政设施和管理手段，一些城中村出现了垃圾堆积、污水乱排、异味浓烈的情况。这种生活环境极易引发公共卫生突发事件。

(2) 建筑物密度高，布局无序，有安全隐患。随着外来人口的大规模涌入，城中村村民为获取更多经济利益，纷纷将房屋推倒重建，一波一波的建房热潮，使得新建房屋"又高又胖"，房屋之间仅留一条窄窄的人行通道，这样就形成了"握手楼"。例如，位于广东省广州市天河区的石牌村，到 2015 年，村内楼房已有 4469 栋，街道 268 条，但多达 73% 的街道宽度在 2 米以内；村内流动人口猛增到 5.64 万，远远高于村子原本 1000 人的人口容量。虽然近几年来石牌村已开始着手改造，但据广州广播电视台报道，截至 2025 年 4 月，石牌村内常住人口仍有 5.56 万人，用地面积 29.5 公顷，现状总建筑量仍有 111.6 万平方米(3199 栋)。此外，城中村的空间形态既不同于传统农村独家独户的低层住宅，也不同于城市居住区的高层建筑。城中村村民住宅的超标准违章建设使得城中村建筑密度大，建筑高低起伏，布局无序，整体市容市貌欠佳，并且室内通风、采光均无法满足人们的居住需求，高额的电费开销无疑又加重了许多低收入人群的生活负担。同时，村民并不会考虑房屋的结构和安全问题，导致城中村发生多起坍塌事件，例如，据西安市人民政府官网显示，2012—2017 年，西安市自建房屋倒塌事件共 50 起，死亡人数69 人。

4. 公共基础设施不完善且治安差

(1) 公共基础设施不完善。一方面，有些租户占用村内交通空间，将私人生活空间外溢到室外，如肆意堆放杂物、停放电动车、晾晒衣物等，使得道路拥挤不堪，一旦出现火灾、爆炸、急救等突发事件，将无法及时应对紧急情况。另一方面，城中村是由农村发展而来的，村民生计和公共服务保障资源相对薄弱[146]，多数城中村居民无法享受到足够的公共服务资源，在教育、医疗保险、城市道路、供水、供电、文娱设施等公共服务与福利方面和城市户口的居民存在差距。在给排水方面，城中村很多家庭仍然饮用的是自家挖的井水；城市道路建设地基偏高，致使许多城区主路周边城中村陷入洼地，一些城中村没有地下排水系统，而一些城中村自建的排水系统根本无法与市政排水管网连接，导致城中村道路泥泞不堪，有些下水井盖还被施工材料和渣土覆盖，下水常有堵塞。在供电方面，部分村用电负荷大，线路常被烧断，还有私搭电线的现象。在医疗保障方面，城中村居民面临报销比例不高、医保范围有限、医疗设施不够完善等困境。

(2) 城中村治安状况差。城中村是原住村民、外来人口和少数城市低收入居民的混合社区，由于人口组成复杂、生活空间过度拥挤、城中村管理制度不完善等，城中村很多与居民息息相关的事务未得到有效处理，治安状况较差，违法犯罪问题严峻，容易成为城市进一步发展的阻碍。

5. 乡土社会文化遭到破坏

(1) 历史文化环境遭到破坏。近年来，我国各地进行了大量的拆村建设活动，生活在这些城中村的人们被分流至城市各处。譬如 2022 年，浙江省杭州市有 178 个城中村完成改造，山西省太原市共有 107 个城中村完成整村拆除，这些城中村终将成为一代人的记忆。习近平总书记说要记得住乡愁，如果老房子都拆了，没有了记忆的空间载体，也就无乡愁可言。早期我国的城中村更新改造以经济效益为导向，极少重视城中村的内在文化挖掘，大规模推倒重建更加剧了城中村历史文化环境的破坏。

(2) 居民文化难以适应城市化。推进城镇化建设，实现高质量的城乡融合发展，不能囿于地域空间和经济社会发展方面的融合，而要深化城镇与乡村之间的文化互动与交融。一方面，城中村居民非农化就业程度很高，但原住居民本身文化素质偏低，缺乏就业技能和经验，难以适应“农民—市民”的角色转变；另外，可观的出租收入就能满足原住居民的日常生活需要，因此许多原住居民闲散在家，再加上城乡社会认同的差距，他们的文化心理和生活方式很难真正融入城市文化中。另一方面，原住居民和外来人口在城市落户难，其成为所居城市新市民的预期和城市对城中村的治理态度、方式与进度呈反向关系。如果在城乡融合进程中，解决不好城中村居民与城市的融合以及社会认同问题，居民很容易出现“对抗”心理，这不利于城中村自有文化的保留。

6. 回迁安置问题

城中村居民虽然摆脱了原来农村生活的困境，但是回迁至新的安置社区后又面临着诸多新问题。这些问题在一定程度上阻碍了城中村回迁安置社区的治理现代化，具体体现在以下四个方面：

(1) 异质文化较强，社区认同感不强。回迁安置社区具有复杂的人员结构，包括本村村民、本地市民、外来村民和租户等，由此造成多元文化难以融合。首先是本土文化，本地村民长期生活在此，形成了固有的生活方式和行为准则，遏制了他们的生活方式向现代化城市生活方式转变。其次是传统农村文化，城中村拆迁后，这些村民被安置于新社区，受到地缘和血缘关系的影响，在新社区逐渐建立了"半熟人社会"，以小团体的形式抵制新的治理主体，并对原村庄保留较强的认同感。再次是外来文化，外来人员很难认同本土文化并真正实现社会融入。最后是现代城市文化，本地市民一直遵循现代化生活准则，是新社区治理的促进者。由于社区认同感不强，城中村居民普遍缺少主人翁意识，容易出现破坏社区环境、公共设施等不良行为。

(2) 再就业难，社区保障能力有待提升。城中村改造之后，村民生活主要收入来源于房屋租金和集体土地租金分红，过着小富即安的生活，而且村民受教育程度普遍较低，劳动技能培训不足，缺乏职业技能，不能满足现代化企业的要求，这些因素使得城中村村民再就业困难，需要社区提供维持生计相关的帮助。

(3) 社区及周边基础设施建设滞后。有的回迁安置社区的交通基础设施不完善，道路不顺畅或质量差，公交路线少，周边缺少大型超市、商场、学校、医院等生活保障设施。有的社区可能尚处于施工阶段，噪音、飞尘严重影响生活质量。为了使城中村村民"安居、乐业、有保障"，需要充分考虑村民的长期利益，使村民和市民享受同等社会保障。

(4) 治理机制不清晰。社区居委会承担着社区管理的各项职能，包括基层党建工作、居民就业服务、社会福利、社会保障、社会治安、文明建设等责任，但是由于回迁安置社区内居民的管理权限还没有统一，有的仍隶属于原来的村委会管理，这使得回迁安置社区的居委会无法对回迁安置社区内居民行使真正意义上的管理权，导致居民遇到困难和问题时无法及时有效地寻求居委会的帮助。

5.2 近郊农村城乡融合发展存在的问题

5.2.1 近郊农村的定义和特征

学术界从本世纪之交开始细致考察近郊农村。目前，关于近郊农村的研究处于起步阶段，尚未有统一的概念。近郊农村也被称为城郊村、城边村，其内涵可从以下七个方面界定：

(1) 从空间区位角度看，近郊农村既在城市周边，又离城市有一定的距离，一般位于城市的边缘或郊区，处在城市的社会和经济辐射范围内，是城乡作用力相互交织碰撞的地域空间[147]。

(2) 从功能价值和村庄经济结构上看，具有许多独特的经济形态。一是产业结构不断升级优化。随着城市化进程不断推进，位于城市边缘的近郊农村成为城市发展中较为活跃、变化迅速的地域实体，近郊农村的土地和环境资源不断被占用，突出表现为位于城区的工业企业充分考虑到近郊农村拥有比较便利的交通设施、成本较低的建设用地、较多的城市市场信息和科技信息，开始向近郊农村转移，使得近郊农村普遍以第二产业为主导产业，农业占据的空间相对较小[148]。二是商品经济较为发达。起初，近郊农村和远郊农村没什么显著区别，只是距离城市中心远近不同，但随着经济的快速发展，近郊农村商品经济形态逐渐显现。近郊农村连接城市和乡村两个市场，交通便利，加上工业的辐射带动，使乡村企业产品和农副产品市场交换成本低、速度快。三是消费经济逐渐占据主要地位。近郊农村的地理特征吸引了流动人口的涌入，与人口生活服务相匹配的相关设施建设进一步推动了消费经济的发展。综上，近郊农村在经济联系、基础设施上已然和市区紧密结合，是推动新型城镇化、城乡融合发展的先导区，承接着城市商业发展、休闲娱乐等功能。

(3) 从土地属性看，近郊农村村域内一部分土地已被政府作为工业用地和商业用地征用，同时为了保障村民生计，村庄会获得一块用于村集体经济发展的建设用地，此外还有居住宅基地、农林用地，因此近郊农村的土地具有城市和乡村双重性质，土地资源利用混乱。

(4) 从基础设施看，近郊农村基础设施建设基本完善，下一步要进行的是积极与城市对接，满足村民多样需求。

(5) 从人口密度和人口构成看，近郊农村人口较为密集，与城中村相比，人口构成较为纯粹，仅包含原住村民和市民；与远郊农村相比，除农业人口外，还存在部分市民。

(6) 从住宅情况看，一方面，近郊农村住宅开始由分散、低层走向集中、高层；另一方面，许多城市市民开始在近郊农村买房，城市企业也纷纷在此投资建厂。

(7) 从与其他空间类型相比较的角度看，主流观点认为，近郊农村还没有形成空间完全被城市用地包围、完全失去农用土地的传统城中村式的状态，村庄工业和农业生产并存，但是在城市化过程中近郊农村正向城中村发展，因此，近郊农村被视为发展中的城中村，城市特征在不断显现。相较于远郊农村，近郊农村城市化因素更充分，更具备发展潜力和产业动能，已经成为特定的、介于城市和乡村之间的连续统一体[149]。

5.2.2 近郊农村与中心城市的关系

从与中心城市的联系看,近郊农村在经济、社会要素、生态、基础设施建设等方面和中心城市存在相互依存、相互促进的关系。一方面,由于中心城市的功能外溢,许多制造业、消费服务业和后勤服务业实现了产业转移,为近郊农村带来了大量就业岗位,城乡之间紧密的资源交换动摇了传统的乡村生活生产模式,使得近郊农村村民的生活富裕度、社会保障程度和村庄发展水平高于传统村庄(远郊农村)。另一方面,近郊农村具有反哺中心城市的功能。首先,近郊农村独特的地理位置优势、廉价的土地成本、宽松的制度环境使许多企业前来谋求发展,近郊农村成为承接城市功能外溢的载体,促进了城乡产业融合。其次,近郊农村保留着优良的生态资源和田园风情,是居民远离城市喧嚣与追求生活质量的最优载体,也是"城市后花园、城市后菜园"。最后,交通基础设施和公共服务设施作为城乡融合的基本条件,为城乡发展创造了对接机会。由于近郊农村社会公共服务还处于相对滞后阶段,为保障资源要素的顺利交换,需要政策补偿大力推进公共服务均等化建设,而完善的基础设施又为近郊农村更好地服务于中心城市提供了保障。近郊农村和中心城区的关系见图5-4。

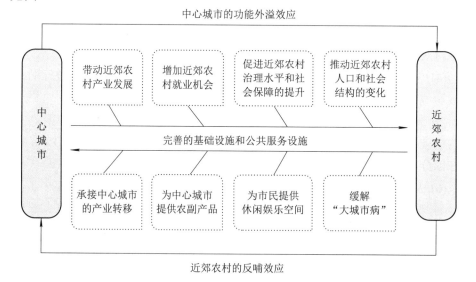

图 5-4   近郊农村与中心城市关系示意图

5.2.3 近郊农村城乡融合发展存在的问题

近郊农村因其地理位置,在经济和社会等方面与城市联系紧密,所以往往具有较为发达的特色产业和相对完善的基础设施。居住在近郊农村的村民在城市打工的同时，可以享受传统乡村生活的便利，很多村民大多保留着原有的生活习惯，这也让近郊农村具有和城市社区不同的生活需求与建设诉求。但与此同时，近郊农村受城市扩散影响较强，在一定程度上受到城市发展的制约，具体体现在以下几个方面。

1. 土地管理混乱，效益低

(1) 近郊农村土地形式多样。近郊农村集体土地主要分为农业用地、工业用地、公共设施用地和经营性用地，其中，公共设施用地多用于打造美丽乡村的基础设施建设或公益项目的完善；经营性用地多用于满足商业、旅游、娱乐、金融、服务业等功能的实现。由于乡村生活刚需和城市休闲消费需求叠加衍生的业态空间缺乏整体规划，土地形式呈现出多元交织、分布零散的无序状态，集体土地和国有土地共存现象显著。

(2) 土地效益低。首先，由于村庄企业的所有制和隶属关系不同，造成了建设用地管理失控，企业往往想以最低的投入成本换取最高的收入，但就业吸纳能力低，土地产出效益有较大的提升空间。其次，近郊农村极易出现经济学中的"拥挤效应"，即同类产业的过度集聚可能形成产业的同构现象，低端产业同构无法带来产业间技术的进步与创新，而过多的高端产业的集聚很有可能使企业间的良性竞争转为恶性竞争。产业集聚的拥挤效应最直接的体现便是交通拥挤效应、生产要素拥挤效应和基础设施拥挤效应。最后，有的村庄通过转包、出租、互换、转让等方式实现了土地价值最大化，但也有一些村庄，缺乏土地流转统筹和监管。

2. 产业结构失衡，缺乏联动发展且同质性严重

从产业结构比例看，随着城市化进程的加速，近郊农村传统的农业经济逐渐向非农业产业转移，村庄可用于耕作的土地面积逐年减少，部分村庄一度出现良田闲置现象，第一产业逐步被第二、三产业替代。比如，南京近郊农村第二产业从业人数最多，2014 年之前呈现大幅增长趋势，之后增长趋势有所平缓；第三产业从业人数仅有略微增长；而第一产业从业人数出现断崖式下跌，尤其是在 2010 年之前，2013 年之后第一产业从业人数明显低于第二产业和第三产业，三产发展比例严重失衡[150]。

从产业间互动关系看，靠近市场和主要交通道路的近郊农村注重发展商品经济，逐渐出现各种商业形式，但大多是仍未规模化的产业，同时，传统农业、餐饮业、住宿业混合交织，产业融合发展水平较低，难以形成资源的合理配

置。以江苏省盐城市盐都区仰徐村为例，村子南边主要发展农业，北边以设备制造业为主，二者发展状态良好，但缺乏产业间的互动融合，农产品依然以传统销售为主，缺少精加工扶持，农产品附加值低[151]。

从产业内部发展情况看，近郊农村的商品经济质量和服务范围非常有限，相对单一的功能供给与城市日益增长的多元需求不匹配，主要体现在产业核心功能支撑不足、村庄特色功能发掘不足和配套服务功能布局不足。例如，江苏省南京市近郊农村在产业转型升级中出现"人云亦云、乡村模板"的现象，大多数村庄只是提供采摘、农家乐项目，邻近村庄之间甚至出现了恶性竞争。地方政府虽强调要发展特色村庄，但在实践中依然没有深入挖掘地方文化内涵和地域特色。江苏省南京市浦口区的九华村，因其"九华茶坊"之名而广为人知，该村虽然定位是茶文化非遗沉浸体验村，但实际运营仍局限于采摘茶叶、体验民俗、品茶餐饮等传统模式。其实，"茶文旅"发展模式多样，比如以茶俗体验活动为主的美丽茶村模式，运用 VR、5D 等现代技术展示茶文化的文化模式，以茶文化休闲、茶生态地产为主的茶商贸城模式，以茶主题小镇、茶主题社区为主的茶经济区模式等。总之，近郊农村产业内部恶性竞争的原因除资源禀赋、空间潜力没被充分挖掘之外，也与区域统筹不足有关，缺少自上而下的规划，导致产业发展引导带动乡村振兴的示范作用没有得到充分发挥。

3. 乡村性特征丧失

(1) 建筑上过度效仿城市。传统的村庄建筑功能已经无法满足村民的生活需求，传统院落的单层结构被村民认为是过时的，因此新建建筑更多地采用城市建筑元素，如落地窗、车库、卷帘门、小高层、大广场等。村民对传统照壁、窗花、屋檐等特色元素漠不关心，乡村文化特色因此慢慢消逝。有一些近郊农村选择做"表面文章"，统一粉刷墙面、拆除违建，或是通过标准化装修将村庄打造成"仿古街"。草坪、公园、广场等城市特色元素在乡村物质空间中被简单模仿，与乡村整体肌理格格不入。令人惋惜的是，大量投资打造的"新农村"既无法满足原住村民的正常需求，也无法为游客等外来人员提供他们所向往的乡村体验。

(2) 血缘和邻里关系淡化。在高速城镇化过程中，以农促工的制度使乡村处于劣势地位，村庄"日出而作，日落而息"的传统基本不复存在。近郊农村与城市在人力和资源上的互换加剧了农村传统的消失，村民向往城市生活，希望能住进城市，对村庄没有较强的归属感，认为传统本土文化相对落后。近郊农村大量青壮年进城谋生，早已不依靠土地生存，受到城市生活潜移默化的影响，对乡土的感情早已淡薄，思乡之情也仅限于对家人的想念。在社会变迁的过程中，村庄受到利益及城市文明的影响，原有承载村民喜怒哀乐情感、民风习俗的生活方式也逐渐消失。以河北省邢台市信都区西由留村为例，村内人口姓氏多为焦、王、殷、李，村里至今保留着焦家曾祭祀祖先和先贤的家庙，焦家家庙位于村内中心位置，理所当然地成为集会场所和娱乐中心及精神中心。早先，村民们大多从事农业生产，互相保持着友好的关系，邻里祥和。20 世纪 90 年代后，随着生产队解散，进城务工的机会增加，大量人口涌入城市，尤其是年轻人，出现了"同是本村人，相互不相识"的现象，各家各户不串门，逐渐撇开了曾经遵守的宗族观念，家庙也被慢慢遗忘。

4. 生活及生产环境恶劣

(1) 生活空间存在脏、乱、差问题。与城中村类似，近郊农村距离城市较近，生活空间同样存在脏、乱、差问题，但与城中村不同的是，近郊农村脏、乱、差的主要原因是工业发展，也可以说工业决定了近郊农村的生活空间形态。近郊农村以劳动密集型产业为主，如纺织业、化工业、煤炭工业等，一些近郊农村村内随处可见一排排矮、旧、非标准化的厂房，以及密密麻麻的污水管道。离厂房不远处，往往还分布着高低不一、排布紧凑的房屋，用于满足产业工人的生活需求。由于近郊农村距离城市较近，房租更为便宜，一些低收入群体多在此居住，从而造成大量生活垃圾散布在村庄及其周围。

(2) 产业污染严重。随着国家加大环保工作力度，一些高污染企业无法在城市生存，开始打着产业转移的旗号到近郊农村寻找"安乐窝"。由于相关部门监管不严、乡村居民维权意识低、乡村地区准入门槛低，不少高污染企业在近郊农村建起厂房，竖起烟囱，肆无忌惮地乱排三废，处于"垃圾靠风刮，污水靠蒸发"的状态。因此，近郊农村成为新的"生态灾区"，污染问题突出表现在以下三个方面：

第一，土地污染严重。一方面，近郊农村企业虽然发展模式较为灵活，但在资金、材料、运输等必要条件方面存在不足，特别是一些村民自办企业和外来引进企业在利益的驱使下，往往会不顾负外部性，忽视对环境的保护；另一方面，近郊农村的管理方式和环保意识较为落后，对这些企业的环保约束力度不够，导致近郊农村土地污染严重。

第二，近郊农村的固体废弃物污染严重。近郊农村聚集了大量生产型企业，每天产生许多固体废弃物，处理不及时会对村庄生态环境造成严重污染。

第三，水体污染严重。工业污染是造成水体污染的主要原因，加之近郊农村严重的土地污染及固体废弃物污染造成的其他污染，进一步加剧了水体污染程度。此外，大部分近郊农村并未接通城市供水设施，仍以开采地下水为主，加上人口密度较大及大量生产型企业聚集，用水量巨大，导致地下水开采过度，易造成地面下沉、水资源短缺。

5.3 远郊农村城乡融合发展存在的问题

5.3.1 远郊农村的定义和特征

远郊农村是处于城市(镇)的经济影响范围之内，但村域土地并不和城市(镇)相接，村中土地无论是农用地还是建设用地都没有与城市(镇)规划建成区有交集的村庄，在空间布局上具有数量多、占地面积大、分布零散等特点。远郊农村虽然在空间上与城市(镇)没有接壤，但在经济发展和产业定位上，依然在很大程度上受到城市(镇)发展趋势的影响。因此，为城市(镇)居民提供休闲农业和乡村旅游产品及其稀缺的农副产品等，将是远郊农村产业发展的主要方向。

远郊农村的典型特征包括：

(1) 在地理位置和空间形态上，多数远郊农村都位于城市(镇)开发边界外，散落在城市(镇)外围大片的生态基底中，建设用地指标"只增不减"成为大趋势，田园村落将作为基本布局形态长期存在[152]。

(2) 在自然特点上，大部分远郊农村拥有原生态环境，其核心价值就是具有得天独厚的生态优势。随着生态价值日益凸显，生态资源丰富的远郊农村将吸引大量都市人走进乡村，成为都市人回归田园生活的重要空间。

(3) 在发展特征上，具有非城镇化的发展特征。村内公共服务设施缺乏，短期内无法受到城市公共设施的辐射，村庄道路没有统一规划，建筑分布较为分散，闲置建筑较多，普遍存在人口空心化现象。

(4) 在产业结构上，工业化和城镇化水平相对较低。据张磊等的研究，远郊农村有平均 53%的户籍人口从事农业活动，经济结构简单，以第一产业为核心产业[153]。

(5) 在人口结构上，大多数中年、青年选择外出打工，农村老龄化程度高，人口密度低。同时，村民以血缘、姓氏为纽带聚集。

(6) 在乡土文化上，我国部分远郊农村不仅保留着祠堂、古庙、古井、戏台、古树等历史遗存，还保留着我国传统的农村风貌和整体格局，以及具有传统特色的民俗等。

(7) 在服务职能上，远郊农村既承担着为本村及村民服务的职能，又承担着为大城市服务的职能(粮食主产区、田园生活空间)。从世界范围乡村发展的历程看，远郊农村不会消亡，相反将长期与城市共生共存。

5.3.2   远郊农村城乡融合发展存在的问题

开展好远郊农村规划建设，对全地域、全方位实现乡村振兴及推动城乡高质量融合发展具有重要现实意义。国内对远郊农村的研究较少，本书探究远郊农村的发展和规划具有一定的理论价值。目前在远郊农村的发展过程中，存在诸多问题。

1. 产业发展水平低

(1) 农业联动化发展、数字化发展推进不足。第一，相较于一些农业发达国家，我国农村缺少专业人员和相应的组织提供指导与服务。大多数远郊农村仍采用小农小本耕作经营方式发展，农业附加值低，即使政府"输血式"补贴，也是杯水车薪，致使农民的积极性普遍不高，导致大量农田荒置。第二，网络基础设施相对薄弱。农业生产基地 4G 信号盲点仍然较多，乡村 5G 基站、光纤宽带、物联网设施等新基建数量和布局亟待完善。第三，数据整合共享不充分。农业农村数据资源分散，公共数据共享开放不足，天空地一体化数据获取能力较弱、覆盖率低，数据要素价值挖掘利用不够。第四，创新能力较弱。远郊农村的农业关键核心技术创新不足，具备自主知识产权的农业专用传感器缺乏，农业机器人、智能农机装备适应性较差。第五，融合应用不足。农业产业数字化滞后，融合应用场景不多，数字经济在农业中的占比远低于工业和服务业。第六，乡村数字化治理水平偏低，与城市相比差距仍然较大。

(2) 特色农业发展水平低。第一，产业链条短，增值能力弱，抗风险能力低。远郊农村大多进行初级农产品的生产与经营，产业链短而脆弱，难以抵挡和缓冲农产品生产经营中的各类风险，产品附加值低，增收富民能力弱。第二，跨界融合不够。农民经济收入主要源于果园种植、农田耕种，产业联动发展不足。特色农业的融合发展水平较低，尤其是远郊农村，除了少数地区与文旅康养结合，大多数地区极少开拓其他领域，跨界融合的思路亟须打开。第三，配套服务匮乏。产业发展需要的人才支持、金融支持、土地支持、技术支持、物流服务、法律服务、信息服务、市场推广、电子商务等配套不足，制约了远郊农村产业做大做强。

(3) 缺乏独特的旅游目的地形象、规划管理和必要的服务设施。第一，缺乏建设旅游型村庄意识。受认知、信息接收程度等因素的制约，远郊农村的村民商业意识差，对旅游业认识不够，开展乡村旅游的积极性不高。村民在旅游开发进程中表现出的不积极和不配合，使远郊农村的旅游市场拓展难度加大，尤其是一些拥有绝佳生态基底，但地处偏僻地区的远郊农村。第二，缺乏独特的旅游目的地形象。远郊农村不同于景区，往往因村庄风貌和自然资源禀赋受到人们的热捧，但一些远郊农村因为不了解游客的真实需求而造成旅游地特色缺失、旅游产品同质化严重(多以农家乐为主题)，没有打造出真正的远郊农村旅游目的地形象，这使现今大多数远郊农村旅游发展遭遇瓶颈。第三，缺乏规划管理和必要的服务设施。远郊农村旅游目的地发展多以自发式为主，一方面，不管有没有条件，许多村庄一窝蜂搞农家乐，模式简单，急需上级政府统筹远郊农村旅游业发展布局；另一方面，远郊农村环境、服务质量差，缺乏必要的卫生清洁设施，加上旅游旺季时停车场容量少和交通疏导不足，使得远郊农村旅游景区被消费者吐槽为"农家哭、宰客乐"，面临严峻的"关门潮"。

2. 老龄化、智力流失严重，留守问题突出

首先，在年龄结构上，有劳动力的青壮年外出务工，老龄化加剧。其次，在文化程度上，受过高等教育的青年劳动力倾向去大城市发展，留在农村的劳动力素质较低，村庄智力流失严重。最后，在家庭结构上，留守家庭居多，突出表现为留守儿童、老人、妇女数量增多。以上问题导致远郊农村农业转型慢、科技推广难，加剧了远郊农村"失产—失田—失人"的恶性循环。这种"失血式"衰败困境是乡村振兴亟待解决的核心问题。

3. 生态资源保护不足，生活及生产环境恶劣

(1) 生态资源保护不足。虽然良好的生态资源是远郊农村核心价值所在，但由于缺乏明确的资源向价值转化的路径，一些远郊农村生态资源陷入被动式的保护，村民对生态保护积极性不高，生态空间往往遭受农业与建设空间的挤压。远郊农村缺乏对村域生态体系的整体保护与综合利用，使得各类生态保护要素缺少与其他空间的联系，成为村域空间的"孤岛"。例如，部分乡村对山地进行开发，用于建设农宅、设施房和厂房，乱建乱占现象普遍，但还未探索出有效的保护和恢复措施，这不仅使乡村珍贵的耕地资源和生态资源遭受蚕食，还致使水土流失严重，易引发山体滑坡、泥石流等自然灾害。

(2) 农业污染严重。远郊农村具有良好的区位优势和丰富的农田资源，能够较为便捷地为城市提供丰富多样的农产品，但远郊农村劳动力素质低和技术资源要素匮乏，"小农经济"思想根深蒂固[154]，过度依赖传统种植方式，长期过量低效施肥，缺乏科学耕种技巧，造成土壤板结、酸化、有机质含量下降、面源污染等一系列问题[155]。

(3) 生活污染严重。不同于城中村、近郊农村易受城市发展红利的影响，可享受城市公共配套和技术资金等资源的辐射，远郊农村因城镇化意识不强、人口密度低、人口持续流出等因素，常出现公共服务设施、交通市政设施不足等问题。同时，村民经常将日常生活污水直接倒在马路上或倒入农田、旱厕，导致生活区域发黑发臭、河流污染情况严重。此外，远郊农村多采取"混合收集、统一清运、集中处理"方式来处理垃圾，并且距离规范垃圾处理厂很远，特别是山区地区，单程距离有的可达 100 千米以上[156]，所以很多村庄会采用焚烧方式处理垃圾，导致二次污染。而有的村庄缺少垃圾收集设施，导致村庄常常垃圾"满天飞"。

第6章　中国城乡融合发展的总体路径

城乡发展不均衡不仅仅是我国存在的问题,也是许多国家(地区)在现代化进程中所面临的共同问题。发达国家工业化、城镇化进程比较早,在摸索实践中形成了各具特色的城乡融合发展模式。虽然在现代化进程中,我国与发达国家发展道路存在差异,但发达国家城乡融合经验对我国仍具有一定参考意义。本章采用案例分析法,归纳总结了以四川成都金堂县、山东寿光市、陕西武功县、浙江海盐县和德清县为代表的县域城乡融合发展模式及其经验,以及以法国、德国、英国、美国、日本、韩国为代表的国外发达国家城乡融合发展模式及其经验。同时,立足我国国情与城乡关系发展特征,提出我国城乡融合发展之路。

6.1　国内外典型地区城乡融合发展经验借鉴与启示

6.1.1　国内典型地区城乡融合发展经验借鉴

1. 四川省成都市金堂县产业园驱动模式

四川省成都市金堂县立足乡村特色优势产业,盘活集体建设用地和闲置宅基地,开展土地综合整治,通过建立园区发展农产品加工和精深加工产业,把产业链主体留在县域、把价值链收益主要留给农民,推动集体经济组织与社会资本合作,打造成都(金堂)农产品精深加工园区,促进城乡产业发展,形成了"园区驱动产业融合"的发展路径。

首先,建设农产品精深加工园区,把价值链收益留给农民。金堂县将农户自愿腾退的闲置宅基地加入土地综合整治,以股份经济合作社形式成立资产管理公司,建设农民集中居住区、农产品精深加工园区。园区在建设过程中,先由县内国有平台公司管理建设,当达到一定规模后,再通过股份转让、租赁等方式引入社会资本,并移交给社会资本管理运作。通过评估核算、协商核定,园区内各类组织按照股份参与经营利润分红。利润主要来源于园区厂房的租金收入。农民和集体经济组织在园区建设中由"旁观者"变成"参与者"，这不仅解决了乡村产业发展用地不足的问题，还加强了农民、集体经济组织与社会资本之间的利益联结关系。截至 2020 年年底，园区建成区规模达到 23.53 公顷，累计引进企业 18 家，产值 5.33 亿元，实现利润 1.1 亿元，园区的公司盈利 3600 余万元，农民人均分红 2312 元。

其次，发挥园区驱动作用，推进三产交叉融合。金堂县以农产品精深加工园区为核心，推进"农商文体旅"业态深度叠加、有机融合，推动产业跨界构建现代农业生态圈。建立集育种栽植、加工销售、科研观光于一体的食用菌全产业链。打造农产品原料基地，建立"市场主体+原料基地+当地农户"的订单合作模式。打造"生态菌乡""天府橄榄谷"等三产融合品牌。推出"春进樱花源、夏亲资水河、秋望多彩林、冬品羊肚菌"的特色生态旅游。建设油橄榄城市公园、观音湖商业度假街区等农业园区 11 个，提升打造"万亩果蔬""自在风岭"等农业主题公园 6 个。

最后，增强园区带动能力，促进人才返乡入乡。依托园区企业生产车间、高校实训基地、农业示范园区、大户家庭农场等，建立"返乡、入乡、创业、就业"孵化平台，为创业者提供创业场地、技术对接、市场拓展、经营管理等服务，帮助他们了解创业、提升技能、让创意落地，增强他们的就业创业意愿。

2. 山东省寿光市"七化"发展模式

山东省寿光市围绕产业标准化、农业园区化、农产品品牌化、农民职业化、经营市场化、乡村宜居化及公共服务均等化等方面，打造乡村振兴"寿光模式"。

(1) 产业标准化。部省共建的全国蔬菜质量标准中心落户寿光，成立了由 4 名院士领衔的 67 名专家团队，启动了 118 项国家标准、行业标准、地方标准研制工作。

(2) 农业园区化。自 2018 年以来，寿光市建设了占地 2000 多公顷的 18 个现代农业园区，大力推进蔬菜产业的转型升级，一个大棚就是一个"绿色车间"，一个园区就是一个"绿色工厂"。三木种苗公司研发的番茄品种"宝禄富强"，抗病性、商品性达到了国际领先水平，每袋售价比国外品种便宜 220 元，一年就为农户节省成本 2500 多万元，农业附加值的"含金量"实现了极大提升。

(3) 农产品品牌化。"寿光蔬菜"成功注册为地理标志集体商标，粤港澳大湾区"菜篮子"产品配送分中心落户寿光，以寿光蔬菜为核心的千亿级蔬菜产业集群成功入选全国首批 50 个特色农产品优势产业集群。"七彩庄园""寿光农发"等一批企业品牌以及"乐义蔬菜""金彩益生"等一批蔬菜单体品牌成为知名品牌，国家地理标志产品达到 16 个。

(4) 农民职业化。寿光市积极培育新型职业化农民，开展了 30 万农民科技大培训，吸引了一批青年人才回乡创业。

(5) 经营市场化。寿光市拓展市场化经营体系，在用好农产品物流园等传统市场的同时，主动适应农产品销售由线下向线上转移的新趋势，与阿里巴巴、京东、拼多多、字节跳动等平台全面合作，通过线上渠道销售的蔬菜占比大幅度提升。

(6) 乡村宜居化。2019 年，寿光市全面启动"美丽乡村"暨农村人居环境综合提升三年行动，设立专项奖补资金；坚持把基础设施建设的重点放在农村，全面实施农村厕所、道路、供暖、供气、污水处理等"十改"工程，不断推进乡村绿化工作，在全省率先实现城乡环卫一体化全覆盖。通过坚持绿色发展道路，寿光市着力打造山清水秀、村美人和的田园村庄。

(7) 公共服务均等化。寿光市还加快推进城乡公共服务均等化，如推动公共文化服务均等化、标准化建设，打通公共文化服务"最后一公里"。完善以市级公共文化设施为龙头、镇街综合性文化服务中心为纽带、村(社区)综合性文化服务中心为基础的三级公共文化服务网络体系，形成以城区文化辐射带动农村，以农村文化丰富城区文化的城乡公共文化服务，让城乡居民同享"文化阳光"。

3. 陕西省咸阳市武功县城乡产业协同发展带动模式

陕西省咸阳市武功县采用搭建城乡产业协同发展平台带动模式，大力发展电子商务，综合运用"互联网＋电商＋产业园区""优势产品＋特色小镇"等组合模式，搭建以产业园区、特色小镇、美丽乡村为载体的产业发展平台，同时配套相应的产业服务平台，共同推动县域一二三产业融合发展，并努力建立城乡基础设施一体化发展体制机制，创新探索产业平台与基础设施的共建共赢，发挥二者相互推动作用，为全省提供搭建城乡产业协同发展平台、促进城乡基础设施一体化发展这一模式的宝贵经验。

首先，壮大农产品电商产业平台。武功县实施"直播工程"，以电子商务产业园为载体，发挥西域美农、菜鸟前置仓等龙头企业的带动作用，全面推动各类入驻企业从垂直电商向直播电商、网红电商领域延伸升级。2021 年 1月 15 日，西北首个网红直播联盟在武功县成立，武功县域品牌形象"武行者"首次亮相。武功县充分发挥"西北电商第一县"和电商直播新业态的资源优势，实现"买西北·卖全国、卖什么·造什么"向"买全国·卖全球、武功造·武功产"转型。武功县地处丝绸之路经济带重要节点、西安都市圈陇海经济发展轴上，结合这种区位特点和产业优势，武功县确立了"买西北·卖全国"电商发展模式，聚力打造西部最大的电商枢纽中心和农副产品线上线下集散地；加强多元电商人才储备，组建以培养"互联网 + 农业"人才为主的西北电商学院，升级传统电商人才培训体系，加快开展面向直播电商、网红电商的复合型高端人才培训；发挥电商创业优势，创建西北电商特色小镇，招引电商企业 387 家，培育年销售额亿元以上龙头企业 11 家，带动发展"智慧乡村"小店和农村淘宝网店 380 余家、个体网店 1400 余户、微商 2800 多人。武功县一直把电子商务作为县域经济发展的"首位产业"大力扶持发展，招引培育陕西美农、兄弟供应链、陕西初农、陕西源疆等 390 多家优质电商企业，引进京东、顺丰、圆通等物流快递企业 40 余家，带动特色农产品种植及加工、彩印纸包、胶带等相关配套产业聚集发展，基本做到了电商创业"足不出园、全链运营"。2022 年，武功县电商年销售额达到 55.06 亿元，电商带动农特产品销售占到 70%以上，网红直播带货达到 13.6 亿元。武功县着力构建"南有义乌小商品、北有武功农产品"的电商发展新格局，助推电商产业高质量发展。

其次，重视产学研成果转化，夯实产业根基，促进群众增收。武功县重视产学研成果转化，与西北农林科技大学共建产学研平台，聚焦产业发展，组织专家开展调研指导。2023 年，武功县被西北农林科技大学乡村振兴学院授予"校县合作"示范县荣誉称号。武功县大力实施具有武功特色的"3 + X"产业体系，"3"即发展以猕猴桃为代表的果业、以奶山羊为代表的畜牧业、以大棚蔬菜为代表的设施农业；"X"即发展壮大以黄桃、花椒、挂面、锅盔、手织布、刺绣等为主的特色富民产业。同时，武功县结合实际情况，以农业增效、农民增收为核心，让"3 + X"产业体系升级，累计培育产业化龙头企业、专业合作社、现代农业园区 738 家，累计发展猕猴桃种植 7700 多公顷(实现增收 21 亿元)，奶山羊存栏 2 万多只，大棚蔬菜、设施农业 5300 多公顷。

武功县突出特产"三个保障"，以"一村一品"县域特色产业为重点带动乡村振兴产业发展，先后创建国家级"一村一品"示范镇 1 个、示范村 3 个，创建孔尹挂面、南可手织布、北韩麻花、倪家锅盔等一批特色农产品品牌，带动建成优质农产品基地 23 个、农民专业合作社 570 家，让"土特产"变成"热销货"。

4. 浙江省海盐县强镇引领产业融合模式

浙江省海盐采用强镇引领产业融合模式，立足县域城乡区位条件和资源禀赋，以规划为引领，统筹推动县域城乡空间重构、功能整合，编制国土空间规划、国民经济和社会发展规划，着力提升特色小镇功能，培育特色产业强镇，以中心镇建设为牵引，优化园区等各类平台，推进产业基础再造、产业链提升和数字化转型，打造"一区一业""一镇一品"升级版，实现"镇"到"城"的跨越，形成特色强镇与城乡产业互促发展的格局。

首先，以农业强镇促产业融合。海盐县打造"望海街道生猪果蔬特色农业强镇"，以美食小镇产业为基础，促进农旅融合，围绕生猪、畜牧、蔬菜产业打造全产业链，推动农业与二三产业融合，提升农业效益；依托现代互联网技术，完成从源头到餐桌的产业链布局，成功打造浙江省首条生猪全产业链，建成全国首家地方猪文博园，推动了生产、加工、文化、旅游的一二三产业融合发展。

其次，以农业综合区促产业集聚。海盐县打造农业产业集聚区，构建产业体系，实现种养加、产供销、贸工农一体化发展；培育壮大畜禽、蔬菜、水果等区域特色主导产品，建成浙江省最大的红地球葡萄基地、华东最大的设施芦荟基地等；延伸产业链条，将观光旅游、四季鲜果采摘、生态垂钓、芦荟种植与深加工、餐饮等多种业态进行融合。

最后，以完善经营体系促经营主体发展。海盐县构建以家庭经营为基础的现代农业经营体系，引导家庭农场、农民合作社与龙头企业在生产、技术、劳务等方面展开合作，形成紧密的利益联结机制，推进农业经营主体参与产业链经营、分享产业链利益，助力新型农业经营主体良性发展。

5. 浙江省德清县城乡互促互进模式

2014 年，德清县被批准为浙江省首个城乡体制改革试点县。试点以来，德清县着眼于突破城乡二元结构，围绕城乡规划建设一体化、农村产权制度改革、城乡要素市场化配置等八大领域，成立了由县委书记、县长担任组长的城乡体制改革领导小组，经过全面布局、层层分解、系统推进、评估督查等行政推动，各项改革工作均取得了重要进展。德清县的改革措施主要有以下三点：

第一，逐步建立城乡一体的户籍制度。德清县建立城乡统一的户口登记制度，取消农业、非农业户口性质划分，统一登记为"居民户口"，为城乡一体化统筹发展打开了新通道。建立城乡同步的户口迁移制度，按照"经常居住地登记、人户一致"的基本原则，制定了《德清县户口迁移暂行规定》，分类明确七类人员落户条件，基本实现本县籍农民进城落户"零门槛"，并适当对城镇居民回迁农村落户条件进行限制。建立城乡平等的户口福利待遇体系，全面梳理以不同户口性质划分而区别实行的公共服务种类，重点关注户籍改革背后的公共服务统筹。

第二，整体推进农村产权制度改革。德清县建立宅基地和农房确权颁证体系，按照先清理整治后确权登记的工作次序，统一标准、分类处置，实行"一户一宅、户户有宅、宅宅法定、按规确权、显化物权"的宅基地管理制度。试点后在全县开展"一户多宅"专项整治，破解宅基地、农房超面积部分的确权难题。推进农村集体资产股份制改革，坚持集体资产的所有权不变，明确股份制改革对象为农村集体经营性资产，耕地、林地等土地资源继续按照原承包关系经营。集体经营性资产的股份制改革则按照"集体所有、折股量化(净资产)、民主讨论、静态管理、公共提留"的政策原则，固化农民在集体经济组织内部的收益分配权，在全县范围实现"资产变股权，社员当股东"。建立农村综合产权流转交易服务体系，成立了"德清县农村综合产权流转交易管理委员会"，搭建"县-乡镇(开发区)-村(社区)-农户"四级联动的农村综合产权流转交易平台。推进农村集体经营性建设用地入市流转。作为农村集体经营性建设用地入市全国 15 个试点县之一，德清县以农民保障更有力、集体资产更壮大、产业结构更优化、基层治理更有效为目标，赋予农村集体经营性建设用地与国有建设用地同样的土地权能，实行与国有建设用地使用权同等入市、同权同价。积极将农村集体经营性建设用地纳入农村综合产权流转体系，采用股权形式对土地增值收益进行分配。

第三，建立城乡互惠的农村金融服务体系。德清县鼓励金融机构开展农村综合产权抵质押贷款，将"三权"抵质押贷款作为创新金融产品纳入对金融机构的年度考核，在"贷存挂钩"考核中专门划出一部分财政性存款优先用于农村综合产权抵质押贷款的考核，按贷款余额 1:1 配套，将"三权"抵质押融资列入县对乡镇和开发区的金融考核，充分发挥乡镇属地管理职能，加大"三权"抵质押贷款的推进力度。开展农村"三信"体系和"道德银行"建设，积极推进信用镇、信用村和信用户"三信"评定工程。重点推动金融下乡，发展普惠金融，连接农村金融服务"最后一公里"。为了拓宽德清县农民融资渠道，已有 12 家银行创新推出 16 类新型支农特色金融产品。

除了以上提到的浙江省两个县的发展模式，作为全国农业农村现代化进程最快和城乡收入差距最小的省份之一，浙江省在促进农业农村共同富裕的探索中，还发展出了城乡融合的其他模式。如桐乡市桂花村和衢州市开化县杨林镇是基于主导产业与特色产业打造三产融合发展模式的典型代表；桐乡市永越村和金华市磐安县后坞村均通过相邻村庄的"抱团"发展推进农业全产业链建设与农村产业集群发展，通过以"山海协作"为代表的发达地区与欠发达地区"抱团"壮大边远山区薄弱的农村集体经济；温岭市民益村和后岭村则依靠技术能人带动与技术"传帮带"等促进高效农业发展，紧扣乡村传统文脉和乡情纽带撬动乡贤反哺农村公共事业；衢州市开化县华联村和桐乡市新联村通过举办节日民俗活动及体育活动建设乡村文化品牌，提升村民在农村公共事务中的参与度和对农村发展的凝聚力，并以德孝文化等优良乡风为纽带构筑乡村治理的新格局；桐乡市濮院镇和温岭市新二塘庙村利用亲环境技术与绿色生产方式促进经济与生态效益双赢，以"美丽乡村"建设为契机开展"田水林河村"系统治理、土地综合整治和高标准农田建设，利用"三生"融合空间促进农村生态价值转化。

综上所述，根据对以上典型地区经验的分析，关于推动城乡融合发展可以得到几点启示：

一是统筹县域空间规划布局。政府要综合考虑城乡区位条件和资源禀赋，提高国土空间规划、国民经济及社会发展规划的科学性与合理性，统筹推进县域空间布局，强化主体功能区规划，推进县域内产业协同、空间协同。加强对县域内中心城镇的设定和规划，形成"县城—中心镇—特色镇—中心村"梯度辐射、层次分明、功能互补、多种资源优化配置的城乡公共服务和产业发展体系。

二是因地制宜发挥优势，打造特色乡村产业。中国是一个传统的农业大国，乡土文化浓厚，乡村的文化习俗影响着乡村的机构变迁、行为和心理变化等。中国万千农村都拥有差异化的资源和生态优势，在保留自身特色的基础上发展产业，可以避免"千篇一律"，并能缓解结构趋同性问题，从而减少同质化竞争。乡村在产业发展中要强化市场导向，通过特色化、专业化经营，合理配置生产要素，促进产业深度融合，形成因地制宜的乡村产业发展模式。

三是大力推进延伸产业链条。政府要加快培育农民合作社、家庭农场等新型农业经营主体，打造以龙头企业为引领的农业产业化联合体，提高经营主体的经营能力和抗风险能力。大力培育乡村优势特色产业，加强生产基地、仓储保鲜、初加工、精深加工、现代流通、品牌培育等重点领域和关键环节建设。强化第一产业与二三产业间的联系，推进开展"产加销服""科工贸金""农文旅教"等农业全产业链发展模式。

四是着力完善利益联结机制。政府要引导农民合作社、家庭农场、龙头企业等经营主体建立"保底收益＋按股分红"、股份合作、订单农业等利益联结机制；引导建立以园区为纽带的利益联结机制，促进农村集体经济发展和农民增收，共同受益。

五是合理配置乡村土地资源。政府要加快推进农村集体建设用地和宅基地办理不动产登记，合理配置和利用集体经营性建设用地，将其主要用于乡村重点产业、重要项目及中心村、特色镇、中心镇的建设。

6.1.2　国外城乡融合发展经验借鉴

1. 法国城乡融合发展经验

法国拥有较好的农业资源禀赋，是欧盟最大的农业生产国，也是世界主要的农副产品出口国。法国农业产业经历了由弱到强的发展过程，才取得了今天的成果。19世纪50年代之前，法国农业以小农经济为主导，农业整体发展缓慢，农业产品品种较为单一。随着市场经济的发展与工业革命的推动，法国农业从传统的小农经济转向资本主义商品农业。法国乡村的快速发展主要是从 20 世纪 60 年代开始的,当时的乡村发展理念是提高国民福祉。法国采取了很多方法促进城乡、人与自然和谐发展,并注重农业可持续性及农村社会经济的多元化。这些方法主要体现在以下几个方面:

(1) "领土整治计划"科学统筹规划,重新布局产业空间分布。为了推进农业产业发展,法国加强了农业用地管理,全面推进农业生产的规模化、专业化。1954 年,法国正式实施"领土整治计划"。1963 年,法国政府设立了"领土整治和地区发展委员会",专门负责领土整治工作。其中,"工业分散政策"是"领土整治计划"最重要的组成部分。该政策旨在大力发展交通运输事业,限制人口和工业在巴黎、里昂、马赛等地区的过度集中,鼓励企业向乡村地区迁移和投资。此外,"领土整治计划"还包括建设城市网络、分散第三产业、援助落后地区、改善生态环境、发展旅游业等。法国按照"平原发展种植业、丘陵发展畜牧业、山地发展果蔬业"的生态适应性要求,进行了产业布局规划,最终形成了以巴黎盆地为中心的粮食生产区、南部山地果蔬区和西部高原畜牧区三大重要产地。

(2) 鼓励土地整治和集中,解决土地细碎化问题。1960 年颁布的《农业指导法》、1962 年及 1980 年颁布的补充法是法国指导农业农村发展的主要法律文件。《农业指导法》及补充法的主要内容有完善农产品价格补贴、调整农场规模和建立土地整治与乡村建设公司,鼓励土地集中,通过土地使用计划控制城乡土地使用,并规定土地的用途不得随意更改。其中,1962 年的补充法将老年农场主退休金补贴、青年农场主培训补贴和建立农业行动基金等纳入法律保障体系,以重点支持中等规模以上的农场。与此同时,土地租期也从 20 世纪 50 年代的 3 年延长到 9 年,从而加快了土地的流动和集中。1980 年的补充法的主要目的是控制地价波动、落实个人责任制,以免影响土地集中和家庭经营。

(3) 强调三产融合,组成产业利益共同体。法国在乡村产业发展中,强调联合相关部门,如工商、物流运输、金融等部门构建利益共同体,进而发挥技术、资本的集聚效应。另外,法国乡村以传统种养业为基础,利用特色农产品和参与式、体验式休闲农业来发展乡村旅游产业,延伸农业产业链,还从衍生的餐饮、住宿等全方位的配套服务中获得经济收益。

(4) 开展农民职业技术教育,提升产业科技含量。为了应对乡村人才流失,法国 1960 年颁布了《农业教育指导法案》,大力发展涉农职业教育,从资格认证和优惠政策两个方面激励农户参与职业教育与培训,并吸引各类人才下乡创业就业。法国成立了农业研究机构与农业学校,专门来培养农业人才,教育内容覆盖农作物栽培、畜牧、农产品加工、物流运输和环境保护等。科研方面，法国政府直接给予高达 25 亿欧元的财政预算，并以问题、市场为导向，组建了一支数量庞大、类型多样的农业科研队伍。

(5) 加大福利补贴，推进农业现代化发展。法国为提高农业机械化水平，加大了对农业的补贴力度，并规定农业机械的购买者可以享受由国家担保的 5 年低息贷款，且农业机械所用燃料全部免税；此外，通过颁布"特许权证"，保障了农机质量，也推动农业生产走上了专业化生产道路；同时，为提高农业的生产效率，实现农业专业化经营，法国对农业分布进行统一规划、合理布局，对农业生产、销售、运输、储藏等各个环节都提出了新要求，细化了农业生产链条上的分工。

2. 德国城乡融合发展经验

德国是工业高度发达的国家，其经济实力位居世界第四、欧洲第一。在二战后的 70 多年里，德国城镇化率在 2021 年已达到 77.54%。在德国，行政边界上人口超过百万的城市只有 4 个，分别是柏林、汉堡、慕尼黑和科隆。全国各处分布着中小城市和小城镇，并且城市与城镇之间的差距并不明显，这是因为德国城镇化从一开始就坚持"城乡等值化"的发展模式[157]。德国的城镇化发展模式对中国城乡融合的发展有着重要的借鉴意义。

首先，注重农业政策与技术的完善。德国国土总面积约为 35.7 万平方千米，其中陆地面积约有 34.9 万平方千米，有近一半的土地在农村地区。德国农业机械化程度发达，是欧洲第二大农业生产国，也是全球第三大消费型农产品出口国。早在 20 世纪 70 年代，德国就已经实现了农业现代化，运用先进的现代化信息技术改造传统农业，德国农业信息化系统基本形成[158]。政府在此基础上制定了一系列完整的信息化应用制度，并将这些制度运用在生产资料的供应、农产品的加工、运输等农业生产链条中。20 世纪 80 年代，政府还整合建立了较为完善的农业信息数据库，比如土地资源数据库、植物生长管理数据库、病虫害管理系统、农作物农药残留数据库等[159]。同时，在德国农业的发展过程中，政府还十分重视精准化农业生产。随着数字化、机械化和自动化水平的提升，政府利用技术手段精准优化生产要素配置，从而降低生产成本、提高生产效率，并确保产出绿色无公害、高质量的农产品。

其次，注重城乡公共服务设施的配套均衡。近些年来，德国逐渐摒弃了原来以中心地理论为基础的公共服务设施均等分配模式，转向构建更加灵活和开放的"资源-网络"模式。在该模式下，政府将公共服务设施投入到更加有发展意愿和活力的地区，跨越行政等级和行政区构建新的发展中心，形成了"自下而上"的乡村发展补给体系[160]。德国公共服务几乎包括了公民日常活动的所有领域，例如医疗、教育、社会保障等领域，优质服务和资源在城乡间自由流动，不受制度的影响，使得城市居民与农村居民可以平等地享受一切服务和资源。

最后，注重公共交通的空间布局及合理规划。德国是世界上第一个建造高速公路的国家，也是欧洲内河航道最稠密的国家，其铁路网总长超过 48 万千米，有欧洲货运量最大的机场——法兰克福机场，其铁路、水路、空路交通体系发达[161]。尽管 11 个都市圈、上百个中小城市和一部分小城镇的分散布局构成了德国的城乡结构，但由于发达的交通体系，这些城乡间没有因为距离而产生较大的发展差距。政府在规划交通时，甚至将货运枢纽部署在中小城市，引导产业向中小城市布局，为中小城市创造就业岗位和税收[162]。正因为高度发达的交通体系，德国城乡发展没有受城乡布局分散的影响，反而呈现出高互动、高融入的等值化发展状态。

3. 英国城乡融合发展经验

英国在 1947 年《城乡规划法》中将土地所有权与开发权分离，同时提出"解除农用建筑规划限制"的倡议，对土地利用适度解绑，以激发乡村经济与产业发展的活力。英国城乡融合的措施主要体现在以下几方面：

(1) 加强乡村基础设施建设。政府通过财政拨款、补贴等方式，在新建住房、燃气电力、交通出行等方面给予了乡村地区有力支持，保证了乡村地区享有同样现代化的生活条件。同时，政府成立专门机构，拨付专项资金帮助乡村进行数字基础设施建设。为应对数字信息时代城乡网速的差异，英国政府特成立英国宽带建设署，通过实施 5.3 亿英镑的"农村宽带计划"、2000 万英镑的"农村社区宽带基金"等项目，确保全国城乡均享有 2 Mbps 以上的网速，以及 90%以上的地区拥有超高速网络连接。

(2) 提升公共服务体系水平。英国政府通过出台乡村白皮书、乡村战略等纲领性文件，推进乡村地区在就业服务、福利保障、医疗服务、法律服务等方面的发展，以改变乡村地区较为落后的现状，推进相对均等化的全民社会公平。

(3) 系统性的财政投入。英国对乡村经济发展、环境保护、公共社会事业等方面都有系统性的支持计划，如乡村基本支付支持计划(BPS 计划)、乡村经济发展主题资助计划等，有效地保护了农民的利益和收入。英国政府通过农场结构补贴、园艺生产补贴等大力度的农业补贴政策和农业收税免除、税率优惠等税收减免措施，保障农民和农场主收益。同时，通过发展完善的农民储能金融和农业保险体系，提升农民自身"造血"和抵御灾害的能力。

(4) 加大教育投入，增加乡村内生动力。英国打造了针对乡村人群教育、培训、科普的农人教育体系，旨在将农民培育为适应现代农业发展的知识型新农民和农业工人。首先，开展农业职业教育，成立农业大学、农学院及农业专科学校，培养教育科研人才、管理人才、技术人才、农业工人等。其次，建立不脱产的职业培训中心，通过专业人士授课、颁发职业资格认证等方式，吸引农民参加各类型的培训活动，以提高专业技能、拓宽就业渠道。最后，实现职业价值，各地通过农业大赛、节庆、论坛等活动，激发农民创新，丰富农民生活，并设立了农民周刊奖、农业大奖等，让农民获得社会认可和价值激励。

(5) 鼓励兴办乡村企业，推行乡村产业多样化经营，增强乡村造血功能。首先，英国大力扶持乡村企业，带动乡村经济发展，并支持乡村企业面向多样化产业领域开展经营，如公共服务业、农林渔业、建筑业、信息与通信业等领域，通过农业科技赋能与对接前沿科技，推进农业科技升级，发展精准农业生产和智能农业。其次，政府制定《英国农业科技战略》，让农业在实现机械化、自动化的基础上，发展与大数据、信息科技、生物技术等相结合的现代农业技术，以增强本国农业经济效益和全球竞争力。最后，发展乡村休闲旅游，发展第三产业。英国作为乡村旅游的先驱，其不同类型的乡村通过深入挖掘自身古迹、农场、庄园等资源，进行特色化、个性化的保护和开发，既保护了本地的景观文化生态，也真正满足了游客对乡村生活、乡村情怀的向往。目前，乡村旅游的收入已成为英国农村居民的重要收入来源，提升了村民的生活质量。生态乡村旅游追求生态和经济的良性循环，协调农业发展与环境之间、资源利用与保护之间的矛盾，运用现代科学理论及环保科技手段实现生态农业和乡村旅游的协同发展。

(6) 形成了中央政府统筹决策+地方协同管理+行业协会促进的多级管理体系，为乡村规划的顺利落地保驾护航，充分调动了各阶层参与乡村建设与传统村落保护的积极性。

4. 美国城乡融合发展经验

美国的农业资源非常丰富，人均耕地面积大，不管是农业生产力还是农业产业链，都具有很强的市场竞争力。其农业产业化可以划分为三个阶段：第一阶段是 19 世纪 60 年代至 20 世纪 30 年代，土地向资本方集中，农民转为产业工人，由规模化生产实现农业产业的转型升级；第二阶段是 20 世纪 40 年代至20 世纪 70 年代，农业机械设备的普及与运用为农业注入高科技的力量；第三阶段是 20 世纪 80 年代至今，现代科技与智能技术的应用，实现了农业产业链的前后延伸，以及农业价值链的拓展。当前，美国的城市化率超过 80%，乡村经济发展和农民生活质量总体处于较高水平。2008 年全球金融危机以后，美国乡村就业增长放缓、贫困率维持较高水平以及乡村人口减少等问题日益凸显。为此，美国采取了一系列举措，以构建"城乡共生型"的发展模式。

(1) 重视乡村组织管理，完善农业立法。美国乡村管理机构最早出现于 19 世纪 20 年代，目前主要是乡村发展署下辖的住宅服务局、商业合作服务局和公用事业局三个事务性机构进行乡村组织管理。美国的农业立法体系源自 1933 年生效的《农业调整法》，还包括《农产品信用企业章程法》《农业法》等永久性立法和定期修订的农业法案。其中，被定期修订的农业法案是"一揽子"综合立法，这有利于适时对农业政策进行调整和修改。目前，美国的农业立法体系已涵盖资源保护、农业科技发展、农业价格和收入支持、农业信贷、农业税收、农产品对外贸易等众多方面，为农业和乡村发展提供了重要的政策保障。

(2) 提高农业企业专业化水平，推动农业专业化发展。土地私人所有制推动了美国家庭农场的迅速扩张，但在市场经济的优胜劣汰以及设备农业的可得性影响中，农业经营单位逐渐转变为以股份公司为主。随着市场分工的不断深化，农业企业经营的专业化水平也不断提高，这不仅体现在不同的农产品集中于同一片生产区域，还体现在每个农场专门生产某种特定农产品或进行某种农产品特定环节的生产经营，由此形成了分工细致但相对完整的产业体系。

(3) 发展农业科技，带动农业产业链变革。从 19 世纪后期开始，农业生产的机械化、生物技术、信息技术等的发展促成了美国农业的"绿色革命"。为了进一步发挥科技的力量，美国构建了以大学为主导的技术研发推广体系，通过政府拨款、公益基金、市场主体资助等多种资金渠道支持农业技术研发和推广，并制定有效的激励机制、绩效考核机制和成果转化收益机制，来确保科技研发和推广人员的稳定性。

(4) 多重激励措施并举，全面激活乡村经济。美国政府刺激乡村经济复兴的措施主要包括四类计划：第一，商业与产业类发展计划，如商业与产业信贷担保计划等；第二，专门性计划，如循环贷款计划、乡村小型企业支持计划、乡村商业公司授信计划、乡村经济发展贷款计划等；第三，合作性计划，如增加值生产授信计划、乡村合作发展授信计划、弱势群体生产授信计划、乡村经济影响合作研究计划等；第四，乡村能源计划，如生物质提取信贷支持计划、高级生物燃料计划、再生动力支持计划、乡村可再生能源计划等。这些组合措施有效确保了美国乡村的高质量发展、商业繁荣和可持续能源供给。

(5) 完善农村基础设施和保障体系，推动农业发展。美国政府加大政策与资金向乡村倾斜的力度，通过城市带动乡村、工业推动农业来促进一体化建设，实现乡村与城市在资源配置发展节奏上的均衡稳定。美国政府积极主动承担农村道路、供水、垃圾与污水处理等设施的建设，并以贴息、适度补贴等方式助力供水、垃圾与污水处理企业的建设及良好运转，逐渐实现了城乡在供水、供电、通信及绿化道路建设、垃圾与污水处理等方面公共基础设施的同等化配置。乡村公共服务保障则主要由乡村住宅服务局负责，乡村商业合作服务局旨在保障农村居民能获得及时救助和充分就业的机会，同时也负责促进联邦、州和私营机构开展合作，增加乡村地区的经济投资。此外，美国政府还推动乡村医疗卫生服务以及养老保障制度与城市接轨，提高对乡村医疗卫生和养老保障的财力支持，同时动员社会各界力量参与养老保障，探索出多元化的养老模式：民间团体发起的多元化居家养老模式、根据健康程度选择不同社区的社区集中养老模式以及商业化程度比较高的专业机构养老模式等。

(6) 因地制宜实施资源保护，促进农业可持续发展。20 世纪 80 年代，由于粮食连年增产导致农产品价格下跌，美国开始大规模实施资源保护项目。通过 10～15 年的休耕还林还草等措施，实现了水质改善、水土流失减少、生态环境优化的农业可持续发展目标。在 2014 年的《农业法案》中，美国进一步强化因地制宜实施资源保护项目，其重点包括以下四方面：第一，实行土地休耕储备，法案继续为近 1000 万公顷的土地休耕提供资金支持；第二，鼓励生产者加强资源环境保护，对于耕种的土地，政府向生产者提供技术和资金援助，鼓励采取生态环保型生产技术；第三，取消了过去的湿地、草原和耕地保护项目，整合设置了农业资源保护地役权项目，防止高产农田或草原转为非农用途；第四，开展区域资源保护合作，由联邦和州政府就实施资源保护签订协议，共同提供资金支持，从而推动区域内的资源保护。

5. 日本城乡融合发展经验

日本属于东亚小农国家，同样面临户均土地经营规模小、城乡资源分配不均衡等问题。日本于 20 世纪 50 年代末就意识到消除城乡差距、推动城乡融合发展的重要性，并且不断完善城乡融合发展机制体制。日本是一个人多地少、自然灾害频发、农业资源禀赋非常稀缺的国家。20 世纪 60 年代至 20 世纪末，日本在城市化进程中，为了能够最快完成以都市为重心的工业现代化，将都市和农村(地方)分离，优先发展都市，导致工业和农业的不均衡发展越发严重，产生不少乡村社会问题。为了促进城乡融合发展，日本从国家宏观层面制定相关政策，并且立足于本国农业农村发展的实际需求，以乡村振兴为重要抓手，不断完善相关法律法规和制度，着力健全基层组织体系，促进人、财、物在城乡之间的双向流动。这些政策包括以下五方面：

(1) 设置治理机构，构建体制化运作模式。为配合乡村振兴政策顺利实施，保证政策实施的有效性，2001 年，日本政府将主管农田水利的构造改善局改组为农村振兴局，下设总务课、农村政策部、整备部 3 个机构及 11 个处室。农村政策部主要负责农业振兴制度设计和发展规划编制，同时设有都市农村交流课来推进城市和农村的共生交流。整备部主要负责保障农业生产基础和整顿农村环境，也负责在不同地区实施农业振兴项目。同时，日本在省级地方农业局设立了农业振兴科，协调民间团体和农业协同组合(农协)、森林协同组合及渔业协同组合参与乡村振兴规划的制定和实施，确保地方与中央规划的有效衔接。此外，日本还建立了由农林水产省牵头，国土交通省、厚生劳动省、环境省、经济产业省等作为成员单位的乡村振兴联席会议机制，制定了跨机构的中层干部互派制度，从而有效统筹相关部门的政策资源来共同支持乡村发展。

(2) 组建农协，提升振兴政策执行效率。日本于 1947 年出台《农业协同组合法》，确立了农协制度。目前，全国 99%的农户都加入了农协，使该组织成为日本政府推行国家农业政策的重要辅助机构。通过集中有计划地销售，农协大大提高了农户的议价能力，对提高日本农民的收入起到了决定性作用。日本农协以农村社区为基础，涵盖销售、供应、金融、保险、生产经营、仓储运输以及福利文化等各方面服务。除农协外，日本还鼓励农民自发成立其他各种形式的合作组织，如承担农村基础设施建设和维护的"土地改良区"合作组织。政府支持这些组织开展合作，承揽农产品加工、直营超市建设等产业融合项目，也允许其拓展业务范围，开展如医疗、养老和文化体育等与农村生活福祉相关的活动。政府还鼓励农协的理事长兼任地方自治机构领导，使其代表农民参与政策制定。农协也承担部分行政职能，例如指导农民填写涉农项目申请书、代理政策性资金征信调查、协助地方政府核准农业补贴等，以提高政策扶持的精准度。

(3) 以"六次产业化"为核心，促进城乡融合。日本坚持促进城乡交流的工作理念，认为城市要为乡村发展蓄积人才、资金和知识，乡村要为城市居民提供良好的休闲环境。为此，日本于 1994 年提出"六次产业化"概念，旨在将农业生产向第二、第三产业延伸，指出要通过三个产业的交叉融合，形成集农产品生产、加工、流通、销售、服务于一体的高附加值产业链。日本不仅通过一系列扶持政策引导不同类型的农业生产主体进入二三产业，还自 2010 年起实施《六次产业化·地产地消法》，鼓励农民开发销售本地特色农产品，通过发展本地农产品加工、开设直销店、发展观光农园以及农家餐厅等，促进产业链延伸，提升农业价值链。政府对从事上述新产品开发的法人给予补贴、贷款优惠和咨询服务，并于 2013 年成立了"农林渔业成长产业化支持机构"，通过共建基金或直接参股注资的方式，帮助小微农业企业解决发展初期的资金、经验和市场问题。与此同时，为吸引城市人口到农村消费，日本放宽了对农户修建民宿、农家乐等营利性住宿设施的限制，拨付专款支持农户改造闲置房屋，支持农村修建特色产品加工设施、直销店、体验店和餐厅，还对帮助城市居民选择出行地点的项目给予补贴。

(4) 出台配套政策法规，提供有力保障。日本政府除出台《农工商合作促进法》《城市农业振兴法》等法规加强支持外，还推出了一系列财政补贴政策，如对新产品开发和市场拓展的支出补助从 1/2 增加到 2/3，对新的农产品加工、销售所需的设备购买建设支出给予 50%的补助。在资金上，日本公库设立专项资金支持"六次产业化"相关经营主体发展，包括农业经营基础强化资金、农业改良资金、食品流通改善资金、农林渔业设施资金等，同时根据行业设立农业、林业和渔业产业成长基金。在法律上，《六次产业化·地产地销法》的颁布标志着日本首次以立法的形式将发展"六次产业化"定位为农业政策的重要战略方向之一。在智力支持上，日本在普通高中便设立了农业教育课程，而一般性的综合大学也大都设有农学部，推进了涉农人才培育，并设有全国性的农业科研试验网，加强创新性技术研发和保护，重视研发开发和成果利用。日本积极落实支农补贴政策，给予农业生产者补贴及涉农税收优惠；其中，以 1995 年为节点，日本给予农业生产者农业贷款、农业灾害等多种补助，代替了原先对农产品价格的补贴。同时，为破解乡村振兴发展过程中农林渔业市场经营主体碰到的融资难题，日本成立了专门机构，为其开展基础设施新修与改造项目、购买机器设备等提供中长期高额贷款；此外，日本还发布了《农业现代化资金助成法》，规定中央财政和地方财政都要做好提供贴息扶持的工作。

(5) 建立深度融合、利益共享的城乡经济联系机制。日本政府在 20 世纪 60 年代正式发起了乡村振兴运动，推动了日本农业与工业、服务业走向融合。日本确定农协制度，鼓励农民成立各种形式的合作组织，集中生产，共同发展；将权力下放，赋予地方更高的自由度，盘活地方资源，发展以"一村一品"为典范的一系列特色模式；鼓励农地流转集中，实现规模化农业生产，形成农业生产经营的基础体系；进行"六次产业化"，加强城乡交流和要素流动，促进乡村旅游业的兴起和城乡融合发展。而在乡村治理方面，日本政府与合作组织、非政府组织、农协共同参与，在乡村发展过程中更加重视发挥当地社区的作用。

6. 韩国城乡融合发展经验

韩国的国情与日本大致相似，同样是人多地少、农业资源禀赋较为稀缺的国家。20 世纪 50 年代，朝鲜战争期间，韩国的经济受到重创。20 世纪 60 年代，为了促进经济复苏，韩国实行了两个经济开发五年计划，助推韩国农业走向正轨。但韩国的城乡差距还是在 10 年间急剧拉大，农业生产难以维持农户生计，导致乡村人口大规模涌向城市，从而出现严重的季节性失业问题。对此，韩国采取了许多措施来发展乡村经济，促进城乡融合。

(1) 发展"新村运动"，推动乡村发展。"新村运动"由韩国民政部负责计划和执行，是一场由上至下进行动员的综合性乡村发展运动。韩国政府还成立了"中央新村运动咨询与协调委员会"，负责政策制定工作，以协调中央各部门。这种模式被道、市、县各级政府以及最基层的行政镇层层复制，而每一个乡村社区(村庄)则成立一个村发展委员会，负责本村"新村运动"的组织执行，并由政府任命一名公务人员作为"新村运动"的领导人。此外，村民大会还会选出两人作为"新村领袖"，志愿服务于"新村运动"，为运动的开展建言献策。"新村运动"的第二阶段以发展生产和增收项目为主，除了完善农田水利、市场渠道等的建设，还发展养殖业和畜牧业，推广农业新技术和高产优质品种，建立新村工厂(村办企业)发展非农产业，新增有薪酬的就业机会，等等。"新村运动"的组织有序性、规划科学性、政策有力性，有效地推动了韩国乡村产业发展。

(2) 引导城市工业向乡村转移，促进工农业融合发展。合理、适度的乡村工业是驱动乡村经济发展的主要动力之一，带来了就业岗位并提升了农民收入。韩国政府加大对乡村工业开发区的财政支持，通过制定相关税收、贷款优惠等政策措施进行宏观调控，引导城市工业合理有序地向乡村转移。将高新工业技术与农业生产的特殊性相结合，通过提供技术服务提高农业生产效率。引导工农业部门融合发展，打造特色的农业生产经营链，实现农业生产与工业加工一体化服务。韩国推行以乡村工业园区为载体的园区模式，政府引导乡村建设农产品生产与加工工厂，并引进新技术以提高生产效率，将传统农业模式转型升级为集生产、加工、销售等为一体的新型经营模式。

6.1.3　国内外城乡融合发展经验启示

综上所述，根据对国内外典型国家(地区)城乡融合发展的经验分析，可以得到如下启示：

(1) 大力发展乡村产业。产业是乡村发展的基础和支撑。发展乡村经济，需要发展乡村产业、增加就业、提升农民收入，需要对乡村土地资源进行合理规划，明确工业用地，同时注意保护生态环境，将城市工业合理有序地引入乡村，以此为乡村经济的持续发展带来产业基础。

(2) 促进城乡均衡发展。乡村振兴应当推进乡村基础设施建设与城市相协调，实现乡村教育、医疗、养老制度与城市均等，充分利用城市与乡村的禀赋差异，实现城乡协调、互补、融合发展。同时，应加强乡村新基建，将新技术应用到乡村建设，打造中国特色的数字乡村、数字农业，缩小城乡数字鸿沟，实现城乡的均衡发展，推进城乡协调。

(3) 加强农业科技创新，延伸农业产业价值链。科技创新是实现节本增效、绿色安全提升农业竞争力的关键。有效的技术运用，不仅能够带来很好的经济效益，更能提升生态效益、社会效益。目前，中国农业现代化程度虽有较大水平的提升，但科学技术在农业生产、流通、销售过程中的运用依旧不充分。政府应加以引导，推动科技在农业中的普及运用。此外，国家应重点关注产业或者地方农业产业发展中的关键技术性难题，大力促进产学研协同，通过新技术、新品种、新装备、新产品研发，有效推进智慧农业、生物种业、设施农业、绿色农业投入品、农产品加工等领域的创新，延伸乡村产业价值链。

(4) 建设多元化的融资渠道。乡村的市场特性及农业的产业特性决定了国家需要综合运用财政、金融等政策措施，给予乡村产业发展充分的金融支持和服务。一方面，政府可以建立政府性融资担保机制，完善乡村资产抵押担保权能，健全多层次、广覆盖、可持续的农村金融服务体系，确保满足乡村产业发展的融资需求；另一方面，引导市场性金融机构、农村中小金融机构创新金融产品，提升金融服务能力，为乡村产业发展提供更有保障的融资渠道和金融服务。

(5) 完善法律政策。健全的法制是城乡融合发展的根本保证。2021 年，《中华人民共和国乡村振兴促进法》颁布，该法律的目的在于促进乡村振兴，给出了很多建议性条款，但具体的内容边界、标准等并不是很明确。因而，政府还需进一步细化法律内容，各个地方应该因地制宜，进一步增加、细化服务城乡融合发展的内容，形成地方性的法律法规，以增强法律的适用性。

(6) 构建多中心的治理模式。国外乡村治理模式发挥了政府部门、农民协会、乡村精英、普通村民、城市、企业、高等院校、金融机构等参与主体的功能作用和内在价值，充分体现了多中心治理理论的思路，从而实现了乡村社会的稳定发展。我国农村也应构建"有限政府、农民主体、依托农协、全社会参与"的多中心乡村治理模式，促进城乡融合高质量发展。

6.2　中国城乡融合发展的总体路径

如何推动城乡融合发展是我国现阶段推进中国式现代化发展亟须解决的问

题。城乡融合发展要以规划先行，坚持城乡生命共同体的理念，改变以往的城乡二元规划，在规划设计时统筹城乡发展，统筹城市、县域城镇和村庄规划建设，系统考虑土地利用、产业发展、医疗和教育设施及基础设施建设、人居环境整治、生态保护，实现城市、县城和乡村功能衔接互补，形成一种更加兼容、交叉和协作的城乡发展方式。

　　基于我国城乡融合发展存在的问题，借鉴国内外城乡融合发展经验，本书在界定城乡融合发展内涵与设立评价指标体系的基础上，从城乡经济融合、人的融合、社会融合、生态融合和空间融合 5 个方面提出促进城乡融合发展的总体路径，为助力现阶段城乡融合发展提供新思路。图 6-1 展现了五大融合之间的关系，五大融合共同构成了相辅相成的多维有机整体。需要注意的是，县域紧密连接着城乡，促进城乡融合需要将县域作为重要切入点，率先在县域内实施这五大融合，从而实现县、乡、村功能衔接互补、资源要素优化配置。

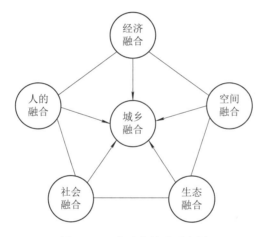

图 6-1　五大融合关系示意图

6.2.1　推动城乡经济融合

　　乡村振兴最重要的是产业振兴，产业兴则乡村兴。要解决城乡经济融合中存在的城乡固定资产投资额差距增大、农村消费水平较城镇居民有明显差距、城乡产业结构不合理，以及城乡居民收入比还未根本缩小等问题，就必须推动城乡产业融合发展，根据城乡各自优势，促进产业在城乡空间合理分布，深化城乡产业分工合作，实现城乡产业链融合。一方面要充分利用乡村的资源优势，另一方面也要拓展延伸城市的产业链条，发展城乡上下游互补产业。纵向延伸农业产业链，横向拓展农业产业功能，多方面提升乡村价值，构建现代化乡村产业体系，为乡村振兴夯实物质基础。城乡产业融合既有利于城市拓展市场，更有利于延长农业产业链。提升农产品附加值，提高农业生产效率，是增强乡村振兴的根本动力。

1. 积极发展农产品精深加工

农产品精深加工是指对农产品进行二次以上的加工，主要是用物理、化学或生物方法对蛋白质资源、植物纤维资源、油脂资源、新营养资源及活性成分进行提取和利用，最大限度提升农产品附加值。在发达国家推进农业产业化发展的过程中，合作社组织、产业集群和龙头企业发挥了关键作用。我国近郊农村和远郊农村也具备类似的发展基础。随着越来越多的农民涌入城市，农村就会有更多的闲置土地流转给其余村民，加上工商资本的投资，许多养殖大户、种植大户、合作社、产业集群逐渐发展起来，但尚处于发展的初级阶段：产业集群规模小、地域分布不均衡、技术水平低，合作社经营不规范、生产能力低，有国际竞争力的龙头企业少。未来可从以下几方面解决上述问题：

第一，引导农民将闲置土地向种植大户、合作社、龙头企业流转，为产业规模化发展奠定基础。第二，对于合作社的发展，可以借鉴法国和美国的葡萄酒专业合作社经营模式。法国的葡萄酒合作社是由多家葡萄庄园联合组建的合作经济组织，是法国葡萄酿酒业的主要经营形式；美国拥有专门的玉米深加工组织——玉米生产者协会、玉米贮藏与加工协会和玉米精加工协会。因而，政府要强化"企业＋合作社＋农户"利益共同体联结机制，建立县统乡、乡统村、村统组、组统户的上下联动发展机制，发展村集体合作社，构建利益共享、风险共担的联结机制。第三，政府要统筹规划乡村产业集群发展，催生直供直销、联动发展的产业集群模式，在融资、财政、税收、用地、用电、环保等方面给予产业集群全方位支持，并继续加大对基础设施建设的投资力度，保障产业集群良好发展。第四，加快培育和扶持一批有自主知识产权、技术水平高、产业关联度大、带动能力强、有国际竞争力的大型精深农产品加工骨干企业。

2. 深化城乡产业分工协作

深化城乡产业分工协作，可以从两方面协同推进。一方面，围绕产业链，运用现代技术和城市先进生产要素推动农业生产组织方式的变革，补齐农业产业链的薄弱环节，推动农业生产向产品研发、技术研发、种业研发等前端延伸，同时将农业生产向产品加工、消费、旅游休闲、品牌打造等后端延伸，把城市的文化旅游资源开发优势与农村的资源禀赋优势结合起来，发展"农业＋旅游""农业＋农耕文化＋旅游""民俗文化＋旅游""农业体验＋旅游""红色教育＋旅游"，实现农业与旅游、教育、文化、健康养老等产业的融合发展，提升农业附加值及农产品的市场竞争力。例如，陕西省西安市蓝田县充分发挥地方生态特色，大力调整种植业结构，在秦岭浅山地带连片种植荞麦 20 多公顷，年产 40 余吨，带动了域内饸饹生产加工企业的发展。此外，蓝田县以美丽乡村建设为抓手，深入推进农旅融合发展，通过"农业＋旅游"打造农旅融合新业态，逐步形成"春有油菜、夏有荞麦"的农旅结合布局，积极探索出一条集生产实用、休闲观光于一体的产业融合发展之路。另一方面，超大特大城市要聚焦核心功能定位，将一般性制造业、区域性物流基地、专业市场等非核心功能向周围中小城市、乡村地区有序疏解，开展"总部＋基地""研发＋生产""生产＋服务"等形式的协作，实现城乡协同发展。

3. 推动农业供给侧与需求侧有机协同

随着居民收入水平的逐渐提高，居民消费结构不断升级，居民开始将消费重点集中在教育、医疗、文旅等领域。因此，要充分利用互联网及先进科学技术，实施农业供给侧结构性改革，以适应城市新的消费需求和消费倾向，同时大力发展绿色有机农业、休闲观光农业、农业康养产业等新产业新业态，提高农业生产供给与消费需求的精准匹配。

4. 促进农业产业数字化

数字技术为我国农业现代化发展提供了前所未有的新动能，也为提升我国农业质量效益提供了新途径。发挥数字经济的乘数效应和空间溢出效应，将数字经济和农业深度融合，重塑供应链、延长产业链、提升价值链，发展现代智慧农业。具体从以下几方面着手：

第一，将物联网、传感器、无线通信、智能控制、大数据等技术融合起来，形成综合环境控制系统，可实时监测和调控温度、湿度、光照等环境因素，建设智能农业系统，发展低能耗、高度智能、资源高效利用、全要素生产率高的现代化农业。利用数字技术，可以有效提高农业生产中对信息的抓捕能力，获取更加精确的农业生产数据，推动农业"精确化"生产，实现农业精准管控，合理调整农业生产布局。依托大数据平台，可以实现农产品从生长监测、质量管理、科技咨询到市场销售全流程数据化和信息化管理。第二，利用数字经济平台、网络云课堂、在线直播等互联网平台，打造终身学习的平台，使农户在家借助网络就可以学习农业技术，从而推动农业技术成果的快速应用。第三，深入实施"数商兴农"工程，大力发展农村电商，搭建更多的农产品流通新平台，以拓宽农产品销售渠道和农民增收渠道。

当然，智慧农业的发展需要大量农村信息基础设施的投入，需要掌握现代农业生产技术、信息技术、农业经营和管理的人才的支持。

5. 发挥创新驱动作用

突出技术创新，搭建智能加工制造、产业物联网技术、生物基因工程、现代冷链物流等技术研发体系,延伸乡村产业链、价值链,以技术创新推动传统农业产业向现代农业产业转变;突出产业化创新,积极探索实施生态循环农业、创意农业、农业全产业链、农业互联网、农特微商、农业众筹、"农业+"等模式,进而推动科技成果及时转化;突出载体创新,统筹推进农业农村科技创新基地和现代农业产业园、科技园、创业园、田园综合体"三园一体"建设,大力推动农业科技创新联盟、重点行业产业公共技术创新中心和产业技术创新联盟、重点实验室、科技成果转化中心、技术研究中心、生物产业基地、现代农业产业科技创新中心、生产力促进中心、科技专家工作站等科技转化平台及创新创业平台向县、镇、村延伸,使这些平台成为创新驱动乡村产业振兴的有力抓手。

6. 加快构建新型城乡关系

当前,我国城市延伸带产业关联效应和融合水平不高。因此,要统筹新型工业化、新型城镇化和乡村全面振兴发展,以更有力的政策举措引导人才、资金、技术、信息等要素向农业农村流动,加快形成工农互促、城乡互补、协调发展、共同繁荣的新型工农城乡关系,开启城乡融合发展和现代化建设新局面。

7. 促进潜力地区城镇化水平提升

城镇化战略中不提农村,乡村振兴战略中不提城市,城乡政策分治分割,这是中国城乡发展差距不断扩大的重要原因之一。在推动城乡经济融合时,要促进潜力地区城镇化水平提升,即以冀中南、皖北、鲁西南、豫东南、湘西南、粤西、川东等城镇化潜力较大的集中片区为重点,在协调推进新型工业化城镇化方面加快突破。一是以"一县一策"战略为引领,明确主导产业发展方向和培育要求,进行特色优势产业集群培育与发展,促进产业园区提级扩能。二是增强城镇综合承载能力,鼓励有条件的省份培育发展省域副中心城市,有效分担省会城市非核心功能,发展节点城市来提升产业和人口承载能力,推进以县城为重要载体的城镇化建设。

6.2.2　推动城乡人的融合

城乡人的融合不是简单地让农村人口流向城市,而是"愿意进城的人进城、愿意返乡入乡的人返乡入乡",实现人口双向自由流动。推动城乡人的融合,需要从两大方面着手。

1. 提高农业转移人口的市民化待遇

《"十四五"新型城镇化实施方案》提出,坚持以人民为中心,继续把推进农业转移人口市民化作为新型城镇化的首要任务。只有实现人的城镇化，才能解决物的城镇化中土地城镇化快于人口城镇化的问题，以及城市市民与农业转移人口在权利上的"新二元结构"问题。应坚持从多层次、多方面实施更加精细的政策，最终提高农业转移人口城市生活的融入能力，在就业、生活、社会参与、文化认同、心理归属感等方面真正实现农业转移人口市民化。

(1) 实现农业转移人口充分就业。实现农业转移人口充分就业是实现城乡融合的重要内容。首先，要着力拓宽农民工进城务工的就业渠道，建立健全农民工就业需求和市场经营主体用工需求信息采集制度，精准匹配岗位信息，消除阻碍人口流动的壁垒，优化劳动力配置，缓解劳动错配，提高全社会就业质量和就业水平。其次，要以职业教育和技能培训为重点，全面提升农业转移人口人力资本素质，使农业转移人口享有和城市市民同等的发展机会。政府应从宏观层面建立完善的职业培训体系，重点支持制造业龙头企业、职业院校面向社会提供培训服务，并稳定农业转移人口招生规模。在培训方式上，鼓励企业、职业院校以网络在线教学、夜校授课等方式为农民工提供职业技能培训，从而提高农民工适应产业升级转型和就业岗位需求变化的能力。在培训内容上，以市场需求为导向，大力开展智能制造、家政服务、餐饮、物流等行业的实用型技能培训，帮助其掌握市场所需要的技能。最后，要逐步完善职业技能等级认定机制，实行以技能为基础的通用许可证和认证。企业应将职业技能等级证书作为岗位招聘的基本条件，提高技能人才待遇。

(2) 进一步完善农业转移人口落户相关政策。促进城乡人的融合，更重要的是从多方面推动农业转移人口市民化，使农业转移人口和城市居民享受同等权利和待遇，具体包括解决保障房建设供给、农民工子女入学、公共服务和社会福利、社会保障等实际问题，帮助进城农民工提高融入城市的能力。在保障房建设供给方面，由于目前大多数农民工居住在棚户区或城中村，地方政府应积极培育发展住房租赁市场，逐步推进保障性住房建设供给，将农民工的住房问题纳入市政建设规划，以居住证为依托，实行租购并举制度，即鼓励有能力的农民工自行购买住房，对于弱势群体，提供城镇公共租赁房、廉租房等住房作为其生活居所，缓解农民工、来自农村的大学毕业生等无房或住房困难人员的生活压力[163]；在此期间，政府要适当给予这部分群体财政补贴，同时联合就业指导中心，筛选适合各类群体的职业。在子女入学方面，农民工子女往往因没有本地户籍而享受不到进入城市公立学校学习的机会，所以要想从根本上解决教育平等问题，就要逐步实行城乡统一户籍制度，但放开户籍管控任重而道远，需要寻找更符合实际的教育公平均等的解决方案。张延曼提出，可以通过政府、教育部门和农民工三方共同努力实现教育体制改革，确保农民工子女能够就近接受普惠性学前教育、九年义务教育和中等职业教育。例如，政府一方面要着力提升农民工随迁子女在公办学校就读比例，通过新建、改扩建新增办公学位，以缓解子女在民办学校就读给农民工带来的额外经济负担；另一方面，要对农民工子女集聚的民办学校的设备更新给予财政支持，对教育软资源(师资力量、教育理念、教育方式等)进行实时跟踪[164]。教育部门一方面要建立同人口变化相协调的基本公共教育服务供给机制，统筹协调师资力量；另一方面要创造公平公正的教育环境，将农民工子女纳入义务教育阶段适龄学生范畴，并将其信息录入电子学籍信息卡系统。农民工要认识到子女接受教育的重要性，不论是在学习上还是在生活上，要有足够的重视和支持。在公共服务和社会福利方面，政府确保转移支付同外来人口数量以及公共服务数量与质量挂钩，逐步增加基本公共服务投入，增加常住人口可享有的基本公共服务项目，推进居住证与身份证功能衔接，健全以公民身份证号码为标识，与居住年限相挂钩的非户籍人口基本公共服务供给机制，通过普惠性的公共服务和社会福利，消除农业转移人口和市民的差距，实现农业转移人口市民化，为农业转移人口融入城市提供重要的外部支撑。在社会保障方面，扩大社会保障覆盖面，全面取消在就业地参保户籍限制，构建公平、可持续的社会保障体系。引导农业转移人口积极参与职工基本养老保险和医疗保险缴纳，确保持有居住证的进城务工人员能享受城乡居民基本医疗保险，获得相应的社会保障。增加异地就医直接结算定点医疗机构数量以解决异地就医的难题。将符合条件的农业转移人口纳入社会救助范围，为困难群体基本生活提供兜底保障。

(3) 提高农业转移人口的社会参与度，增强其社会和文化融合能力。文化融合是指准城市化人口对务工地城市产生市民身份认同和城市归属感，并内化本地价值体系的过程；文化融合是农业转移人口市民化的高级阶段。农业转移人口的社会和文化融合需要全社会的支持，农业转移人口所在企业应该鼓励农业转移人口积极参加工会组织，提高其对企业发展的参与度和关注度，以及对企业的归属感。农业转移人口所居住的社区要加大对农业转移人口的包容性，为其提供全方位、立体式的服务，应多组织农业转移人口参与文化娱乐活动，满足其文化娱乐生活需求。通过多种方式培养农业转移人口对城市的良好认同感和归属感，激发其向往、爱护和建设城市的主人翁意识，增强其融入城市的信心。

2. 吸引城市人口去乡村创业旅游居住

人口融合也表现为人口流动方向的城乡逆转以及城乡之间流动活跃性增强，城乡融合阶段的人口流动趋势与城乡二分时代有着明显的不同，城市中心不再是人口迁移的唯一目的地，广阔的城市郊区和农村地区是人口迁移的新方向。首先，将城市近郊及县城城区的村庄建设成城市后花园，吸引城市人口前往居住和工作。加大这些村庄对城市产业尤其是制造业转移外迁的承接力度，将城市基础设施尤其是轨道交通扩展延伸到这些地区，以打破郊区与城市中心劳动力市场和社会服务的空间障碍，解决在郊区生活的后顾之忧，吸引城市人口集聚。其次，随着我国乡村振兴政策的实施，农业和第二、三产业的不断融合，农村的产业业态逐渐多样且活力不断增强。在农村建立实用人才创业孵化基地，在吸引本村村民留下的同时，也将不断吸引城市居民来农村创业。最后，乡村以其优美的自然环境与田园风光，以及不断完善的基础设施与配套服务，特别是数字化建设和治理，将吸引越来越多的城市人口到乡村度假养老。发展较好的乡村，其经济结构、村民收入、就业方式已经和一般乡村截然不同[165]。重构乡村的消费场景、商业场景、生产场景、生活场景，将乡村由过去的"以农为主"转变为"亦业亦游亦居"。

6.2.3　推动城乡社会融合

1. 推进公共服务均等化

从社会融合看，城乡居民基本公共服务不均等情况严峻。公共服务均等化是城乡居民权利平等、共享发展成果的重要表现。为有效增加城乡公共服务与公共产品供给数量，改进供给质量，需要将教育、医疗卫生、社会保障、社会救助等确定为公共服务重点领域，具体要做到以下几点：

(1) 健全城乡教育均衡发展机制。首先，建立与常住人口变化相协调的基本公共教育服务供给机制，按实际服务人口规模配置教育资源；加大乡村教育经费投入力度，建立双向流动补贴制度，城市学校教师到乡村学校工作可以获得"下乡补贴"，乡村学校教师进入城市学校可以获得"进修补贴"，并在此基础上建立完备的教师培训体系，提升教师教学能力。其次，加强中小学智慧教育平台建设，构建互联互通、共建共享的数字教育资源平台体系，提供系列化、精品化及覆盖德智体美劳全面育人的教育教学资源，创新数字教育资源呈现形式，有效扩大优质教育资源覆盖面，服务农村边远地区，提高教育质量。最后，乡村教育必须扭转"离农化"局势[166]，基于近郊农村和远郊农村的传统文化、民风民俗等文化底蕴，对学生开展现代田园教育、文旅融合教育，扭转农村居民对乡村教育的偏见，减少乡村高素质人才外流[167]，打造具有乡村气息的特色教育。

(2) 健全城乡医疗卫生均衡发展机制。据《2022 年全国医疗保障事业发展统计公报》，截至 2022 年年底，我国全国基本医疗保险参保率已稳定在 95%

以上，基本实现了全覆盖，但居民医疗保险制度还需要进一步提升。本书从微观个体层面、中观企业层面和宏观政府层面提出居民医疗保险高质量发展路径的对策建议。一是从个体层面看，要提高医疗保险报销比例，尤其是要将慢性病药、常用药、大病药纳入医疗保险报销目录中；通过数字技术赋能搭建"互联网＋医疗"服务平台，从而打破地域藩篱，提高医疗服务的可及性；还需要合理规划医院、诊所和卫生机构布局，增加个体就医引导，提高医疗服务水平。二是从企业层面看，针对不同规模和类型的企业制定不同的职工医疗保险缴纳标准，切实维护中小企业正常经营；建立医疗保险缴费惩戒制度，规范企业瞒报、低报行为；强化职工的医保参保意识，只有当企业职工对医疗保险偏好较强时，职工工资与医疗保险福利待遇之间才可以形成相互替代关系[168]。三是从政府层面看，作为城乡医疗保障发展的主体，政府要把医疗卫生发展缓慢的乡村放到与城市同等重要的位置，加大对农村地区医疗资源投资倾向，提高优质医疗资源配置公平性；充分考虑居民对医疗的需求情况，做到医疗资源供求匹配；增加基层医务人员岗位吸引力，加强乡村医疗卫生队伍建设，努力满足乡村医疗卫生服务人才需求；改善乡镇卫生院和村卫生室的条件，提高这些医疗机构对慢性病、职业病、地方病和重大传染病的防治能力，比较典型的例子有陕西省千阳县，该县以推动医疗服务从疾病治疗向健康管理转变为方向，完善县、镇、村三级医疗服务体系，推行延迟接诊服务，使医疗卫生镇村一体化管理率达 100%，被评为陕西省健康促进县、全国十佳慢性病综合防控示范区；持续深化城市医联体、农村县域医共体的建设，加快社区医院建设，鼓励城市大医院与县医院建立对口帮扶、巡回医疗和远程医疗机制，更好地推动城乡形成上下联动、医防结合、分级诊疗的新格局。

(3) 完善城乡一体社会保障制度。对于养老保险体系，我国主要是以政府强制的基本养老保险(包括城镇职工基本养老保险、城乡居民基本养老保险)、单位的补充养老保险(又称企业年金)、个人支付的商业养老保险三部分组成[169]。对于农村居民来说，第二和第三部分覆盖率不高，而且据梁文凤的研究，2020 年农村居民基本养老保险人均月领取额不足 200 元，仅是城镇职工基本养老保险领取额的 5%[170]，这使得许多农村中老年人外出打工。因此，养老保障制度建设要更加重视农村居民养老金标准的提升，缩小城镇职工养老保险和农村居民养老保险的差距，这对城乡融合发展和实现共同富裕具有积极效应。

城乡社会保障体系建设除提高养老保险保障水平外，还要完善城乡居民失业保险制度。我国失业保险覆盖率逐年增加，但失业保险受益率却不高，这需要地方政府严格按照《失业保险条例》《关于进一步畅通失业保险待遇申领有关事项的通知》等政策法规执行，避免执行过程中的"层层加码"，保障失业金领取；还需要降低失业保险金的领取门槛，如针对"非个人过失而导致失业"人群，"所在单位和本人按照规定履行缴费义务但不足 1 年"人群，以及一些弱势群体，适当降低其失业保险金的领取门槛。

(4) 统筹城乡社会救助体系。长期以来，我国社会救助侧重满足绝对贫困群体的物质需求，提供低水平的物质帮扶，强调保障生存和事后补救，是一种消极的、兜底性的救助理念，已不适应新时代人民对美好生活的向往与追求。本书提出一种新时代城乡社会救助体系。一是确立积极、预防、发展的救助理念。我国现行的社会救助政策是事后补救的，无论是低保、特困补助等基本生活救助，还是医疗、住房等专项救助，都是在反复核实贫困事实的基础上开展帮扶救助工作的。未来的社会救助体系应该针对高贫困风险的个人和家庭开展早期干预，降低贫困发生率，总体提高人们的生活幸福感，实现社会救助的高质量发展。二是树立"贫有所救、弱有所扶、危有所防"的救助目标。"贫有所救"是一种兜底性的制度设计，需要公共财政进行兜底支撑，以确保制度运行中资金失衡时国家财政能够承担起兜底保障责任；"弱有所扶"在十九大报告中被首次提出，"弱者"比"贫者"的范围更大，"弱"除了包括陷入绝对贫困的人口，还包括儿童、老年人、残疾人、重病患者等缺乏劳动能力、可行能力的人群，这些群体面临暂时性的生活困难，需要依靠救助渡过难关，恢复再生产能力；"危有所防"中的危险可能来自经济衰退、产业结构调整导致的破产、失业或财产缩水，由环境恶化所引发的飓风、泥石流、洪涝旱灾等对生命和财产安全的威胁，由传染病、流行病等公共卫生突发事件引起的全民健康风险，甚至还包括不适应社会文化生活的变迁所引起的各类心理风险，这需要利用互联网、大数据、云计算等先进技术，来达到生存保障、风险缓解、能力提升、行动改善的效果。三是形成智慧救助、自主救助的管理模式。充分利用数字化政府转型的契机，构建社会救助管理信息系统，将各类救助事项纳入系统管理，网上办理，简化审核审批流程，真正实现数据多跑路、群众少跑路，并打通多元主体参与救助的线上通道，增加受助者申请、监督、反馈、评价和互助的入口，提升社会救助的智慧化水平。目前的救助工作仅有"申请"环节是受助者积极主动参与的，社会救助只有输入，缺乏输出，不利于救助工作质量的提升。利用现代信息技术，完全可以实现救助者的主动参与、深入参与，改变救助者消极被动姿态，形成他助、互助、自助的和谐局面。

(5) 适当增设非缴费基本公共服务。我国目前存在大量低收入群体，其缴费能力不高。政府在财力允许的情况下，增设非缴费基本公共服务，增添互助共济基因，从而增强基本公共服务的收入再分配功能。

(6) 推动公共服务共建共享。超大特大城市要有序疏解过度集中的高等教育和医疗资源。此外，政府要推动住房公积金异地协同，政务数据互联互通。

2. 建立健全城乡基础设施一体化体制机制

城市和乡村在基础设施建设方面差距较大，在满足公共服务均等化需求的同时，还需要建立健全城乡基础设施一体化规划机制、一体化建设机制和一体化管护机制，形成多层次、全方位与社会需求相匹配的社会供给局面。

(1) 建立城乡基础设施一体化规划机制。以市、县域为整体，统筹规划城乡的道路、供水、供电、信息网络、防洪、垃圾污水处理等基础设施的建设；统筹规划重要的市政公用设施，推动其向城市郊区的乡村和规模比较大的中心镇延伸；统筹规划城乡污染物收运处理体系，严防城市污染"上山下乡"，因地制宜统筹处理城乡的垃圾污水。

(2) 健全城乡基础设施一体化的建设机制。明确乡村基础设施的定位，构建事权清晰、权责一致、中央支持、省级统筹、市县负责的机制；健全分级分类投入机制，对乡村道路、水利、渡口、公交和邮政等公益性强、经济性差的设施，以政府投入为主；对乡村供水、垃圾污水处理和农贸市场等有一定经济收益的设施，政府加大投入力度，积极引入社会资本，并引导农民投入；对乡村供电、电信和物流等经营性为主的设施，以企业投入为主。

(3) 建立城乡基础设施一体化的管护机制。由于乡村分散化的特点，基础设施建成以后的长期运营和养护成本相对比较高，要合理确定城乡基础设施统一管护运行模式。对公益性的设施，如城乡道路，管护和运营应纳入一般公共财政预算，并且政府要用购买服务的方式来引入专业化的企业，提高管护的市场化程度；对城区基础设施建设的管理主体事业单位，要狠抓精细化管理，加强日常检查和定期全面检查，以及时发现基础设施存在的问题，并对事业单位进行市场化改革，使其专业化、市场化程度更高。对乡村基础设施的管理，要支持社会资本以直接(独资、合资)或间接(政府购买服务)的形式参与运营和管护，并通过培训、考核等方式提升市场主体的管护能力。

3. 完善城乡交通路网建设

完善城乡交通路网以便串联起城市和乡村，带动脱贫地区走上致富路，有效盘活农村资源，带动当地居民就近就业，是城乡融合的重点内容。首先，统筹规划农村道路建设，加大对农村公路建设工程项目的财政支持力度，全力支持"四好农村路"高质量发展，着力解决农村公路里程短、抗灾能力和保畅能力差的问题。其次，优化城乡交通网络，以城乡高效连接、安全畅通路网为目标，加强城际间交通路网建设，为城市带动乡村发展提供基础[171]。具体而言，要高标准推进城乡道路建设，加强农村和城市道路、干线公路、干线铁路的衔接，探索城市轨道交通向农村地区延伸，提供城际列车服务，实现县乡村(户)的道路连接。最后，提升城乡交通综合服务能力，既要健全交通运输标准和规范体系，建设现代综合交通运输法规体系来提高交通运输行业履职能力，又要加快建设交通运输业新型智库，建设智慧化交通管理系统，提高交通运输软实力。

6.2.4　推动城乡生态融合

作为城市的后花园，农村地区的生态环境必然会直接影响城市居民的"菜篮子""米袋子""果盘子"和"水缸子"。农村地区还为城市筑起了一道生态安全的屏障，在调节气候、涵养水源、保育土壤、保护生物多样性等方面发挥着不可替代的作用。城乡生态环境治理的关键在于形成城乡生态融合发展的系统性、整体性思维，即生态环境治理需要兼顾城乡、统筹谋划。

1. 加强城乡产业环境综合整治

不论是近郊农村还是远郊农村，都存在工业和农业并存的情况。农户农药和化肥使用过量是导致农业污染的主要原因，在农业污染治理方面，规范农户生产行为是改善农业生产环境的关键。首先，根据计划行为理论，做出保护行为的前提是有保护意愿，李昊等的研究表明当农户公平性感知较低时，农业环境保护意愿对行为没有显著影响[172]。因此，在制定农业生态环境保护和农业政策时，要鼓励农民参与其中，在政策执行过程中，保障全过程公开透明，以减少农户不公平感知。其次，根据现有研究，农户绿色施肥受文化程度[173]、土地流转规模[174]、家庭规模[175]、社会和个人规范[176]等影响，因此，应按照主要影响因素分类引导农户使用绿色有机肥，充分利用智能手机和合作组织，帮助农户及时了解肥料相关信息。最后，使用新型农业技术是打造美丽乡村的必要条件，而农户是绿色农业技术的终端需求者[177]，但根据美国经济学家舒尔茨的"理性小农"理论，在面临多项技术选择时，农户会权衡技术风险和预期净收益，只有当新型技术的预期净收益大于当前技术带来的净收益时，农户才会选择采用新型技术[84]。

在新型技术推广机制设计方面，政府要通过走访田间地头等方式，真正了解农户的实际情况，如若技术采纳意愿低是家庭收入低造成的，政府可以提供技术补贴和资金支持，并根据农户实际支付能力，让专家现场讲授教学，指导农户正确利用生产技术。同时，鼓励正式组织(村集体、合作社等)和非正式组织中具有影响力的农民(如有村干部经历的农民)积极发挥宣传示范作用,将技术推广嵌入到组织中,提升农户对新技术的认知。

在工业污染治理方面,政府要加大对企业排污收费等行政手段的实施力度,切实克服环境保护"守法成本高、违法成本低"的反常现象。以上手段属于命令型政策工具,虽然短时间内能使环境保护效益最优,但存在增加企业成本的弊端,尤其对近郊农村和远郊农村来说,工业企业大多是中小企业,严苛的命令型政策工具可能会造成企业生产效率低,甚至导致企业资金链断裂。除了运用命令型政策工具,政府还可以采用更为灵活的政策,如市场激励型政策工具和自愿型政策工具。其中,市场激励型政策工具是通过征收生态环境税、资源税、水权有偿使用费、排污权有偿使用费等方式,将生态环境污染所带来的外部成本内部化;而自愿型政策工具强调企业的主观能动性,运用社会舆论、民间监督等外部力量,激发企业环境保护行为。各省地方政府在使用三大政策工具时,要平衡好地方企业发展经济效益和环境保护之间的关系,如对于东部地区的村庄,命令型政策工具的使用可能会有很好的促进作用,而对于经济发展水平落后的中西部地区村庄而言,命令型政策工具的使用可能会抑制企业生产和环境保护的积极性。此外,要加快工业企业绿色转型。刘凌等的研究表明农村地区工业企业普遍缺少研发条件和能力,难以通过绿色技术变革在绿色转型方面有突出进展[178],因此需要政府的积极引导,探索政产学研协同创新载体,弥补农村地区工业企业人才不足、技术研发能力有限的缺点。同时,需要政府通过直接资金支持、减税、提供无息或低息贷等方式加大对绿色技术研发的补贴力度。值得注意的是,为了提高政府财政资金使用效率,要建立健全企业补贴审核机制,选出最有发展潜力的行业和企业,淘汰生产效率低的补贴对象。此外,政府需要营造绿色技术创新的社会氛围,鼓励企业进行绿色技术创新,并确保资金真正惠及这些企业,提高企业研发成果转化率。政府还要建立相关监督机制,防止企业资金挪用、滥用行为。

2. 加强城乡人居环境综合整治

我国城乡人居环境整治虽已取得巨大进步,但由于多年来形成的"重城市,轻农村"思想,农村人居环境依然面临基础设施不完善、资金投入不足、管护机制不健全、居民环保意识不强等问题[179]。要解决这些问题,需要从以下几方面入手:

(1) 人居环境整治首先要规划先行,即由政府牵头开展人居环境整治规划,从居民最关心、最严峻的问题入手,形成环境整治清单,在充分尊重当地文化习俗的前提下,打造多样化、个性化的人居环境。

(2) 探索人居环境村民自治模式。经典经济学理论指出,政府制定排污权、采取征税或收排污费的方式补贴受害者能够实现污染管理，但这些方式在低收入居民中往往没有效果[180]，而且村民参与人居环境整治容易受到外部因素干扰，如政府补贴[181]、环保制度[182]、环保教育[183]、家庭因素和个人认知[184-185]等。集体行动理论为此提供了理论基础，即要将村庄所有居民视为单一行动者的集体行动。集体行动可分为多种类型，例如，农村污水治理就属于集体行动，在实践中要区分农民居住的紧密度，居住紧凑的农村，适合采用铺设下水管网并连接一体化污水处理设施(集体投资形成)，而居住分散的农村则适合在自家院落内安装污水处理设施。同时，将人居环境整治相关内容写入村规，充分发挥基层组织作用，实施网格化治理模式。

(3) 构建基础设施建设多元投入机制。农村基础设施和公共服务存在短板，造成了垃圾、污水、厕所粪污不能有效清理，但不论是政府还是农民，均面临资金不足问题，因此建议通过"EPC(Engineering Procurement Construction，工程总承包) + PPP(Public-Private-Partnership，政府和社会资本合作)"融合模式引入社会资本，以政府购买及特许经营多样化模式，支持企业投入基础设施建设和管理[186]。

(4) 加强居民环保意识。通过教育培训、宣传引导，提高居民环境保护参与度。加快建立生活垃圾分类投放、分类收集、分类运输、分类处理系统，尤其是改善城乡接合处的生态环境时不再使其"泾渭分明"，而是真正实现城乡生态环境的有机统一。加强白色垃圾回收，进一步落实"限塑令"，倡导居民自备购物袋，监督商场、超市等场所全部更换为可降解购物袋。创造绿色出行空间，构建绿色交通网络，加快推进交通运输轨道化、新能源化、清洁化，优化布局公共自行车设置点，鼓励绿色出行。广泛开展节约型机关和绿色家庭、绿色学校、绿色社区、绿色建筑等的创建行动；推行简约适度、绿色低碳、文明健康的生活方式。

3. 构建城乡生态环境治理协商共享平台

城乡要共享环境状况、污染情况、环保企业、环保社会组织等信息，建设城乡生态环境治理信息共享数据库，推动城乡生态环境信息形成良性互动。深化城市和乡村环境污染联防联控机制，统一预警调度、统一规划。典型的例子有浙江省嘉兴市嘉善县一体化信息平台的建设，该生态环保平台具有指挥调度、数据融合分析等功能，实现了对环境质量的自动预警，并生成各类生态环境数据的统计分析报表、报告，直观地反映生态环境联保共治成效，有效引领生态环境一体化发展持续深化拓展，对提升整个长三角生态环境治理都有很大的帮助。

6.2.5　推动城乡空间融合

1. 推动土地城镇化和人口城镇化协调发展

土地城镇化和人口城镇化的协调发展，意味着土地和人口两种生产要素要得到有效配置，这是实现经济和社会效益帕累托改进的先决条件[187]。人口城镇化加速使得农民的观念发生了转变，不少劳动力从第一产业转至第二、三产业，为产业集聚、产业稳定发展提供了保障，但人口城镇化存在东部发展快、西部发展慢的现象，不利于区域间城乡融合差异的缩小。土地城镇化扩展速度快，导致部分地区出现土地资源滥用、开发盲目无序、农业文明流失、粮食短缺等现象。土地城镇化和人口城镇化的不同步发展，极易引发城镇化建设无序、用地低效、生态环境恶化[188]。由此可见，只有推动土地城镇化和人口城镇化协调发展才能促进当地城镇化水平提升。这首先需要完善行政管理机制。长期以来，重视追求经济效益的思想根深蒂固，导致部分官员在职期间举债圈地，重建设，轻服务，人口城镇化速度远低于土地城镇化速度，"面子工程"抑制了第三产业的发展。因此，中央政府要做好顶层设计，降低经济效益在政绩考核中的比重；地方政府要从全局视角做好城乡空间规划顶层设计和科学论证，合理规划城镇与乡村的土地、人口空间功能分布，实现城乡空间融合。其次，需要破解土地财政依赖路径。我国过高的房价抑制了人口城镇化，政府要吸取日本房地产泡沫的经验教训，通过对房地产开发商征收高额累进土地增值税，对多套住房持有者征收累进不动产税，对空置住房者征收税率更高的空置税等方式，遏制土地拥有者对普通劳动者、原居民对移民的财富掠夺[187]。

2. 重构城乡"生产-生活-生态"空间格局和空间形态

地方政府应同步优化城市和乡村地区三次产业构成的生产空间，以及街道办、社区、村镇构成的生活空间和自然生态构成的生态空间，建立城乡融合"共生生态系统"的生态空间，从空间上构筑城乡生命共同体[189]。首先，在生产空间布局上，一方面要明确城市和乡村的功能定位，实现协同发展；另一方面要立足城市和乡村的地理位置、资源禀赋，以县域为关键节点，集中人口、资金、技术等关键生产要素，支撑产业融合与乡村居业协同发展[190]，并合理规划建设产业园区、物流中心集散点、经济开发区，从而实现空间衔接以促进产业融合。其次，在生活空间布局上，推进城市"平急两用"公共基础设施建设，在中心城市辖区内的山区县(区)建设具有隔离功能的旅游居住设施，升级医疗应急服务点，新建或改建城郊大仓基地；加强中心城镇建设，推进城镇和乡村在教育支出、教育普及、医疗服务体系、文教娱乐建设、人均住房面积、养老院建设、供水供电供气、物流、消防等基本公共服务领域均衡化配置。最后，在生态空间布局上，提升城镇人居环境、生态环境整治，加强乡村山水林田湖草沙的保护和修复工作。

3. 构建城乡一体的网络空间

我国大多数农村地区数字基础设施落后，缺乏数字消费市场和营商环境，资源要素遵循市场规律会自发向城市高回报率地区转移，从而影响城乡融合发展进程。因此，要构建具有我国城乡特色的网络平台，缩小城乡数字基础设施差距，通过网络空间积极拓展城乡社会连接的数字边界，以此来弥合城乡之间以及城乡居民之间的数字鸿沟。有研究表明，加快数字乡村建设可以推动现代农业发展、实现乡村治理现代化及基本公共服务均等化，从而推动城乡融合发展[191]，因此，要尤其重视落后地区村庄 5G 通信与光纤网络的普及，实现农村网络基础设施全覆盖，以此壮大旅游农业、创意农业等农村数字经济新业态、新模式，吸引城市居民前来观光旅游；同时，构建数字乡村区域管理网络、村落可视化系统等，完善数字乡村治理体系，探索村民自治路径；部署农民关于智能终端与网络平台技能培训工作，加深城乡居民互动和情感交流，深化城乡居民心理认同，打造城乡数字命运共同体[192]；推动电子商务进农村，开设农产品上行与互联网运营课程，激活农村市场主体活力，全面助力"新农商"人才的培育。

4. 推动城乡治理空间融合

推动城乡治理空间融合，需要构建市域社会治理机制。市域是市行政管辖的全部地域，既包括城市区域，又包括乡村地区。市域社会治理是在市域空间进行的社会治理，是对城市治理和乡村治理的统筹。市域社会治理机制的构建，需要从以下几方面入手：

(1) 提升各界对市域社会治理的认识。市域社会治理强调以城带乡，城乡融合。一方面，要运用城市社会学理论、社会网络理论、现代化理论等加快构建市域社会治理理论体系；另一方面，要加大宣传力度，提升各界对市域社会治理的功能定位、发展意义、重点内容的认识。

(2) 鼓励多元主体参与形成合力。虽然市域社会治理的主体呈现多样化特点，包括政府、企业、社会力量、市民、村民、流动人口等，但关键是要形成市-县(区)-乡镇(街道)权责明晰、联动高效、上下贯通、运转灵活，党委、政府、社会、公众等多方主体合作共治的社会治理新体系。政府要优化资源配置，将权力下放，工作做实做细，引导其余治理主体参与到社会治理中，如参与基层矛盾纠纷调节、社区治安防控、老幼病残服务关照等[193]，与此同时，增强社会治理主体间在业务层面的协同，构建城乡共建共治共享的社会治理格局，最终实现城乡社会治理良性互动，共生共荣共赢。

(3) 提升治理主体的数字素养。随着数字技术与生产生活的深度融合，"城市大脑"、互联网医疗、"最多跑一次"的民生服务相继出现，改变了传统治理思维。为保证市域社会治理平稳运行，首要任务是通过继续教育提升治理主体的数字素养，使其掌握相关的技术工具；针对数据泄露等安全问题，还要树立数字经济治理观念，建立多元治理主体参与、有效协同的数字经济治理新格局，形成治理合力。

第 7 章　三种不同类型区域城乡融合发展的具体路径

由于主城区对城中村、近郊农村、远郊农村这三类区域的辐射力不同，三类区域城乡融合发展的基础条件与存在问题也不同，推进城乡融合发展的难易程度相差较大。因此，推进以上三类区域城乡融合应坚持因地制宜、各有侧重的原则，不搞"齐步走"和"大跃进"，要设计符合这三类区域现实情况的城乡融合路径和模式。

7.1　城中村城乡融合发展路径

城中村普遍面临土地资源配置不合理、环境脏乱差、公共卫生安全风险大、基础设施配套滞后等突出问题。在我国特大和超大城市中，会经常看到"地铁坐到头，回到村头"的情况。2023 年以来，城中村改造更新多次被中央和各部门重要会议提及，2023 年 7 月 21 日，国务院常务会议审议通过了《关于在超大特大城市积极稳步推进城中村改造的指导意见》，指出要对城市安全和社会治理带来较多隐患的城中村进行改造，这将城中村更新改造推向高潮，并进一步推动城中村城乡融合发展。

城中村城乡融合发展有助于减弱人口虹吸效应，缓解"大城市病"，通过改善城市环境和住房条件、完善基本公共服务、消除公共安全隐患，最大程度惠及民生。同时，城中村居住空间、产业结构、公共设施的升级，有助于激发相关产业活力的迸发。此外，城中村城乡融合发展引入了社会资金，拉动了投资，无疑对经济增长具有明显带动作用。

7.1.1　城中村城乡融合发展的原则

1. 包容性发展原则

由于在城镇化进程中，大量租住于城中村的新市民降低了城市发展的劳动力成本与市民的生活成本，所以对新市民的投资和培训能够为城市高质量发展积累人力资本。城中村发挥了"减压阀"和"缓冲器"的作用，为我国经济社会发展、增加就业作出了不可替代的贡献，因而城中村更新应实现包容发展。在我国城中村的改造实践中，有的城中村在改造提升时，无视改造前新市民大规模聚居的事实，改造后提供的住房数量和质量都不能满足原租住的中低收入新市民的需要，这些人如果还想继续留在此处生活，需要付更贵的房租以及增加其他居住成本，这就迫使他们向中心城外围迁移。新市民住房需求的空间转移又直接导致新一轮城中村的产生。叶裕民将上述情况称之为"排斥性改造"，这使得每一个"城中村改造的过程就是新的城中村诞生的过程"，导致城中村改造永无止境。

由于居住成本低，职住邻近，城中村常常是来城市打拼的外来人口首选的落脚地。这些外来人口支持了城市的繁荣和发展，并且未来他们仍可以在实现自身价值的同时助力社会和城市进步。因此，城中村改造应综合考虑这一群体的居住问题，为其提供更好的社会保障和公共服务，实现包容发展。也就是说，各地城中村改造土地除建设安置房外，原则上应当按一定比例建设保障性住房，这样，新市民不会随城中村的改造向外围不断迁移，而新的城中村也不会失去市场基础，这是对城中村问题釜底抽薪的解决方案。在实践中，一些城市已经积累了改造城中村与推进保障性住房相结合的经验，如深圳推进城中村保障性住房品质化安全改造提升工作，将改造城中村和保障性租赁住房两项工作结合起来，以便能提供更多高品质、可负担的保障性租赁住房。

2. 循序渐进原则

由于城中村改造牵涉面广，事关城市经济发展和社会稳定，所以城中村改造不可能一蹴而就，需要积极稳妥推进。要在尊重村民意愿的前提下，分阶段、分步骤稳步推进不同方案。

3. 系统原则

城中村改造是一项系统工程。未来的城中村改造不会是简单解决居住空间增量问题，更多是要推动城市高质量发展。一部分集聚了产业的城中村在改造中应做好产业搬迁和转型升级，改造后，要根据城市产业发展规划，合理安排产业布局，引入优质产业项目，促进产业转型升级，并提供一定规模的低成本创业空间，保障小微企业和个体户的创业需求。因此，城中村在改造的同时，还要满足就业、创业需求，激发创新能力，促进当地经济可持续发展。城中村缺少完善的教育、文化、休闲、商业等设施，这些短板都应该在城中村改造中予以弥补。

7.1.2　城中村城乡融合发展路径——乡村深度融入城市

城中村的农民非农化就业程度很高，大部分农业用地被转化为非农建设用地，外来人口多，村庄环境脏乱不堪，社会治安水平有待进一步提升。城中村城乡融合发展不应仅仅局限于拆迁改造、城中村环境改善等物质空间的更新，更要在经济、社会、文化等多层面实现和城市的深度融合。城中村是强城弱乡的代表，推进城乡融合发展的难度最小，适合走乡村深度融入城市的发展模式，具体路径有以下几方面。

1. 城中村更新治理

(1) 更新治理逻辑。城中村更新治理往往涉及更新规模大、治理主体多元化、产权复杂等问题，探讨城中村更新治理模式对促进我国新型城镇化、推进城乡融合发展具有重要意义。围绕城中村更新治理的核心问题，有学者从城市规划视角出发，提出治理的关键在于物质实体空间的改变，也有学者强调城中村更新的焦点应放在流动人口上。随着城中村实践和理论研究的深入，越来越多的研究表明，城中村更新治理是多个利益相关者在城市更新计划和实施、利益分配方面进行博弈的复杂过程。本文借助吴永兴的研究[194]，将城中村更新治理看成"诊断属性—设计属性—结果属性"三步走过程。具体来讲，诊断属性描述了项目特征，比如城中村所处区位、规模、更新周期等，以及参与者特征。在此，需要从利益相关者中确定对城中村更新治理的关键影响者，关注利益相关者的类型，并满足其利益诉求。设计属性是为了实现城中村改造需要设计和运行的机制，包括更新方式、控制机制、协调机制、利益共享机制等。结果属性是城中村更新项目结束后预期达到的目标，如居住环境改善、城市功能完善、生态环境改善等。需要指出的是，诊断属性和设计属性间存在相互作用和有机协调，项目特征和参与者特征的不同要求设计属性多样化，不同设计属性也可能反向影响项目的实施、参与者间的关系。

(2) 城中村治理中的利益主体辨识。利益相关者理论的核心思想可以概括为两点：在利益目标方面，尽管各利益主体的主张和诉求不同，但促使组织利益最大化是利益相关者共同追求的目标；在理念方面，利益相关者之间独立、平等，有参与组织决策、共同治理的权利。借助利益相关者理论，城中村治理应重点考量由于利益相关者诉求有差异也有互动，从而形成了复杂的利益系统，如果利益系统内部协调，会给予城中村改造源源不断的动力，如果利益相关者之间不能很好地平衡各方利益，产生矛盾或冲突，将会成为城中村改造最大的障碍。因此，城中村顺利改造的前提和关键是了解与把握利益相关者的利益诉求，促进他们之间的有效沟通与互动。那么，利益相关者有哪些？相关治理主体的利益诉求又有哪些？

回顾城中村更新的学术思想演进历程，1993—2002 年为城中村更新治理研究的起步阶段，学术界暂未对治理主体展开论述。2003—2008 年，学术界形成了"政府-开发商-村民/村集体"的治理结构，2009 年至今是城中村更新治理研究的转型阶段，学术界开始将新市民、社会组织纳入治理主体中，形成"政府-开发商-村民/村集体-新市民/社会组织-其余次要利益相关者"的治理结构。图 7-1 展现了城中村更新的多元治理主体。

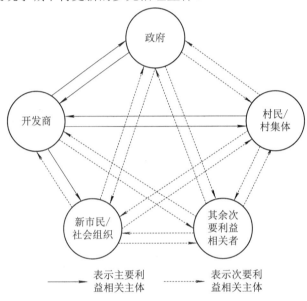

图 7-1   城中村更新的多元治理主体

政府作为公共利益的代表，应以城中村城乡融合为出发点，发挥统筹和先导作用，解决城乡融合过程中的各种矛盾和问题；但从某种意义上看，政府其实也是经济组织，有自己的利益诉求，例如，城中村土地须由国家征收后才能进入市场流转，部分土地出让金很可能是政府收入的主要来源[195]。

开发商的本质是逐利，而城中村改造为开发商获取经济利益以及树立企业品牌提供了良好契机。在城中村更新改造过程中，开发商一方面希望通过开发稀缺土地，来获取回报；另一方面，又害怕系统风险(土地、金融等相关政策)、利益多变且复杂的开发方式及其他不确定因素。因此，在城中村更新改造过程中，开发商更多地会和政府博弈，希望政府提供优惠政策。

城中村改造能否顺利推进，关键在于村民是否同意改造，改造是否保障村民的合法权益。启动城中村改造应征求村民意愿，只有在大部分村民同意的情况下才可以实施改造。在改造过程中，还应听取村民和农村集体经济组织对改造方案、征收补偿方案、集体资产处置等的意见，保障村民的知情权和参与权。政府应先行安排安置房项目供地和建设，提升安置房规划设计与建设管理水平，确保安置房在合理工期内建成。村民更多地考虑的是自己的利益和生活保障问题，因为城中村改造势必会影响村民的经济利益(住房租赁、自营职业等)。新市民即租户作为城中村内人数最多的群体，应被纳入研究对象。在现有研究中，租户一直是被忽略的对象，即使近年来有研究提出了居住权概念，但还没有得到政策法规的明确规定。租户关注的是自己如何被安置和城中村改造后租金价格会不会上涨的问题。

(3) 治理模式分析。从实践来看，虽然多元主体参与城中村改造的模式正在盛行，但政府主导和开发主体主导仍旧是城中村改造中最普遍的两种模式。在政府主导模式中，政府"缺位"和"越位"现象并存；在以利益为驱动的开发主体主导模式中，开发商往往在容积率、成本、利润回报等方面偏向于维护自己的利益，与地方政府政策指向相悖，而在补偿金额、回迁面积划定等方面又与村民利益产生冲突；在村民自主开发的模式中，村民经验不足，缺乏必要的市场运作能力，主导作用显得十分微弱。

因此，本书认为在城中村城乡融合进程中，政府应该发挥统筹和先导作用，组织各部门、各领域专家开展研讨会，编制城中村发展规划，将城中村的改造与城市发展规划相结合；统筹资金安排，积极探索形成财政资金、国资收益和社会资金多渠道并举的滚动投入机制；统一规划周边公共服务设施，对城中村改造全过程进行监管。开发商将作为城中村改造的做地主体，在市场经济的大环境下，通过市场化手段的运作，充分调配可用资金，为城中村改造提供充足的资金保障。在改造后期，开发商一方面负责安置房的建设，另一方面通过土地出让、房产开发来回笼资金，并获得收益，从而能更好地为安置房的建设提供资金保障。本地居民、租客等多元主体应从"被动参与"向"主动作为"转变。各地政府应当出台具体的制度规范，为公众参与城中村治理提供制度上的保障。同时，城市相关管理部门也需要创新机制，多渠道、多方式吸收社会公众参与城中村治理，将公众参与城中村治理真正落到实处。

总之，城中村的改造是一件好事，也是一件难事，需要集思广益，群策群力，调动各方面的积极性，妥善解决利益冲突，才能把这件好事办好。

2. 推进土地制度改革

(1) 推进土地征用制度改革。首先，要合理利用土地，优化资源开发。建设用地根据土地用途可分为公共利益性用地和商业经营性用地：对于公共利益性用地，采用国有化方式，走整体规划和统一管理道路；对于商业经营性用地，采用市场化方式，积极探索商业经营性用地入市交易模式，减少政府征地范围，防止政府"无限权力"干预引起村民权益受损。其次，要制定合理的征地补偿方案。一方面，制定征地补偿方案要参考土地实际价值，不能单一按片区综合地价执行，要充分考虑被征地居民的实际需求，完善健全土地增值收益分配制度，在征收土地过程中，动态调整补偿金额，例如借鉴广东省广州市"猎德模式"，从土地增值收益中抽取三到四成给予农民和村集体，鼓励发展集体经济[196]。另一方面，征地过程要保障透明公正。征地前，引入听证制度，听取村民意见，征地拆迁过程中，秉承先公开再征地、先补偿后交地的原则。再次，补偿方案要多元化。当采用整村拆除时，宅基地上的房屋原则上采用产权置换，非宅基地上的房屋(不包括违规建筑和临时建筑)实施货币补偿[197]。征地前，根据村民实际诉求灵活制定方案，如有的村民想一次性得到补偿金，有的村民希望逐年发放，有的村民要求在村企业入股。最后，建立征地问题台账。针对棘手问题，建议由地方政府成立专班，负责解决各种矛盾纠纷。

(2) 推动宅基地管理制度变革。宅基地是农民用于住房及附属设施建设的土地[198]，宅基地根据功能不同可分为生活类用地(社会保障功能)、生产类用地(生产功能)、生产辅助用地(生产功能)和仓储用地(社会保障功能)四大类型，随着宅基地使用权人将宅基地出租、出售、合作建房等行为的发生，逐渐衍生出资产增值这一新功能。对于城中村来说，宅基地社会保障功能和生产功能均在减弱，资产增值功能不断增强，最直观的体现就是村民住宅的超标准违章建设使得城中村的建筑密度高、容积率大、建筑布局无序。这是因为资产增值功能使宅基地价格上涨，村民和村集体开始通过隐形流转追逐外部利润。政府应通过修改《物权法》《土地管理法》，允许城中村宅基地出租、出售和抵押。此外，为了防止村民多占宅基地，宅基地应实行有偿使用。

3. 维护村民的政治权利

党的二十大报告提出"基层民主是全过程人民民主的重要体现"，凸显了基层民主在全面发展全过程人民民主、保障人民当家作主方面既不可或缺又不可替代的重要地位和作用。城中村城乡融合需要多元主体共同参与、共同治理、共同监督，针对城中村村民政治权利存在缺失和受限等现象，要在制度和机制上创新，让广大村民权益落到实处，真正实现全过程人民民主。首先，要提高村民自治意识。通过强化教育、主动宣传、树立典范等方式，让村民充分了解民主自治。其次，要重视村民政治权利。村委会和村干部的政治目标是通过全过程人民民主建立美丽和谐的空间，这就要求村干部要提高素质，以"公仆"角色保护村民基本权利，提高村民上访效果，让村民切身感受自治带来的实实在在的好处。再次，要打通村民参与自治的"最后一公里"。比较典型的例子是 2018 年被写入中央一号文件的浙江省宁波市宁海县创立的村级小微权力清单制度(简称"三十六条")。该村对所有村级事项全部通过"五议决策法"(即村级党组织提议,党支部委员会、村民委员会、村股份经济合作社联席会议商议,村党员大会审议,村民[成员]代表会议决议,组织实施、公布结果并接受群众评议)实行阳光治理。据当地村民反映,自"三十六条"实施以来,村民所要办理的事项均能在"三十六条"中找到依据。近年来,陕西省西安市阎良区坚持党建引领、群众主体、因村施策、继承创新的工作思路,积极整合"全科网格"和党务、村务、财务"三公开"两个信息平台,通过常态化落实村级议事协商、乡村建设、民主管村"三项机制",以"两平台三机制"为抓手,注重"三治"协同发展,着力提升乡村治理体系和治理能力的现代化水平。最后,要建立健全公平性选举监督机制。一方面,为防止选举和村民分离,要在基层选举制度制定上体现村民参与的重要性,突出村民的选举权利和地位。另一方面,村委会人员选举应秉承公正公平透明、"双过半"原则,还要设立监督委员会,加强群众监督,防止选举过程中出现违规违纪。

4. 改善物质形态空间

城中村物质形态空间的改造是最基本层面的,也最受人们关注。实际上,物质形态空间的改造不单单是技术问题,还取决于城中村的性质,需要采用分类改造的方式。2023 年出台的《关于在超大特大城市积极稳步推进城中村改造的指导意见》,为城中村改造工作提供了明确的指导方向,明确城中村更新方式分为拆除新建、整治提升、拆整结合三种模式,城市更新进入升级期。

(1) 拆除新建模式。一般而言,对于城市重点改造区域建筑质量差、居住环境恶劣、容积率低的城中村,应采取拆除重建模式,以达到和城市全面融合的目标,包括建设格局、建设标准、相关配套设施和居住环境的全面变革,使城中村空间形态和城市社区相同。拆除新建模式能够有效整合土地资源、树立路网结构、改善交通情况,部分国有土地被政府收回后用来建设学校、医院等公共服务设施,利于提高土地利用效率。采用拆除新建模式的案例有广东省深圳市南山区白石洲村。南山区白石洲村交通四通八达,满足大部分人的通勤需求,所处地理位置优越,附近分布着深圳最高档的小区、华侨城中学、益田假日广场、京基百纳广场、深圳湾超级总部基地等,还临近世界之窗、欢乐谷,以及沙河高尔夫球会这些大型休闲娱乐场所。在如此环境中,白石洲村就显得格格不入。作为深圳规模最大的城中村之一,自 2005 年开始,白石洲村拉开了改造的帷幕,计划打造成智慧城区标杆。据悉,白石洲村旧改项目有 1/3 为住宅、人才公寓和保障性住房,均以小户型为主;1/3 为公寓,服务周边城市中心的白领人群;1/3 为商业办公楼和酒店,为居民提供了商业、办公、公共服务等相关基础设施。拆除新建后的白石洲村不仅风格与周边统一,还为各类人才提供了优质房源。类似的例子还有福建省厦门市湖里区后埔社。2021 年 11 月，厦门市成为住建部首批城市更新试点城市。2022 年 6 月，位于经济特区发祥地湖里区的城中村启动改造，不到一年，占地 7.6 万平方米的区域原地蝶变，由"城中村"变"城中景"。湖里区城中村改造第一步，就是在拥挤的城中村中腾挪足够的空间，所以优先从城中村房屋"点状征收"入手。在相关职能部门的牵头下，湖里街道对后埔社危房、50 年以上房屋、多层自建房、经营性自建房进行风险监测，对可以腾退的空间进行仔细梳理和测绘摸底、登记造册，并以打通路网、释放空间为目的，拆除了相关建筑。通过这种方式，后埔社共拆除违建房屋 88 栋，征收土地 3400 平方米，为改造腾挪了足够的空间。后埔社也探索出一套行之有效的智慧管理模式。为了增强居民安全感，后埔社引入了智慧化管理——一根看似普通的灯杆，可以实现求助报警、环境监测、增强 5G 信号、社区广播等一系列功能。村子中央建起了城中村"智慧大脑"，智能大屏链接智慧灯杆等"岗哨"，实时更新流动人口、户籍人口、危房等数据，工作人员可以动态监测各种信息。如今，步入后埔社，看到的是另一番智慧升级、社区共治的景致。抬头见天，出门即景，口袋公园成为近在咫尺的绿意，曾经在头顶杂乱纷飞的电线被深埋地下，"15 分钟便民生活圈"正在成形。改造后的后埔社不仅给居民带来了美丽的居住环境，也为城市增添了一道亮丽的风景线。

(2) 整治提升模式。对于那些建筑布局比较整洁、以原住居民为主或者处于城市中心区的城中村，应采取整治提升模式。这种模式不改变建筑物整体结构，仅通过完善配套设施和环境规制来改善城中村环境，主要包括环卫建设、增加绿化面积、修缮道路、粉刷墙面、修复门楼、拆除违规建筑、改造下水管道和电力设施、修建公厕、加强治安巡查、房屋租赁实名登记等。以广东省深圳市福田区田面村"设计之都"为例，田面村通过局部拆建、房屋外立面改造、配套设施和环境改善等方式，对本村的基础设施、建成环境等进行综合整治，并依托自身资源特色，将原有的五金加工、小型印刷等低端产业集聚区改造为创意设计文化产业园。创意设计文化产业园内依然保留着墙面的"皱纹"和斑驳的铁艺玻璃窗，还有喷绘了贝聿铭等设计界著名人物大幅头像的墙面，以增加复古韵味。

(3) 拆整结合模式。该模式是以上两种模式的结合，具有代表性的例子是安徽省合肥市卫岗王卫片区城市更新项目。卫岗王卫片区内的上下卫、吴夹衖、段郢、臧大郢、贾小郢等村组已成为二环内为数不多的集中连片城中村区域，片区内普遍存在布局混乱、房屋破旧、居住拥挤、交通阻塞以及公共服务设施短板突出等问题，居民们搬迁改造意愿强烈。2022 年，合肥市全面部署城市更新工作，卫岗王卫片区被纳入城市更新首批试点区域。在更新中，合肥市政府一方面对片区内年代久远、老旧杂乱的上下卫、吴夹衖等城中村区域实施征迁；另一方面，对部分老旧小区、沿街老旧建筑、破损道路和街头游园实施综合改造提升。此外，还将进一步补齐公共服务设施短板，新建一批学校、卫生服务中心、绿地公园、安置房等。

政府在采用以上三种模式进行城市更新时，还需在见绿、增绿方面下功夫，应依托城中村既有的环境布局，加大街巷绿植、街心花园、口袋公园等的建设力度，大力发展绿色建筑。同时，还应下足微更新、微改造和"城市针灸"等"绣花功夫"，设计和营造具有乡村风格的城中村绿色景观，让城中村成为可驻足怡情和陶冶情操的新社区，将"城中村"变为"城中景"，使其成为宜居宜业的城市新社区。

5. 完善社会保障体系

城乡二元体制是把城镇居民和农村居民在身份上分为两个截然不同的社会群体的制度，致使公共资源倾向于城镇居民，农村居民不能平等地参与现代化发展进程。城中村居住的很多是通过拆迁从农村户口转变为城市户口的民众、等待拆迁的农村户口的民众以及农村进城市务工的民众，迁移人口的户籍大多依然在农村，而我国城镇住房保障覆盖范围并没有包括这部分群体，导致他们属于"非永久性迁移"，难以真正融入城市。因此，建议政府积极实施农民工市民化措施，进一步健全多层次城镇住房保障体系，保证住房保障全覆盖，切实解决这部分群体生活困难问题，有序推进城中村人口市民化。

当然，城中村改造"村民变市民"并不是简单地将村民的农业户口转变为城镇居民户口，还必须保证他们在转变成市民之后，同其他城镇居民享受同样的养老、就业、医疗等社会保障和福利，这才是村民生活方式发生根本性变革的标志。因此，政府要根据城中村村民不同年龄群体划分，建立和完善有关城中村村民的社会保障体系，主要包括完善基本养老保险制度、基本医疗保险制度与最低生活保障和社会救助制度，使村民在城中村改造中能真正分享工业化、城市化的成果。

6. 推动文化传承，提高居民文化素养

在城乡融合发展过程中，城乡差距不仅体现在经济层面、上层建筑层面，还体现在文化层面。文化层面的融合是城乡融合发展最深沉、最根本的融合，既是经济、政治和社会融合到一定程度后的内在表现，又是促进经济融合、政治融合和社会融合的精神动力。城乡文化的融合要防止城市消费主义危机向乡村蔓延，更要避免乡村文化沦为城市文化的附庸，同时要着力提升乡村居民文化素养，使其成长为符合新农村发展要求的新型农民，这是乡村振兴的关键。

(1) 城中村与城市发展并非是互斥关系，城中村更新也不是新一轮的大拆

大建。住房和城乡建设部在《关于在实施城市更新行动中防止大拆大建问题的通知》中提到，要坚持划定底线，防止城市更新变形走样；坚持应留尽留，全力保留城市记忆；坚持量力而行，稳妥推进改造提升。这也启发我们要追求更加包容和多样化的更新目标，通过微更新模式提升城市空间品质，而非简单拆除和重构空间格局。传统的城中村改造是完全颠覆原有的空间秩序[199]，违背了城中村改造的初心，对城中村的大拆大建，提高了城市的经济效益，但毁掉了城市的历史记忆和特色空间资源，因此需要从多角度认识城中村的价值，反思既有的、主导的居住空间范式和城市建设模式。城中村改造不同于旧改和棚改，不应随意迁移、拆除历史建筑和具有保护价值的老建筑。每个城中村均有自己的历史文脉，这是城中村居民文化认同的基础，应在改造前认真梳理村子的历史，了解其文化底蕴，实地探索文化资源，将文化基因移植到改造后的城中村中，最大限度保留城中村的特色格局和肌理，变城中村为具有特色文化的"城中景"。

(2) 向村民普及职业教育，提高村民的就业技能。随着城镇化发展，城中村土地逐渐被征用，村民们熟悉的农业技术逐渐没有用武之地，再加上村民们普遍缺乏良好的教育与职业技能，自身的文化素质和知识技能低下，许多村民仅靠出租房屋来获取收入，不愿外出工作。如今，村民们赖以生存的城中村大部分面临整村拆除的命运，而现有的改造政策又没有给予他们未来就业与生活保障的激励，因此，城中村村民普遍对未来生活感到焦虑并对改造进行抵制。在城中村城乡融合过程中，政府要引导城中村村民树立正确的就业观念和自力更生意识，打破仅靠收取昂贵房租生活的老观念；推动第三产业的发展，增加劳动就业岗位，拓宽村民的就业渠道；高度重视人力资本的投入，对村民进行以职业技术、岗位技能为重点的就业培训，提高村民的劳动技能；建立平等的劳动力就业市场，创造良好的创业环境，鼓励村民自谋职业、自主创业、竞争择业；注重对城中村青年的就业指导，引导他们积极求职。

7. 解决回迁安置和商业开发问题

回迁安置和商业开发问题是城中村特有的。现阶段，对于回迁安置和商业开发问题的解决方案主要有三种模式：

一种是只原址回迁，不进行商业开发，这种模式并没有最大程度开发土地的商业价值，也没有通过更新改造使城市优化升级。另一种是在原址回迁的基础上做适度的商业开发，如引入餐饮一条街等，这种改造模式易通过人群集聚形成新的经济增长点，但该模式改造的商业项目比较单一，不利于长远发展。最后一种是成片拆迁，局部回迁，即迁出的居民回迁时，只占所拆区域的一部分，剩下的区域都建成了商业区、公园、写字楼、医院等大型商业和公共设施，这种模式有利于城市环境的整体提升。因此，在城中村拆迁改造时，要注意回迁安置和商业开发的条件，因地制宜，注重可持续发展。

(1) 遵循"以人为本"的发展模式。一方面，要制定有利于村民的拆迁安置政策，对村民的合法房屋、原房屋的出租和村集体经济组织所受的损害等给予市场化的合理补偿。另一方面，要用真情服务暖民心，在建设基础设施、公共服务设施等方面倾听群众呼声，可通过"民意小圆桌"形式或"一周一碰头、一月一通报、一季一例会"工作机制了解村民需求，同时可以由拆迁村民自发组成"暖巢'监督队'"，负责回迁安置过程中矛盾纠纷的解决。比如，山东省青岛市崂山区在制定张河村片区改造政策时，坚持最大限度让利于民，提高临时过渡费标准、提供安置房最优户型、完善社区周边配套等，真正实现让村民按需"点单"。又比如在江苏省南京市新街口商业区石榴新村的就地改造过程中，方案设计师不是只坐在办公室里画图，而是跟着工作组到每家每户走访，根据每家每户的实际情况来设计不同的方案；在不大于原面积的情况下，在有限的空间里尽量考虑到村民个性化的需求。每一次设计方案出来，当地政府都会组织村民开议事会，最终新房设计方案经过 70 多轮反复修改，实现了"一户一方案"。

(2) 激发居民的社区认同感。据 2017 年《中共中央　国务院关于加强和完善城乡社区治理的意见》指出，回迁安置居民原有的血缘和地缘关系网络被打破，对新社区归属感和认同感弱，鼓励居民增强主人翁意识具有重要的现实意义。根据社会认同原理，个体通过对自我和已有群体成员的特性认知，会自动归属到具有相似特征的群体中，并作出类似于该群体成员的行为。对于回迁安置居民来讲，城中村的发展历程是每个人共同的记忆，他们有着大致相同的经营经历、乡村生活体验，安置到新社区有着类似的生活需求，更容易通过熟人社会关系网络来加强交流和合作，这种强关系网络是提升社区认同感的重要基础。此外，我们所谈及的"乡土情结"，其本质就是一种"恋土情结"，"乡土"既代表着一种来自家乡的护佑力量，也寄托着游子对家乡的思念。回迁安置居民大多保留着对城中村的乡土留恋，如果在社区公共空间再造中，融入古树、石墨等古韵景观，兴建村史馆等特色文化建筑，会通过精神传承的形式唤起居民的社区认同感。

(3) 明确治理主体。对于已经撤村建居的社区，在社区党支部的领导下建立以居委会为主体，村集体经济组织协助治理的治理结构；对于拆迁后治理实权仍然归属原村委会的社区，建立独立自主经营的经济主体治理结构。同时，合理界定居委会和村委会这两个基层自治组织的职责范围，引导二者共同合作。鼓励社会组织、社区居民等多元主体参与社区的治理工作，逐步形成多元共治的治理格局。有必要搭建基层党政、社会投资企业和当地居民等利益相关者的沟通平台，充分调动村两委、妇代会、两新组织、外来务工者、新市民代表以及志愿者组织等的参与积极性，推动形成改造后可持续运营的治理机制，切实提升新社区的治理效能，做到人民城市人民建、人民城市为人民。

(4) 加强回迁安置社区的社会管理。将安置小区纳入各区政府社区规范化管理范围，各区相关行政管理部门共同做好安置小区的社区组建、户口登记、医疗社保、入学入托等涉及群众生活的相关事项。

7.2　近郊农村城乡融合发展路径

7.2.1　近郊农村城乡融合发展的原则

1. 弹性规划、远近结合原则

随着城市和乡村相互补充发展，城市对近郊农村的影响范围不断扩大。近郊农村发展规划需要具备一定的弹性，在用地布局等方面留有余地，从而实现土地效益、经济效益、生态效益、社会效益最大化。近郊农村发展规划还要明确村庄建设近期目标和远期目标，近期目标要对村庄各类型用地进行统一规划和具体安排，远期目标要使村庄产业朝智能化、绿色化、高端化发展，基础设施建设与城市接轨，农村风貌明显改进。

2. 自我管理、多方统筹发展原则

习近平总书记强调："我们要坚持把人民群众的小事当作自己的大事，从人民群众关心的事情做起，从让人民群众满意的事情做起，带领人民不断创造美好生活！"近郊农村发展规划要将本村人民的根本利益作为出发点和落脚点，积极响应村民诉求，不仅要着重解决村民的基本物质需求(居住、饮水、电力电信、交通)，更要进一步满足村民的精神文化需求；在规划制定中，要营造建言献策的氛围和渠道，调动村民参与村庄规划的热情与积极性。此外，近郊农村要充分尊重上位规划，规划方案应积极与上级政府沟通，将上位发展原则和要求与本层规划具体内容结合。

3. 设施共享、城乡融合原则

近郊农村基本公共服务设施起到的作用是多方面的，首先，它直接服务于村民的生活，有助于提升村民的生活质量，部分公共服务设施还是村庄文化的载体，为村民提供公共活动场所，加强村民之间的交流；其次，利于近郊农村第三产业，如商业、服务业、旅游业的发展；此外，公共建筑能形成良好的村庄景观风貌。近郊农村公共服务设施建设需要对近郊农村人口规模进行预测，确

定公共服务设施的类别及体量，如学校、卫生所的建设，将近郊农村所需要的公共服务设施落实到村庄空间布局中。公共服务设施建设不仅要着眼于单个村庄，还要和相邻城市或村庄形成合力，统一规划。近郊农村基础设施建设要积极与城市接轨，完善村庄道路交通、排水、电力电信等设施。

7.2.2　近郊农村城乡融合发展路径——城乡互动

近郊农村相较于落后地区的农村具有交通优势、生态人文优势、用地优势，农民非农化就业程度较高，具备城乡平等发展、要素双向流动的条件，更容易承接大城市的资金、技术、人才和市场资源。近郊农村通过加强与大城市的互动，将自身发展与城市需求进行匹配，借势借力，以服务中心城市为核心，承接中心城市某一方面的功能需求，实现城乡功能互补、错位发展，从而将乡村发展与城市发展融为一体，带动乡村振兴，成为城市重要的生态涵养、休闲观光、果蔬供给的承载空间。基于以上特点，推进近郊农村城乡融合发展的难度适中，城乡融合路径具体体现在以下几方面。

1. 规范土地使用，提升土地产出效益

对于近郊农村来说，产业空间和生活空间占据同等重要地位。近郊农村的无序用地导致土地紧缺，土地产出效益低。针对此种情况，首先要进行产业用地集约整合。一方面，政府规划近郊农村功能布局，确定产业用地范围；另一方面，综合调研并建立科学的评价体系，形成相对量化的评判结果，以掌握低效用地的规模、整治潜力和投入产出效率，并鼓励对低效用地再开发，走内涵式发展道路，寻求土地的高质高效使用。其次，公共基础设施合理配套。政府在分配用地指标时，优先满足民生设施及公共服务设施建设的用地需求，以补足产业、功能和服务的短板，全面提升建设水平，既要将近郊农村与周围村庄作为整体进行上位规划，又要根据服务半径考虑近郊农村内部基础设施布局问题。此外，严控新增用地数量，推动土地集约化发展。转变用地无节制扩张行为，通过城乡间用地指标的转移和调节，严格把控村庄新增建设用地数量，并建立监督管理机制，积极寻求土地的混合开发以及设施的多功能利用，提高集约化程度。

2. 统筹协调城乡资源，实现产业融合发展

近郊农村是城区消费品的主要供给地和城市功能外溢的首要承接地。近郊农村的产业形式多样，首先是工业生产。在改革开放之初，一些大城市的近郊农村都积极发展工业，将其作为村庄经济发展、社会运转的关键力量。例如，山东省胶州市三里河街道辛置村，第二产业占比较高，工业用地占总用地的

46.85%，村内有 20 余家工业公司，均为一类工业。其次，近郊农村也有部分村民从事农业和畜牧业活动，主要种植蔬菜、水果、花卉，养殖鱼、猪、羊、牛等，为本村村民、城市居民提供品质较高的日常食材，但相比于工业，农业生产空间较小。例如，浙江省嘉兴市嘉善一带，农业生产空间占总面积的 10%以下。此外，近郊农村的服务业进一步发展。姚士谋曾指出城市化发展本质就是现代化社会生产力不断替代落后生产力的过程，这种变化在近郊农村的表现更为明显[200]。随着近郊农村工业和特色农业的发展，人们对服务业的需求越来越迫切，带动了休闲广场、娱乐场所的发展，以及为工人和农民提供日常服务的餐馆、菜市场、水果店、便利店、电器维修店、理发店、药店等的发展。人口聚集度较高的近郊农村，还会出现小型商贸中心。但与城中村商业服务业相比，近郊农村服务业的辐射范围小，主要是为本村居民服务的，而城中村商业在服务本村的基础上，甚至为村庄之外中小层级消费者服务。

因此，近郊农村在城乡融合发展过程中，需要统筹城乡资源，把握好自身定位，积极承接城区的高端生产要素和公共服务，生产有附加值的产品，并向城市输送初级生产资料、新鲜蔬菜和水果、剩余劳动力等。近郊农村产业融合发展主要有以下几种战略，村庄要根据自身发展的特点和条件确定产业发展方向。

1) 城乡同类型产业融合发展模式

(1) 城乡工业融合发展模式。工业融合发展模式分为两种。一种是总部经济位于城市而加工基地位于近郊农村的产业链融合发展模式：将部分占地面积较大、技术含量较低的轻工业及实体制造业的加工基地向区位优势突出、产业配套良好、劳动力丰富、营商环境优越的近郊农村转移，使近郊农村承接城市外溢的功能与价值，但行政总部、研发中心、销售中心等总部机构仍留在城市。另一种是加工基地位于城市而原材料供给地位于近郊农村的产业链融合发展模式：在地理位置偏远、能源和原材料丰富的近郊农村进行投资，满足城市在生产过程中对能源和原材料的需求。以上两种模式既能满足城市现代工业发展的需要，也能对近郊农村的经济起到有力的推动作用。

(2) 城乡服务业融合发展模式。服务业融合发展模式也分为两种。一种是以近郊农村为代表的乡村，其餐饮、零售、邮政、银行等一些服务行业与城市某些企业产生密切联系，从而实现融合发展。比如，城市的信息技术服务企业通过为近郊农村的服务行业提供信息技术服务来实现双方的融合发展。另一种是有些近郊农村有美丽的田园风光、丰富的生态资源、众多的历史古迹，但由于缺乏资本、技术、创意，当地的旅游业发展规模小、质量不高，所以城市的旅游开发部门和管理部门可以与这些村庄合作，通过加大财政和人力投入、规范管理等方式联合开发当地的旅游资源，促进当地旅游业发展。

2) 城乡不同类型产业融合发展模式

(1) 工业与服务业融合发展模式，分为两种。一种是近郊农村服务业和城市工业融合发展模式。乡村服务业如银行、邮政、物流、餐饮等要实现服务效率的提升，离不开城市现代工业设备的技术支持。另一种是城市服务业与乡村工业融合发展模式。农村工业企业在发展过程中需要各种生产性服务，比如金融、保险、技术咨询、货物运输、仓储和邮政快递、人力资源管理与培训等，这些工业企业只有与城市的各种服务业企业建立稳定的经济联系，获得所需的生产性服务，才能保证生产的顺利进行。

(2) 工业与农业的融合发展模式。农业发展已经逐渐进入智慧农业时代，智慧农业促进了农业现代化的建设和乡村振兴战略的实施，尤其是随着人工智能和智能装备的发展，物联网设备、智能温室、土壤与作物传感器、无人机、农业机器人等已经逐渐运用到农业生产中。由于城市对资源、人才、信息、技术资源的虹吸效应明显，并且城市信息化基础设施建设水平高，所以城市对近郊农村进行数字技术指导，能够提高近郊农村在农业生产中对良种繁育过程全流程数据化管理，使得育种流程可管可控，从种子源头提高农业投入产出比。

(3) 服务业与农业的融合发展模式。随着生活水平的提升，人们对生态旅游、休闲娱乐的需求越来越大，乡村游、周边游、近郊游逐渐成为市民的旅游首选，同时，国家大力支持近郊农村旅游与综合开发，各地政府也积极出台鼓励和支持特色周边游、近郊游的政策措施。可见，近郊农村已然成为社会资本参与乡村振兴的热土。休闲和旅游农业也是近郊农村产业转化(农业向服务业转换)成本最低的产业模式。根据居民消费需求的变化和升级，近郊农村可以深入挖掘农业在生态、文化、教育、休闲旅游等方面的功能，把城市的文化旅游资源开发优势与农村的资源禀赋优势结合起来，发展"农业＋旅游""农业＋农耕文化＋旅游""民俗文化＋旅游""农业体验＋旅游""红色教育＋旅游"，实现农业与旅游、教育、文化、健康养老等产业的融合发展。以农业为主的近郊农村，要着力健全公共设施和基础设施，提高农业集约化、规模化经营水平，形成城区重要的"菜篮子、果篮子"基地，并融合休闲度假、观光旅游、餐饮娱乐、商务会议等，走规模化、产业化、标准化、融合化、现代化"五化合一"的发展道路。

休闲农业作为在传统农业基础上升级发展而来的新模式，其产业规划可以从种植业、养殖业和加工三个领域进行细分。首先，种植业是休闲农业发展最早的一种业态，包括采摘园、市民农园等。近几年，在近郊农村，以采摘为主题的休闲农园迅速崛起。最开始，采摘园以其参与性、趣味性、娱乐性、原生态等特点受到城市居民的追捧，但随着休闲农业的不断发展，采摘园数量不断增加，导致经营收益逐渐下降，单纯以种植农作物(水果蔬菜)的休闲产业逐渐丧失市场竞争力。因此，近郊农村休闲农业的种植业，也从单一采摘园逐渐发展成多种主题、多种形式的复合型业态。例如，陕西省宝鸡市眉县全县 86 个行政村全部栽植猕猴桃，先后被评为国家猕猴桃标准化生产示范区、国家级出口猕猴桃质量安全示范区、猕猴桃农产品地理标志国家级示范样板县。眉县距省会西安和咸阳国际机场仅有 1.5 小时车程，连霍高速、陇海铁路穿境而过，交通十分便利。眉县以临近大城市的地理优势，深度挖掘资源优势，在原有种植业的基础上，融入乡村特色文化，举办中国农民丰收节、猕猴桃博览会等，发展出一种新型乡村旅游形态。其次，养殖业是休闲农业的第二大细分领域。近郊农村休闲农业的养殖业发展，主要可以从体验型、观光型、技术型三个方面进行拓展。其中，体验型养殖业指以学、玩为主要方向的体验模式，可以为游客创造从未有过的场景体验、教学体验，也可以让游客亲自去参与养殖业中的某一环节，还可以为游客安排独特的农牧游戏活动。观光型养殖业是以游、赏为主要方向的观光模式，一般通过农牧资源、人造资源为游客营造出特殊的场景体验。技术型养殖业是以购、学为主要方向的聚集模式，一般通过现代技术或产业链优势打造出高精尖技术产业园，让游客们既可以购买高质量产品，又可以通过参观相关产业链了解相关农业常识或现代技术。最后，除了一二三产业融合的乡村旅游，特色高效农业、农产品加工业也是近郊农村休闲农业的重中之重。陕西省商洛市镇安县永乐街道办木园村，拥有板栗种植基地。离村子不远处的陕西合曼农业科技有限公司，适时引进了板栗深加工技术和设备，形成了板栗种植、加工、生产、销售、服务为一体的全产业链。该公司不仅为栗农提供技术管理服务，而且保底收购农户的板栗，多措并举拓宽农民增收渠道。上海市孙桥现代农业园是全国第一个综合性的现代农业开发区，以科技农业为支撑，重点培育设施农业、种子种苗等科技产业，还与上海市宣、教、科、旅等部门联手建立了科普教育基地、学生学农基地；与高校、科研院所联合建立了教学研或科研成果中试基地，推动了农业产业链条在宽广度和高深度上的延伸。

3. 着眼乡风文明，保障文化传承

1) 村庄整体风貌营造

作为村庄独特性的来源，原真的乡村风貌往往离不开村庄的历史和文脉。要加强近郊农村村民对历史文化的认知，挖掘凝练特有的历史文化内涵，延续村落文脉肌理，具体可以从以下两方面着手。一是尊重村落原有的空间布局。顺应山水走势的村庄空间肌理是基于对当地地形、气候的综合考量，蕴含着世世

代代村民的智慧，而传统院落的单层结构同样承载着村民的记忆。因此，近郊
农村在更新空间形态时，要建议村民依托原有宅基地做"加减法"，指导村民
在设计自家院落、房屋景观时，善于利用本村文化，最大程度保护好村庄的空
间肌理、街巷布局、民间艺术。例如，在新建建筑中，院落空间和户型、大门、建
筑材料以及色彩中融入村庄传统文化(表 7-1 展现了建筑构成要素)。二是村集
体组织要重视和发挥社会组织的力量，共同挖掘村庄特色文化，了解村庄生
产、生活及文化之间的关系，掌握村庄文化价值，并且可以对村庄死角进行改
造，比如建立民宿、书店、影院等公共设施和历史文化纪念馆，这样不仅保留
了原有乡村格局，还拉近了村民和城市居民日常生活的距离。

表 7-1　建筑构成要素

建筑要素	建筑要素具体形式
院落空间	门楼：形式及具体样式
	围合方式：四合院、三合院等
	照壁：具体位置及朝向
	开窗形式：墙壁是否开窗以及开窗位置
	域内植被：花卉种植以及休闲设施布局
大门形式	门匾题词
	大门两侧雕刻形式
	门朝向
建筑材料	青砖、红砖、灰砖
建筑色彩	外墙颜色、屋顶颜色
建筑户型	建筑层数、房间数目和布局

2) 文化传承

发扬乡土民俗，讲好乡村故事，提升乡村魅力。面对血缘和邻里关系淡化
问题，村集体组织要积极持续开展移风易俗、文明家风等宣传教育活动，以文
化惠民服务为载体，广泛开展文明村镇创建、村规民约修订等活动，树立文化
自信，潜移默化地影响村民的行为规范。

4. 促进生态环境改善，助力生态宜居

近郊农村处于城乡过渡区，承担着保护生态系统完整性的重任。良好的生
态环境决定了一个片区的发展潜力、吸引力和竞争力。我国近郊农村在生态空
间规划时，要着力解决工业发展引发的生活空间脏、乱、差问题以及土地污
染、固体废弃物污染和水体污染问题。

1) 推动人居环境改善

一方面，考虑到近郊农村独特的区位优势，城市生态基础设施可以向近郊农村延伸。由于城市具有良好的生态基础设施，所以建立城市与农村生态基础设施建设的对接机制，可有效推动城市的生态基础设施向农村延伸，提升农村环境治理能力，并提高农村自身的自治能力，从而早日实现城乡生态基础设施均等化发展。另一方面，加快城乡生态基础设施均等化建设进度。政府应加强对农村生态基础设施建设的政策支持，对村集体收入低、发展相对落后的近郊农村给予特别的政策扶持，以加快城乡生态基础设施均等化建设进度。此外，村民的积极参与和配合是农村绿色发展的前提和基础。因此，需转变村民的思想观念，提高村民的环保意识和素养，采用多种宣传教育手段，向村民传播绿色发展理念，提高村民主动参与农村绿色发展的意愿。

2) 开展工业污染整治

首先要优胜劣汰，关闭污染企业。一般"散乱污"小企业多分布于近郊农村，其存在具有历史渊源。20世纪90年代，我国大力鼓励农村发展工业，村委会盖起厂房，一大批小作坊出现，这些小作坊几乎没有正规环保设施，即使经过整治也很难达到环保要求。对于此类企业，政府要坚决遏制高耗能、高排放项目盲目发展，及时淘汰落后产能。其次要加快工业企业绿色转型。加快国家大宗固废综合利用示范基地建设，促进工业固体废物综合利用，推进水污染治理，实现污水管网和点源治理全覆盖，工业污水处理率达到100%，依法依规对"散乱污"工业企业实施常态化监管，确保"散乱污"企业动态清零。

7.3　远郊农村城乡融合发展路径

7.3.1　远郊农村城乡融合发展的原则

1. 整体规划设计原则

远郊农村城乡融合主要是通过打造人与自然和谐共生的绿色乡村，推动农业产业转型升级，因此在城乡融合发展过程中，要系统整合乡村资源要素，以生态环境保护和修复为重要前提，以完善产业结构、实现农民生活富裕为出发点和落脚点，用整体思维协调资源、经济、自然环境三者之间的关系。

2. 可持续发展原则

远郊农村是我国城镇体系的重要组成部分，具有连接城乡的天然禀赋[201]，但远郊农村生态空间往往遭受农业与建设空间的双重挤压，生态资源多样性逐渐降低，人居环境受到极大破坏，严重影响其功能的发挥。远郊农村要立足绿色发展观，积极推进产业转型升级系统工程，切实推进"减污、增效"协同发展，积极维护村庄景观和生物资源，实现乡村可持续发展。

7.3.2　远郊农村城乡融合发展路径——乡村振兴

相较于城中村、近郊农村，远郊农村存在区位优势不突出、人才吸引力弱、要素保障能力不足等问题。美丽乡村建设是一个长期的过程，需要投入大量资金，短期可通过上级财政、城市政府帮扶机制和企业反哺等形式解决资金问题，但长期必须构建村庄自身的财源基础，发展村庄产业，才能更好地为美丽乡村建设争取民意支持。远郊农村推进城乡融合发展的难度最大，适合走城市带动乡村、乡村振兴的发展道路。本小节提出远郊农村乡村振兴的两种发展范式，并从人地关系、人业关系、基础设施建设完善、保护生态环境等方面探索远郊农村内生型发展路径。

1. 树立乡村产业标杆范式

1) 以高标准建设助力农业启航

近郊农村由于临近城区，在休闲时代大环境的影响下，乡村休闲旅游、现代农业等产业发展如火如荼，产业链长而宽，村庄得到快速发展。远郊农村由于信息较闭塞、交通不便等，产业发展缓慢，很多村仍以农业生产为主。因此，远郊农村要想寻求发展，必须改变现有格局，深入挖掘自身特有资源，重点发展特色产业，扩大影响力。农业特色产业已成为远郊农村经济发展和农民增收致富的有力支撑。农业特色产业的发展离不开标准化建设，首先要构建农业全产业链标准体系。由政府牵头，充分发挥行业协会、智库机构、专业合作社等社会力量，开展种子培育、耕作栽培、采摘储存、加工处理、物流配送、销售推广、质量溯源等全产业链标准体系建设，协同上下游企业，开展全链条质量监控。其次要推进横向标准协同机制。促进产品标准、方法标准、工程建设标准、产地环境标准、管理技术标准的制定和执行，全面推广产区等级划分和产品特色质量品级划分，以提质增效，形成良性竞争。此外，强化种植产区保护意识。加强产地质量监控和原产地保护，推动原产地质量基础设施建设，厘清产品品质与独特生产方式尤其是独特地域的关联，使本地农产品与其他同类产品形成持久有效的区隔。

2) 以高效益开发为农业发展续航

(1) 做强一批领军企业。基于各项特色农业产业，培育一批领军企业，推动龙头企业上市，发挥其核心引领作用；用足用好现有支农政策，给予企业财税补贴和金融支持，积极开展贷款担保、风险补偿、贷款贴息，创新金融产品和金融服务，切实解决企业资金短缺、经营风险大的问题；对企业提供选种育种、栽种养殖、采摘储藏、加工处理、销售推广等环节的技术指导、培训和服务。

(2) 延长农业产业链，推进农业农村产业现代化。首先，推进特色产业全产业链发展。提供产业链资金、土地、人才、技术、数据等全要素保障支持，通过建链、延链、补链和强链，改变远郊农村特色农业产业长期处于低端初级农产品生产的劣势。其次，推进农业产业多元发展，尤其重视农业＋文旅、康养、食品、医药、日化、娱乐、体育、服饰、电商等产业的发展，扩大远郊农村的影响力。

广东省清远市西部的崩坑村牢牢抓住地处"广清佛肇四城交汇"的区位优势与建设"伊甸园生态农旅项目"的契机，依托"田、厂、山、村"四类特色资源，通过构建"农业＋"产业体系，实现乡村振兴[202]。崩坑村打造了以休闲农事为主的体验组团，通过引入"公司＋基地＋农户"的模式，扩大水稻、茶油树、菇菌等产品的种植规模，增加水果、花卉、中草药、蔬菜等产品特色种植，引导农民通过特色农业致富。崩坑村打造了以产品加工为主的产业组团，利用当地农作物，建设凉茶厂、菇菌加工厂和油茶厂，经营模式从粗加工迈向精细化。崩坑村打造了山地运动探险组团，即通过维护现状生态林和生态环境，发展登山徒步探险、山地拓展训练营等山地运动探险项目。崩坑村还打造了以乡土文化为主的体验村落组团。崩坑村策划了"四个一"项目，即一条老街、一座宗祠、一组老宅、一种记忆，通过全面推进乡村文化振兴，让当地村民和游客树立守得住"根"，记得住"乡愁"，卸得下"负担"，看得见"远方"的意识。陕西省榆林市佳县坑镇赤牛坬村是位于佳县城南 30 千米处的一个小村庄，黄河近岸、四山环抱，只有 300 多户，千余人口。过去，这里交通闭塞，村民一直以种地、打工为生，资源匮乏，没有稳定的致富产业。如今，在政府、村组织及村民的共同努力下，赤牛坬村已发展为一个集休闲度假、游览观光、体验互动、娱乐购物、开会培训为一体的民俗文化村，既为游客提供了恬静惬意的山居体验，也促进了当地村民就业增收。

以上成功案例带来启示：远郊农村要按照产业化、规模化、标准化、品牌化要求，聚力延链、补链、强链，拓展农业生态、休闲、教育、养生等服务功能，开发高附加值新产品，不仅能满足市场新需求，还能为乡村振兴注入强劲动能，培育形成农村新的经济增长点[203]。

(3) 推进特色农业产业协同治理。政府要引导和鼓励远郊农村成立各类产业联合体或产业联盟，加强信息互通、技术共享、品牌共建，建立长期稳定的产业链利益共同体，逐步推广"政府＋协会＋企业＋合作社＋农户"的产业链经营模式，积极探索特色农业产业链链长制，统筹政府、市场和产业链长在特色农业产业链治理中的协同作用。

3) 以品牌化、数字化助力农业发展远航

首先，产品是船，品牌是帆，让远郊农村的农产品走出国门，远涉重洋，就要借助地理标志。地理标志是专有标志，不是个性标志，也不是品牌标识。政府或者行业协会申请地理标志成功后，按照品牌建设的基本逻辑，完成品牌定位、品牌命名和标识设计，接着开展品牌传播、品牌评价、品牌资产管理，这期间会面临多个利益主体共同培育地理标志品牌的问题。地理标志是集体共有权利，为防止"公地悲剧"的产生，一方面要建立产权清晰、分工合理、运转高效的地理标志管理体制，厘清地理标志品牌的所有权、使用权、收益权、处置权等不同产权权利的责任主体和管理边界，构建"政府主导、企业主体、监管主力、社会合力"的推进体系，使地理标志品牌的创建和培育有组织、有队伍、有经费、有(推广)活动，推进地理标志品牌价值持续增值。另一方面构建由产品品牌、企业品牌、地标品牌、区域公用品牌组成的地标品牌体系，发挥政府职能的"放管服"作用和政策支持，与行业协会一同引导企业和农户树立品牌意识，鼓励生产经营者长期、正确使用地理标志，引导和鼓励地标龙头企业首先做大做强自身品牌，逐渐形成区域公共品牌下的产品品牌、企业品牌、地标品牌族群发展，为区域公共品牌的创建提供丰富的内涵支持，而成熟的区域公共品牌也能够为用标企业的品牌提供保障。同时，注意做好区域公用品牌、地标品牌、企业品牌、产品品牌包装标识的规范应用和管理。还要鼓励和引导地理标志品牌注册商标，并提供地理标志商标注册、运用、管理、保护和推广的全过程指导和服务，增强商标注册意识，提升商标运用能力，强化商标维权保护。此外，创新品牌管理模式，例如针对大区域全品类品牌无法申请地理标志证明商标的情形，灵活采用"区域公共品牌＋县(乡)地标商标＋企业商标＋产品商标"的系统管理模式，争创更多中国驰名商标和世界知名品牌。

其次，农业农村现代化需要搭上数字化顺车。不同于近郊农村具有区位优势，可利用城区数字化技术发展数字乡村，远郊农村数字化建设关键得依靠县委、县政府建立健全数字经济工作机制，高位推动"数字农业"建设。数字农业的实质是利用物联网、云计算、大数据等数字技术开展农业生产经营管理，把数字技术运用到农业生产、加工、运输、销售、服务等各个产业链环节中。例如，以"数字＋研发、数字＋生产、数字＋管理、数字＋销售"为链条，将产前农作物育种、产中基地科管和产后加工销售串联起来，形成产供销一体的数字化产业体系，推动农作物全产业链转型升级、提质增效。

4) 拓宽乡村产业融资渠道

当前，远郊农村城乡融合最迫切的问题是工商资本、金融资本流入远郊农村的市场自发驱动力较弱，要想有序引导金融资本由城市流向农村，需要从以下几个方面入手：面向农村地区实施更加优惠的财政和税收政策，吸引更多产业企业投资；开展一系列通俗易懂的金融讲座等活动，向农民普及金融知识，着重培养和提高农民的金融意识；建立健全地方金融监管体制，加快社会信用体系建设，以提高金融资源配置效率；以乡村金融服务为重点，继续完善和提升农村地区金融服务平台的建设能力和服务能力，为农村地区提供更加完善的金融服务；大力发展农村集体经济，推进农村集体产权制度改革，盘活荒地、林地、池塘、灌溉系统等资源，实现资源变资产、资金变股金、农民变股东，为特色农业发展提供内生动力。

2. 树立乡村旅游景区范式

1) 坚持区域统筹、差异布局、协同发展

远郊农村亟须坚持"全国一盘棋"统筹优化旅游产业布局。各村要避免"一哄而上"地全面布局旅游产业，防止产业雷同与重复建设，减少资源浪费和无序竞争。因此，远郊农村旅游产业发展需要避免出现长期战略短期化、资源分散化、产业布局重复化等问题，引导地方政府全面考虑村庄产业基础、资源禀赋、区位条件等因素，优先发展独特的旅游产业。

2) 旅游目的地资源优势定位

打造远郊农村旅游目的地形象的首要任务是考虑乡村旅游定位点，此定位点能体现乡村旅游显著的旅游特色，形成独一无二的竞争优势。素有"目的地博士"雅号之称的 Stanley Plog 认为，旅游目的地定位的实质是，定位所确定的目的地重要品质对目标市场而言必须是某种独特的利益，为此他列出了旅游目的地优质品质清单，以此作为旅游目的地资源优势的评价指标[204]。

在旅游目的地优质品质清单中，第一层级品质主要有如画般的景色、丰富的旅游活动和理想的气候。远郊农村如果拥有这几种品质，将会吸引大量游客。例如，广东省广州市增城区正果镇蒙花布村有万家旅舍和乡村美食节(旅游活动)，广东省广州市白云区太和镇白山村有帽峰山森林公园与和龙水库(自然景色和理想气候)。第二层级有 8 项品质，包括生态环境、社会环境、人文环境等，这些品质拥有越多，越利于留住游客。旅游目的地资源优势必须建立在先赋资源上，不要为追求某种品质而失去村庄原有风貌。许多远郊农村具有驰名中外的奇山异水与原生态的乡村自然环境，也有的村庄拥有浓厚的历史、民

俗文化底蕴和村落建筑特色,与城中村和近郊农村相比,远郊农村非常具有旅游资源优势。对处于喧嚣城市中的居民来说,这种优势有着强烈的吸引力,因此,远郊农村可以以淳朴自然的乡土文化(例如红色文化、信仰文化、养生文化等)、原生态的自然景色、悠然自在的田园乡野生活为亮点(见图 7-2),按照国家旅游景区开发标准进行开发、包装和宣传,形成符合国家标准的 A 级旅游景区并且进入市场推广,以此促进人口回流、消费回流,进而获得持续发展和长期竞争优势。近年来,以延安、照金为代表的地区,积极挖掘自身所蕴藏的红色资源,通过大力发展红色旅游、推进文旅产业发展,带动当地基建、特色农业、工业的融合发展,发挥红色文化在促进城乡一体化建设道路上的引领作用,描绘出一幅产业兴旺、生态宜居的美好画卷。

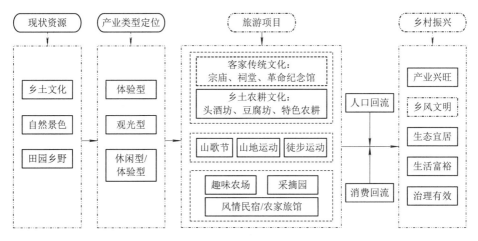

图 7-2 乡村旅游功能示意图

按照一般产品品牌或企业品牌定位的步骤,在明确了自身资源后,需要识别竞争对手,完成品牌定位决策。远郊农村旅游目的地定位决策同样需要考虑其余村落的战略决策,以区别于竞争对手,形成竞争优势。借鉴管理学中的战略集团分析理论,战略集团分析是将所在行业中执行同样或类似战略的企业加以划分进行组合分析的一种方法,战略的不同点主要表现在纵向一体化的程度不同、专业化程度不同、研究开发重点不同、营销重点不同,图 7-3 展示了一个产业不同战略集团的地位。在图 7-3 中,处于同一集团的企业就是直接竞争对手。远郊农村旅游目的地直接服务对象是游客,极大程度满足游客需求的能力是最大的竞争优势,因此,采用顾客知觉图来判断远郊农村旅游目的地的定位更为合适。知觉图用横纵坐标两个属性表示顾客对产品/品牌的知觉和偏好(见图 7-4),知觉图维度的选择可以采用调查法获取。在图 7-4 中,旅游目的地 A、B、C 则属于同一个战略集团,是直接竞争对手。

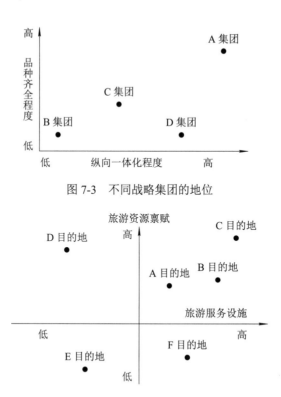

图 7-3　不同战略集团的地位

图 7-4　知觉图

　　由于远郊农村旅游目的地是以区域为整体对象进行形象打造，资源多样性增加了目的地定位决策的难度，还需要着重考虑多元利益主体的基本诉求。旅游目的地的利益主体是一个复杂的集合，但其中最关键的是游客、村民和地方政府，那么应该分别基于游客、村民和地方政府的视角来定位地方旅游资源的特色和优势，从不同利益主体的角度探究旅游目的地定位点，使所确定的定位点能够反映所有利益主体的价值主张，并形成一致性的价值共识，在此基础上发动尽可能多的利益主体参与到旅游目的地的打造中。因此，探究不同利益主体对当地旅游资源的感知，是旅游目的地定位的基础；接着，探究多元利益主体对竞争者旅游资源的感知；然后，分别分析不同利益主体的旅游目的地定位决策结果；最后，对比不同利益主体旅游目的地定位决策的异同，寻找共同点，作为最终的旅游目的地定位点。

　　3) 旅游目的地的宣传和推广

　　旅游目的地宣传和营销信息的发送应以地方政府为主，由地方政府筹措资金主导旅游目的地的宣传推介。政府传播表现为集中、专业、权威、规模大、正规渠道发布；村民和游客以个体的力量，通过自媒体平台、人际传播等途径传播旅游信息，尤其是关于旅游体验的信息，这些信息零碎、分散、主观、非正式，但具体生动、说服力与渗透力强。从信息接收者的角度来看，最重要的接收者一定是游客，所以传播信息中最应传达的内容是有关地方旅游特色和旅游服务设施；同时，不能忽视村民的力量，旅游信息的传播也应该面向村民，使村民与游客以及广大利益相关者形成关于旅游目的地的价值共识，有利于口碑的形成。最关键的一点是，政府应创设有利于各类利益主体沟通互动、分享旅游体验的公共平台，使更多利益主体有条件、有能力、有意愿参与旅游目的地的宣传，实现价值共创。

3. 以现代生活标准完善远郊农村基础设施建设

完善远郊农村道路交通、通电通信、旅游配套等基础配套是城乡一体化发展的前提条件，也是乡村综合体建设的基础条件。

首先，优先完善村庄道路建设。远郊农村区位交通不便，缩小了客源市场，因而消除区位交通阻碍，稳定客源市场，是促进远郊农村产业可持续发展的先决条件。此外，大型农机具、农用车，甚至小汽车已在远郊村逐步普及，因此村庄道路建设不仅仅要满足"村村通公路"，更重要的是尽快实现村内道路硬底化，并保证一定的宽度。有条件的村庄，尽量保证汽车能到每一家。条件不允许的村庄，可采取集中建设停车场的方式。优先完善村庄道路建设一方面方便村民生产生活，为未来农业机械化发展提供条件；另一方面也为未来远郊农村发展乡村旅游、乡村休闲、养生养老等第三产业奠定基础。陕西省榆林市佳县朱家坬镇泥河沟村是距离县城 20 千米，与黄河一路之隔的古老乡村，曾因为地处偏僻而一度衰落。2017 年 8 月，陕西沿黄公路正式通车，泥河沟村第一次拥有了与外界直接联系的通道。泥河沟村环境得到改善，开始吸引许多"游子"回归。如今，泥河沟村正在蜕变中迸发出新的活力。北京将"路长制"作为推动"四好农村路"高质量发展的有力抓手，全力将农村公路打造成产业路、致富路、振兴路。《北京日报》相关数据显示，2021 年 11 月，北京10 个远郊区年内完成了 170 千米乡村公路"窄路加宽"，创历年新高，全市已设置各级"路长"2756 名，为城乡融合发展提供了坚实保障[205]。

其次，统筹公共配套设施规划建设。村庄建设要遵循"统筹协同定项目，量力而行搞建设，先易后难来整治"的原则，先行搞好村庄整治。在此基础上，可以在村庄规划中引入"公共服务圈"的理念，统筹建设医院、小学、幼儿园等公共配套设施。

4. 重构人地、人业关系

随着人口逐步减少和村庄逐渐衰退，土地资源的合理退出和优化重组是维持远郊农村活力的唯一选择。为此，远郊农村应坚持人地挂钩的集约发展思路，遵循"盘活存量、适度减量、做优增量、提高质量"的原则，梳理土地资源，科学重塑人地关系，继而推动产业结构转型升级、村庄功能优化调整。人地关系的重塑是村庄建设的重点，需要做好以下几点：

首先，梳理现状存量用地，加快存量盘活，利用闲置宅基地发展民宿、康养、旅游等特色产业，并完善道路、停车场、公共厕所等配套基础设施建设，从而提升乡村土地价值。其次，推进以人为核心的乡村建设，探索建立人地挂钩、以人定地制度；制定政策引导村庄集聚，推动建设用地规模总量降低和公共服务的普及普惠。再次，严格控制新增用地供给。最后，开展土地综合整治和农用地整理，提升耕地的数量和质量。

为确保国家的粮食安全和城市的生态安全，远郊农村必须回归农业生产的本位功能。远郊农村人口与智力流失严重，只依靠本村老龄化人口是无法满足农业农村高质量发展需要的，因此须重点做好人才"引回来""留下来"工作，使从城市向乡村回流的人才自愿留下，参与乡村建设发展。解决乡村现代化发展中"人才空心化"问题是远郊农村城乡融合的重点。一方面，优化乡村外部条件以吸引人才进驻。如主动承接发达地区产业转移，依托县域特色优势，培育优势产业，发展特色产业，推进产业集聚，创造就业岗位，不断吸引各类人才干事创业；加强乡村整体规划，对乡村新增建筑地点、建筑风格、公共设施配套、产业发展等进行整体规划与布局；完善乡村基础设施及配套，尤其解决引进人才的子女教育和医疗两大问题；加快乡土文化资源的收集、保护与传承，唤起人才的乡土情结。另一方面，优化乡村内部条件以吸引人才进驻。建立健全农村社保体制和实行创新创业激励机制，吸引人才返乡创业；建立人才长效培育机制，培养一支专业化的懂技术、会管理的人才队伍；树立乡村共治共享理念，努力使人才在社会参与、心理归属等方面真正与原住村民融合。值得注意的是，政府应进一步推广第一书记、驻村干部、大学生村官、科技特派员等支农制度，搭建社会工作和乡村建设志愿服务平台，为农村现代化建设提供人才和智力支持；创新乡村人才培育和引进使用机制，建立城乡、校地之间人才培养交流合作机制，完善医生、教师、科技等专技人员定期下乡服务机制。

5. 促进生态环境友好型发展

把生态文明建设的理念和原则全面融入远郊农村绿色发展的规划、建设、运行与管理各个环节，构建起城乡"人与自然共生、生态与文明共进"的绿色发展机制。生态文明建设的内涵包括以下四个维度：一是保护生态资源，提升生态价值；二是建立循环联动的绿色产业；三是建立紧凑节约的绿色生活空间；四是实施绿色发展绩效监测和反馈。由此，本书构建了"全空间治理＋全过程监控"的绿色发展规划策略(见图 7-5)。

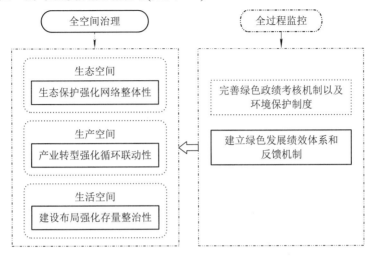

图 7-5　绿色发展规划策略图

1) 全空间治理

(1) 生态保护强化网络整体性。要改变生态环境片段性保护的意识,基于"红线保护、空间增量、网络织补、生态修复、空间赋能"理念,以整体视角规划生态保护范围和力度。首先,生态资源的破坏和农村用地粗犷有很大的关系,鼓励村落上级政府出台生态保护红线管控细则文件,将生态功能极重要、生态极脆弱以及具有潜在重要生态价值的区域划入生态保护红线,严控村民乱圈、乱建、乱占的现象,从而增加生态空间总量。其次,建设大中小微并举的农田灌溉排水基础设施网络,构建乔-灌-草-藤等多层级本地植物群落,避免乡村在秋冬季出现过于荒芜的景象,加大绿道绿廊的规划建设力度,为提高生物多样性提供绿色通道。再次,因时、因地制宜地探索山水林田湖草沙的空间配置模式,探索实行"田长制、河长制、林长制",同时加大生态保护宣传力度,增强全民生态保护意识,以生态空间修复带动乡村振兴。最后,践行环境保护与旅游休闲融合,打造具有影响力的公园休闲区。

(2) 产业转型强化循环联动性。针对工业污染,首先要选择环境友好型、科技水平高的产业入驻,若必须接受化工类、煤炭类等污染转移产业,要审慎选择合理场地,制定污染防治行动计划和污染物排放标准体系,并加强污水处理、垃圾处理等环境基础设施建设的投入。其次,要加大对产业环境治理惩罚力度,加大对企业排污收费等行政手段的实施力度,切实克服环境保护"守法成本高、违法成本低"的反常现象,通过征收生态环境税、资源税等方式,将生态环境污染所带来的外部成本内部化。绿色发展的重中之重在于加强制度建设，持续推进环境治理，实现发展与保护之间的动态平衡。再次，要建立健全碳排放权、水权、排污权有偿使用和交易制度，要完善生态资源定价、交易、流转机制建设，大力推进排污权交易市场的发展，探索环境污染第三方治理机制，将资源能耗和环境损失内化为企业环境成本，引导企业自觉将经济利益和长期生态治理效益紧密结合起来。

针对农业污染，首先要形成"种养结合、资源循环利用"新方向。例如"井研柑橘"，在晚熟柑橘园区坚持绿色和有机标准发展优质晚熟柑橘基地，配套建设新希望最美猪场、畜禽粪污(含秸秆等农业废弃物)资源化利用中心，产出的固态有机肥、沼液肥用来满足柑橘园区对有机肥的需求，建立生态农业；此外，通过套种大豆、三叶草及林下养鸡鸭种植养殖循环等方式，改善柑橘园区的气候，改良土壤。其次，针对化肥农药滥用行为建立相关法律法规，将"谁污染，谁治理"纳入条例中，还应通过农村大喇叭、横幅及社交平台宣传绿色生产。最后，多数农民不愿采用绿色种植的原因是风险厌恶程度高[206-207]，如果请相关专家现场讲授教学，可能让农民转变态度，学会科学施肥、高效施肥。

(3) 建设布局强化存量整治性。要以农村人居环境整治"三大革命"为重点，聚焦于"厕污共治"、生活污水垃圾处理设施建设。首先，采取"村两委"负责制和"户分类、村收集、镇转移、县处理"模式[208]，并引导村民树立垃圾分类意识；要求村级集资分门别类建设厨余垃圾箱、可回收垃圾箱、有害垃圾箱、其余垃圾箱，适合统一处理的就采取统一收运处理，不适合统一处理的，因地制宜探索无害化措施。其次，要加强污水处理，可以采用集中处理方式，不断加强污水过滤设施建设和污水循环利用设施建设。最后，深化厕所整治，根据《农村厕所粪污无害化处理与资源化利用指南》，水冲式厕所粪污，可以通过污水管道纳入城镇污水处理系统，可以通过污水管道收集进入污水处理设施，也可以通过抽排设备转运集中处理；卫生旱厕粪污，如厕后应在粪污表层覆盖草木灰、秸秆粉末、锯末和沙土等，同时做好密封措施，防止臭气扩散，清掏出来的旱厕粪污可堆沤腐熟后再利用；简易旱厕粪污尽量就地就近堆沤腐熟后再利用，未利用的厕所粪污可清掏转运至集中收集点处理。

2) 全过程监控

(1) 完善绿色政绩考核机制以及环境保护制度。加快完善绿色政绩考核机制，把生态环境绩效作为硬指标纳入地方政绩考核，从源头上改变地方政府"唯 GDP 论英雄"的理念，使促进村落绿色发展成为地方政府的自觉行为。明确各部门的权利和责任，确保各项环境管理活动有明确的责任主体，同时完善生态环境治理的部门协调机制，形成条块结合、充分发挥各部门积极性的新型环保监管体制，避免行政资源浪费。加强立法机构环境司法制度建设，建立健全环境公益诉讼制度，加快制定、修订、补充与绿色发展相关的法律法规，提高环境立法条例的协调性、可操作性。按照源头严防、过程严管、后果严惩的思路加快建立生态环境保护制度体系，完善以过程补偿为核心的生态补偿制度。

(2) 建立绿色发展绩效体系和反馈机制。本书从远郊农村面临的生态资源保护力度不足、产业污染严重和生活污染严重问题以及绿色发展规划入手，构建了 3 个一级指标(包括生态资源保护、产业减污降碳、人居环境宜居)，8 个二级指标(见表 7-2)，通过熵权法对以上指标进行测算，可以得到绿色发展指数。对绿色发展绩效的常态化检测，能全方位反映村庄发展各阶段的绿色发展水平，识别问题与短板，科学评估现有决策的有效性与合理性，辅助村庄的日常管理并对未来的决策工作提供支持，从而形成"可量化、全过程、动态性"的乡村空间精细化治理模式。

表 7-2　绿色发展绩效体系

一级指标	二级指标	衡 量 指 标
生态资源保护	红线保护	生态红线面积(平方米)
		生态及农业空间比例(%)
	网络织补	生态灌渠改造比例(%)
	生态修复	绿化覆盖率(%)
产业减污降碳	工业减污降碳效应	单位工业增加值水耗(立方米/万元)
		单位工业增加值煤耗(吨/万元)
		单位工业增加值用电量(亿千瓦时/万元)
		单位工业增加值氨氮化物排放量(吨/亿元)
		单位工业增加值固体废物产生量(吨/亿元)
		单位工业增加值 SO_2 排放量(吨/亿元)
	农业循环利用效应	有机肥循环使用比例(%)
		雨水循环利用率(%)
		农膜使用量(吨)
人居环境宜居	废弃物处理	生活垃圾处理率(%)
	废水处理	污水处理率(%)
	农村绿化程度	绿地面积(平方米)

第8章 中国城乡融合发展的制度保障和政策支持

城乡融合发展的制度保障和政策支持作为国家制度体系中不可或缺的部分，影响国家治理现代化进程[209]。长期以来，与快速推进的工业化、城镇化相比，我国农业农村发展步伐有差距，"一条腿长、一条腿短"的问题突出，现有城乡关系中存在的问题很大程度上是二元制度改革不彻底导致的。因此，亟须促进城乡融合发展的制度创新，逐步消除"一边是繁荣的城市，一边是凋敝的农村"现象。完善城乡融合发展体制有助于拓展现代化发展空间，释放我国超大规模市场需求，推动高质量发展，促进共同富裕。本章从构建城乡要素自由流动的体制机制、建立健全城乡产业融合的体制机制、优化城乡基本公共服务体制机制、建立健全城乡收入公平分配的体制机制、建立健全城乡生态环境共治的体制机制 5 个方面提出促进我国城乡融合发展的政策保障措施。

8.1 构建城乡要素自由流动的体制机制

党的二十大报告提出，坚持农业农村优先发展，坚持城乡融合发展，畅通城乡要素流动。中共二十届三中全会通过的《中共中央关于进一步全面深化改革、推进中国式现代化的决定》进一步明确完善城乡融合体制机制，促进城乡要素平等交换、双向流动，缩小城乡差距，促进城乡共同繁荣发展。促进要素在城乡之间双向自由流动是城乡融合发展的前提，劳动力要素流动是促进城乡融合主要的作用机制，体现为要素优化组合的配置效应和知识技术传播的溢出效应这两种形式；资本要素通过政府先行示范、企业和个人跟进、金融机构强化的路径推动城乡融合发展进程；城乡技术要素流动通过企业扩张、技术引进和技术支援的方式助力农村地区优化产业结构，革新生产方式，进而促进农村农业经济发展，缩小城乡发展差距；信息流动荷载的知识、经验和价值理念等通过空间溢出有效推动农业现代化、工业化和信息化协同发展，信息要素流动也有助于形成城乡一体化消费市场，进而促进城乡融合发展。实现城乡融合必须打破阻碍要素自由流动的壁垒，建立包括劳动力、资本、技术自由流动保障和激励机制，完善土地要素流转机制，建设城乡统一的要素市场。

2022 年中央农村工作会议指出，破除城乡二元结构应当以破除阻碍城乡要素流动壁垒为导向，改变农村资源单向流出的局面，促进更多资源要素和各类服务下乡，让城市优势资源不断投入农村的建设事业，激发农村要素活力，加快农业农村现代化建设步伐。资源要素具体涉及人才、土地、资金、信息四种核心要素，以及市场主体(如农民、工商资本等)和政府两大治理主体，因此，推动城乡资源要素双向流动的核心在于以户籍制度、土地产权制度、金融制度、信息化融合体制机制改革为突破口，充分发挥有效市场和有为政府两种手段，建立健全有利于城乡要素双向自由流动的体制机制。

8.1.1　构建以市场为主、政府为辅的要素配置体系

在当前乡村产业报酬率低于城镇的情况下，由市场机制完全决定要素的配置无法扭转城乡要素单向流动的局面，在一定程度上反而会继续削弱乡村地区的发展潜力，不利于城乡协同发展，而"高素质人才回乡创业、资本下乡"等城市资源要素反哺乡村的现象，其本质还是靠政府政策推动的。因此，在深化改革过程中要避免片面地追求完全市场化，而要构建以市场为主、政府为辅的要素配置体系，既能发挥市场机制提升要素配置效率的作用，又能借助政府力量平衡城乡关系，实现协同发展。

1. 构建并激活统一的要素市场

市场经济的重要特征是竞争，而竞争的前提是自由，因此构建自由平等的市场环境至关重要，但诸多制度因素成为约束要素自由流动的障碍，例如，宏观层面的城乡分割的社会管理体制，微观层面的户籍制度、金融抑制政策、土地产权约束政策等。为此，亟待加快体制机制的市场化改革，通过构建城乡统一的土地流转市场、劳动力市场和金融市场，营造自由竞争的市场环境，才能有助于市场在资源配置中发挥决定性作用，让土地、劳动力、资金等要素按照要素收益高低进行自主配置，进而使要素的比价关系、流向朝着有利于乡村的方向转变，促进乡村价值回归，最终化解二元经济结构矛盾，推动城乡融合发展[210]。除了建立功能完备的要素市场，还需要优化政府和市场之间要素配置决策权的分配，减少不合理的行政干预，解决好要素配置市场决定不充分的问

题，让市场形成价格，价格引导要素配置。

2. 发挥政府在资源配置中的优化和调控作用

考虑到乡村产业报酬率低于城镇的现实情况，加之特大城市的虹吸效应，可能会出现乡村要素大量流入城市以追求高效益的现象，这会大大削弱乡村地区的发展潜力，不利于城乡融合发展。因此，在融合过程中，政府要积极干预，充分发挥其在资源配置中的优化和调控作用，降低市场交易的不确定性和成本，引导资源要素向农村地区流动。

8.1.2　深化户籍制度改革，实现人力资源在城乡间的双向流动

长期以来，各城市以就业年限、居住年限、城镇社会保险参保年限等作为落户的基准条件。近年来，尽管很多城市落户门槛不断降低，但选择性落户偏向以及落户通道不畅问题依旧存在。而超大特大城市是农业转移人口的主要流入地，是户籍制度改革的主阵地，也是户籍制度改革的难点。

(1) 进一步深化户籍制度改革。各城市要因地制宜拓宽落户渠道，降低落户门槛，若城区常住人口为 300 万以下，则可取消落户限制；若城区常住人口为 300 万～500 万，可全面放宽城市落户条件；对于城区常住人口为 500 万以上的超大特大城市，要不断完善积分落户政策，相应降低学历等条件的比重，将稳定就业、社保缴纳年限等因素纳入考虑范围。不断完善户籍管理政务服务平台，解决落户程序极其复杂、所需材料繁多等问题。健全由政府、企业、个人共同参与的农业转移人口市民化成本分担机制，使更多有落户意愿的农业转移人口能够拥有落户机会。

(2) 健全农业转移人口市民化机制。在前文中提到农业转移人口的市民化要从农民工子女入学、保障房建设供给、社会保障、公共服务和社会福利平等享受等方面入手，为此，要健全农业转移人口市民化相关体制机制，建立新增城市建设用地指标配置同常住人口增加协调机制，合理安排人口净流入城市义务教育校舍、保障性住房等用地指标。

(3) 健全进城落户农民农村权益维护政策。在农业转移人口未在城市彻底扎根之前，维护他们的土地承包权、宅基地使用权、集体收益分配权，探索建立资源有偿退出办法，保障进城落户农民合法土地权益，消除其进城后顾之忧。

(4) 完善农业转移人口市民化激励政策。发挥城市保障性安居工程等领域中央和省级财政补助资金对吸纳农业转移人口较多城市的支持作用。完善中央

财政农业转移人口市民化奖励资金制度，人口净流入省份可结合实际建立健全省对下农业转移人口市民化奖励机制。

（5）实现户籍制度和福利制度相互剥离。对于超大特大城市应坚持居住证与落户并重的方式，分阶段、分步骤地推进户籍制度改革和福利制度改革同步进行，逐步实现户籍制度和福利制度相互剥离。居住证制度为流动人口享受城市基本公共服务与权益及落户城市提供了有力的制度保障。居住证申请要做到"广覆盖、低门槛"，不断拓展居住证关联的公共服务、社会福利的范围，在城市承载能力有限的前提下，保证持有居住证的人能均等享受到教育、就业、社会保障、医疗卫生、住房保障等基本公共服务。我国一些地区在居住证制度方面进行了一些探索性改革。2004 年，江苏省在全国率先打破城乡分割的户籍管理体制，不区分农业户口和非农业户口，实行以居住地登记为基本形式、以合法固定住所或稳定生活来源为户口准迁条件的新型户籍管理制度。天津从 2020 年开始对居住证积分落户不设总量限制。2021 年，武汉将积分落户中稳定就业、稳定居住等基础指标占比由 50%调至 60%，并探索建立积分入户常态化申办机制。南京在 2021 年全面放宽郊区落户限制，并将城市紧缺艰苦行业纳入加分指标。

8.1.3　改革农村土地管理制度

1. 稳慎改革农村宅基地制度

加快完成房地一体的宅基地使用权确权登记颁证。探索宅基地所有权、资格权、使用权三权分置，落实宅基地集体所有权，保障宅基地农户资格权和农民房屋财产权，适度放活宅基地和农民房屋使用权；鼓励农村集体经济组织及其成员以出租、入股、合作等方式盘活利用闲置宅基地、闲置房屋、低效用地；在符合规划、用途管制和尊重农民意愿的前提下，允许县级政府优化村庄用地布局，有效利用乡村零星分散存量建设用地；推动各地制定省内统一的宅基地面积标准，探索对增量宅基地实行集约有奖、对存量宅基地实行退出有偿的激励机制。

2. 改革土地管理制度，实现城乡地权平等交易

城乡地权平等交易是保障城乡资源要素双向流动的关键。通过有序改革农村集体经营性建设用地入市制度，加快农村产权交易市场建设，完善农村产权交易市场体系，建立规范的城乡土地交易平台和信息平台，并纳入政府统一公共资源交易平台加以监管。此外，要根据城乡一体化发展原则，有条件地向在

农村定居或就业的城镇人口开放农村宅基地市场，给予城乡人口平等的地权，使农村宅基地按照标准确权后进入要素市场。

3. 严格保护耕地，建立健全耕地数量、质量、生态"三位一体"保护制度

首先，要严格管制耕地用途，守好耕地红线，确保粮食安全。建立健全永久基本农田和一般耕地保护制度，任何单位和个人不得擅自将永久基本农田转变为其他农用地和农业设施建设用地，不能擅自将一般耕地用于种植农作物以外的用途；通过实施永久基本农田和一般耕地占用与补划制度，保障永久基本农田和一般耕地数量不减、质量不降。其次，不断提升耕地质量。健全完善耕地质量验收机制，从规划引领、投入机制、整建制试点、管护机制入手，加大标准农田投入和管护力度。最后，加大耕地生态保护力度。耕地生态化保护是耕地永续利用的前提和基本保障。大力推广耕地保护综合技术，加强黑土地保护、酸化耕地治理、盐碱地综合利用。

8.1.4 建立资本入乡促进机制

1. 建立工商资本入乡机制

深化"放管服"改革，强化法律规划、政策指导和诚信建设，打造法治化、便利化基层营商环境，稳定市场主体预期，引导工商资本为城乡融合发展提供资金、产业、技术等支持。完善融资贷款和配套设施建设补助等政策，鼓励工商资本投资适合产业化、规模化、集约化经营的农业领域。通过政府购买服务等方式，支持社会力量进入乡村生活性服务业。支持城市搭建城中村改造合作平台，探索在政府引导下工商资本与村集体合作共赢模式，发展壮大村级集体经济。建立工商资本租赁农地监管和风险防范机制，严守耕地保护红线，确保农地农用，防止农村集体产权和农民合法利益受到侵害。

2. 充分发挥财政引领作用

政府要通过调整财政资金支出方向、创新财政资金支出方式，撬动更多资金流向乡村，进而扭转资金从乡村到城市的单向流动格局。具体讲，一是将财政支农中的直接投资逐渐从竞争性领域退出，转向基础性、公共性领域，促进乡村基础设施改造升级，弥补乡村发展短板，增强资源要素承载能力；二是通过国有资本投资公司和国有资本运营公司等平台投资乡村地区弱势产业，特别是那些与农业相关的经营周期长、获利慢但关系国计民生的产业；三是成立政策性产业基金，发挥财政资金的杠杆作用，引导更多社会资本参与乡村发展，推动城乡经济主体形成产权纽带，建立功能互补的城乡经济格局，推动城乡融合发展。

3. 完善乡村金融服务体系

资金是推动乡村振兴的重要生产要素，要通过完善乡村金融服务体系来吸引社会资金流入乡村：改革村镇银行培育发展模式，创新中小银行和地方银行金融产品提供机制，加大开发性和政策性金融支持力度；依法合规开展农村集体经营性建设用地使用权、农民房屋财产权、集体林权等抵押融资，以及承包地经营权、集体资产股权等担保融资；建立健全农业信贷担保体系，鼓励有条件、有需求的地区按市场化方式设立担保机构；支持通过市场化方式设立城乡融合发展基金，引导社会资本培育一批国家城乡融合典型项目；完善农村金融风险防范处置机制。

8.1.5　构建城乡信息化融合发展体制机制

2019 年中共中央办公厅、国务院办公厅印发的《数字乡村发展战略纲要》提出，坚持城乡融合，创新城乡信息化融合发展体制机制，引导城市网络、信息、技术和人才等资源向乡村流动，促进城乡要素合理配置。数字经济赋能城乡融合发展，可以拓宽城乡融合发展的广度，促进城乡融合发展的深度，加快城乡融合发展的速度[211]。目前，城乡数字鸿沟表现在三个维度：第一维度是数字接入鸿沟，主要是指城乡之间在互联网基础设施和网络通信服务供给等方面的差距；第二维度是数字使用鸿沟，主要是指乡居民在接入互联网络之后，因对互联网的认知和技能素养差异而形成的互联网使用行为差异及其所转化的数字红利鸿沟；第三维度是数字资源鸿沟，主要是指城市生活和乡村生活在众多"互联网+"领域的海量数据资源的差异。因此，各级政府要统筹规划数字乡村与智慧城市建设，缩小城乡数字鸿沟，推动数字赋能城乡融合[212]。

首先，加强数字基础设施建设，实现数字化转型。应该加大新型基础设施投资建设力度，推进数字乡村建设发展项目，加快农业移动物联网规划工程建设。在生产领域，发展智慧农业，充分利用遥感、无人机等技术，收集农村"空、天、地"数据，建设互联网数据库。在农村生活品质上，应比照城市网络布局建设农村光纤到户，在经济示范乡村全面建设 4G 信号全覆盖，完善数字化基础设施；进一步提高农村医保信息化、数字化建设，逐步全面提升乡村数字化、智慧化治理水平；推进"数字农房"建设，探索"互联网+设计下乡"农房设计服务新模式，结合农村实际打造智慧乡村、平安乡村，切实保障村民生产生活安全；重视农村教育数字化建设，使农村中小学互联网接入全覆盖，研究完善互联网教学机制，将城市优质教学资源引入乡村；通过建设农村居民生活基础设施数字化场景，升级农村消费模式。

其次，发展农村数字经济，实现产业赋能。将数字化融入农作物种植、营销等农业全产业链各环节、各领域，运用区块链帮助农产品品质溯源，加快推动优势农产品全产业链数据资源整合。在数字化转型的过程中，要将单一的农业数字化转变成产业链、价值链等现代产业组织方式的数字化。尽快建设农业综合应用和土地资源管理等大数据综合管理平台，促进农业大数据互联互通、信息资源共建共用、业务合作协同。加快实施农产品批发市场的智慧化转型，构建数字化农产品流通体系主渠道。加快推动大数据、云计算、人工智能、物联网和区块链等新一代数字技术在农产品流通领域应用布局。

最后，培养和引进服务乡村振兴的大数据人才。地方政府应依据当前发展现状和未来发展前景，引进符合当地数字产业发展特色的专业人才，完善人才激励机制。除了引进数字技术人才，还需要培养农民的数字素养和数字技能，通过多种形式对农民进行培训，提高农民对数字技术及其相关软硬件设备的应用能力，帮助农民掌握数字技术在农业全产业链各环节的使用。

8.2　建立健全城乡产业融合的体制机制

目前，大部分城乡产业融合并未深化，甚至在部分"融合"中并未真正打破产业界限，农民利益不断受损，产业融合缺乏相应的政策支持。要解决产业融合中存在的问题，就必须建立健全城乡产业融合的体制机制，主要包括：深化农村集体产权制度改革，即建立归属清晰、权能完整、流转顺畅、保护严格的现代产权制度；巩固和完善农村基本经营制度，即稳定农村土地承包关系，并发展新型农村集体经济；加快完善农业财政补贴政策，将农业财政补贴与农业发展趋势结合起来，推动农业农村不断发展壮大；建立城乡产业融合的长效机制，推动城乡产业深度融合。

8.2.1　深化农村集体产权制度改革

农村集体资产是壮大集体经济的物质基础，经济发达地区、近郊农村已经积累了庞大的集体资产，而脱贫攻坚以来，贫困地区集体经济资产也迅速壮大，但集体产权一直面临产权不明确、权责不清等问题。农村集体产权制度改革明晰了集体产权归属，完善了集体产权权能，将规范的现代企业制度引入农村集体组织中，有利于激活各类生产要素，为集体经济发展提供制度保障[213]。

1. 优化股权配置，充分释放股份权能是集体产权制度改革的关键

在股权设置方面，集体股是农村集体资产净额按照一定比例折股，全体

成员均能享受到的股份。这种股权设置制度虽能保障集体福利，减少决策成本，保障农村基础设施供给[214]，但会造成集体产权模糊，不利于农民财产权益保障[215]，阻碍组织成员推动集体经济发展的积极性。有学者指出，随着集体经济组织不断扩大，集体资产累积不断增加，人员结构也愈加复杂，集体股的二次分配将在所难免，集体股的再次确权也面临很大挑战[216]。以上论述并不意味着要完全取消集体股，集体股的存在取决于其功能的实效性、性质和权能。随着乡村治理的完善，应逐渐降低集体股份比例，采取以个人股为基础，其他形式相结合的多种股权配置组合的方式，以推动新型农村集体经济的发展。

在股权管理方面，股权管理模式的差异会影响股份权能的实现效果，而股份权能的实现又与组织成员权益相关联，因而允许成员通过民主决议的方式进行股权管理模式的实践探索，为规范组织治理和收益分配奠定基础。在股权权能方面，核心任务是完成 6 项权能试点，包括占有权、收益权、继承权、有偿退出权、抵押权和担保权。其中，占有权是最基本权能，应该建立股份登记制度，以户为单位，向成员出具股份证明；收益权的实现要通过立法明确集体提取公益金、公积金比例上限，明确股份分红具体机制；继承权规定了集体产权可以继承，例如，广东省佛山市南海区实行"确权到户、户内共享、社内流转、长久不变"的股改方略；集体资产股份有偿退出问题要根据不同资产的性质，确定不同的退出机制；农村集体资产股份抵押和担保模式的探索实践在全国开展较少，建议立法明确集体资产的"股权""股份"可以质押，区分经营性资产和其他资产所形成的股权，做出相应的规定限制。

2. 优化治理结构，推进经营权和所有权分离

将集体经济组织改造为股份合作社，在开展集体经济组织成员认定的基础上，赋予其"特别法人"的合法身份，实现对集体资产的管理，同时，强化民主参与、收益分配、内部监督等治理机制，防止农村集体资产流失及腐败风险。陕西省袁家村正是推进农村集体产权制度改革、发展新型集体经济的典型村。在袁家村，政府为了解决经营项目同质化的问题，着手组建小吃街合作社、作坊合作社等以不同经营项目为主体的合作社，所有集体成员甚至非集体成员均可以入股，成员边界清晰界定。袁家村每一家合作社都悬挂了"某合作社社员名单"的告示牌，清晰说明合作社成员、社员地址、入股金额以及股东数量。袁家村通过股权配置对不同集体成员间的收入分配进行调控，如调节合作社经营股与分红股的收益权分配、调节不同集体成员间的分红股份分配等，基于"多劳多得、扶危济困"的分配原则。袁家村新型集体经济发展的成果不仅由集体成员公平共享，也惠及了周边村庄。

8.2.2　巩固和完善农村基本经营制度

农村基本经营制度是符合我国国情的制度安排，因此，要坚持"大稳定、小调整"，保障绝大多数农民原有承包地稳定不变，还要完善农业经营体系，促进农民合作经营，同时要发展新型农村集体经济，探索资源发包、物业出租、居间服务、经营性财产参股等多样化发展方式，带动农民增收。

8.2.3　加快完善农业财政补贴政策

虽然城乡产业融合发展多强调建立"多维度、广范围"的产业利益共同体，但由于企业与农民之间存在资本实力不对等、市场信息不对称、生产规模差异大等差距，两者在生产经营中产生了各类矛盾，特别是部分企业片面坚持市场经济效益的导向，从而造成农民的利益经常受损。加快完善农业财政补贴政策，可以有效激发农民的生产积极性，提高农业生产技术水平。

1. 改善农业补贴管理方式

首先，我国必须建立一套完整的农业财政补贴法律法规，以立法的形式确定对农业的补贴数量，强化农业部职能或组织成立专门负责农业补贴的部门，从而解决农业财政补贴多头管理，以及补贴中的"跑冒滴漏"问题[217]，还可以成立小麦、大豆、大米、玉米等主要农作物的全国农作物专业协会，发挥政府和企业间的"桥梁"作用，保护农户和相关经营者的利益。其次，引进多种补贴方式。探索建立"政府出资，市场运作"的新型财政资金运作模式，通过贴息、担保、政策优惠等方式，刺激银行贷款、外资、工商资本、社会资本投入农业，丰富财政支农补贴方式。再次，优化农业财政补贴结构。为更好发挥农业财政补贴对农业生产的促进作用，要避免"一刀切"政策，在农业财政补贴实施中，综合考虑农业生产过程的绿色化、农业生产产量和生产效率，从而决定农业财政补贴的发放量。最后，探索构建涵盖政策性保险、商业性保险等多层次农业保险，动态调整农业保险水平，鼓励保险机构建立健全农业保险基层服务网络，从而满足农业经营主体风险保障需求。

2. 合理选择农业补贴对象

要将有限的财政资金运用到关键区域和重点补贴对象上。首先，要加大对农机购置与应用的补贴力度，尤其是对智能化、复合型农机装备的补贴，同时通过信贷支持政策提高农民农机购置积极性，并着重培养使用智能化农机设备的专业技术人员，提升农户技能素质[218]，形成农民收入和农业现代化双向促进的作用机制。其次，注重对农业资源和生态资源的补贴。建立专项资金，逐步加大对退耕还林、还草、还水的财政投入，同时，加大对秸秆综合利用、可降解农膜使用、有机化肥使用的补贴力度。最后，注重对人才引进、培养的补贴。我国对农村教育的补贴主要集中在义务教育阶段，未来要完善培育机制、创新培育内容，强化能力培训、素质培训，引导培育一批爱农业、懂技术、善经营的新型职业农民；拓展试点范围，丰富培训内容和创新培训模式，完善农村新型职业农民示范培训机制；健全评价激励机制，让农业科研人员更充分、更广泛地享受科研成果。

8.2.4　建立城乡产业融合的长效机制

1. 加大政府对产业融合的资金支持、人才支持

建议县域政府在规划财政预算支出时，规定一定比例的预算用于城乡产业融合，有条件的政府可以发行与城乡产业融合相关的债券，鼓励关联企业进行直接或间接融资，为推动城乡产业融合筹集更多资金。实施乡村振兴人才支持计划，引导各类专业人才下乡服务，为城乡产业融合提供智力支持。

2. 加快基础设施建设

加快建设覆盖区、镇、村的三级物流路网和配套服务设施，确保物流运输通畅快捷，加快信息化发展相关的基础设施建设，确保城乡信息传输的准确及时，加快与生产相关的基础设施建设，如污水治理设施建设、电力设施建设，为城乡产业绿色安全生产提供保障。

3. 优化城乡产业融合发展的营商环境

制定优化营商环境的负面清单制度，逐步扫清营商障碍，不断提高政府服务水平，建设公平、公正、公开的营商环境，杜绝经营管理的暗箱操作，给城乡企业开展产业创新吃下"定心丸"。规范农村地区市场秩序，制定完善的市场监管制度，以良好的制度降低市场交易成本。

4. 打造城乡产业协同载体

城乡产业协同载体的打造有利于解决"城市的要素落不下，乡村的要素用不好"的处境，可支持现代农业产业园、农产品加工产业园区、农业产业集聚区、农业特色小镇、田园综合体成为承载城乡产业融合的支撑空间，推动产业集群集聚。

5. 着力完善利益联结机制

实践证明，形成利益共同体是推动城乡产业融合可持续发展的关键。四川省乐山市井研县在"大园区 + 小业主"的"双团队"经营模式的基础上，以

抓工业的理念来抓现代柑橘产业，采用公司化管理模式，大力推广反租倒包、科技示范、股权量化、龙头带动等模式，探索代耕代种、联耕联种、土地托管等专业化服务，形成"大园区＋专合社＋集体经济组织＋小业主＋农户"的利益联合机制，带动一批农户转变为"土地出租有租金、入园务工有薪金、资产入社有股金、二次返利有红金、自主生产有补贴金"的"五金农民"。可见，在城乡产业融合中，要引导和鼓励农民将土地经营权、宅基地使用权、闲置房屋使用权等折价入股，或通过加入合作社加强与龙头企业的联动，加强各类产业联合体或产业联盟的信息互通、技术共享、品牌共建，建立产业链长期稳定的利益共同体，逐步推广"政府＋协会＋企业＋农民合作社＋家庭农场"的产业链经营模式，建立"保底收益＋按股分红"、股份合作、订单农业等利益联结机制。此外，完善多方力量冲突调节机制，积极探索产业链链长制，统筹政府、市场和产业链长在产业链治理中的协同作用。

8.3　优化城乡基本公共服务体制机制

城乡融合要以实现人的全面发展为出发点和落脚点，践行以人民为中心的发展思想，在教育、医疗卫生、养老、住房保障、社会保障等民生领域提供优质均衡的基本公共服务，提升人民生活品质，让人民更有获得感、幸福感、安全感，在更高水平实现幼有所育、学有所教、劳有所得、病有所医、老有所养、住有所居、弱有所扶，从而营造良好的社会氛围。

8.3.1　建立更有效的基本公共服务运行机制

基本公共服务涉及项目众多，且承担主体具有多样性，是一个复杂且规模巨大的系统，需要建立更有效的运行机制来提升基本公共服务制度运行效率。

1. 强化政府均等配置职责

城乡基本公共服务配置不均衡、配置效率不高，与政府关于基本公共服务的规划和政策息息相关，要强化政府的均等配置职责，促进城市和乡村在教育、医疗、社会保障、社会生活等领域实现融合发展。我国长期以来是以GDP这种经济增长指标作为政府政绩考核的重点，弱化了民生发展的重要性，忽视了基本公共服务工作，因此，应将教育支出、教育普及程度、医疗服务体系、文教娱乐建设、人均住房面积等纳入政绩考核中，不断细化考核内容，以提高城乡居民对基本公共服务的满意度。

2. 逐步统一基本公共服务的全国性制度

尽管国家制定了基本公共服务清单，但各地在落实制度和政策时存在较大差异，不利于居民基本权益统一，也不利于发挥基本公共服务再分配效益。因此，中央政府要尽快统一相关政策、统一服务标准确定规则以及统一筹资规则[219]，例如，应逐步实行职工基本养老保险统收统支式全国统筹。此外，建立健全基本公共服务在地区之间、城乡之间和制度之间顺利转换接续的机制。

3. 建立健全基本公共服务均等化财税机制

城乡基本公共服务建设需要投入大量资金，政府要逐步将教育、医疗卫生、社会保障、社会生活等农村公共基础设施建设和农村公益事业发展纳入公共财政的支出范围。首先，要建立财权和事权匹配的财政体系。长期以来，我国存在财权和事权不匹配问题，事权下放等级问题严峻，地方政府需要承担更多的事权，但财权有限，而县级政府往往承担的事权最多，因此，要明确中央和地方政府的支出责任，提高中央政府和省(区、市)级财政补助比重[220]。例如，中央政府要加大财政性建设资金在保障性住房建设和供给、城中村老旧小区与公共基础设施整治改造、超大特大城市"平急两用"公共基础设施建设等方面的支持力度；地方政府专项债券支持符合条件的保障性住房建设、"平急两用"公共基础设施建设、城中村改造。其次，要充分调动基层政府的积极性，因为基层政府更加了解本地区民生问题。最后，要规范中央对地方政府的财政转移支付制度。具体可以从以下几个方面入手：确保转移支付资金的稳定性，例如借鉴发达国家的经验，将某些税收收入作为转移支付的资金来源；由于中央制定的财政政策难免会出现和地方实情相矛盾的情况，考虑到一般性转移支付没有特定的使用方向，因而可以加大下级政府的转移支付力度，提高转移资金使用效率；建立政府间相互扶持的形式、企业和政府结合的形式等，丰富转移支付制度。

4. 完善基本公共服务供给制度

完善基本公共服务供给制度是以提高基本公共服务共建能力和共享水平为目标的，需要做到以下几方面。首先，降低基本公共服务制度的户籍关联程度。城乡二元体制下，基本公共服务一般和户籍身份挂钩，使得非户籍长住人口不能享受到基本公共服务，政府要结合户籍管理制度，以义务教育、住房政策、社会救助和特殊群体福利制度为重点[221]，健全以公民身份证号码为标识、与居住年限挂钩的基本公共服务供给机制。其次，建立基本公共服务多元主体供给机制。虽然基本公共服务由政府主导，但并不是所有基本公共服务建设只能由政府供给和管理。政府在基本公共服务建设领域要推进职能转变，更多地让位于市场，扮演好监督、治理角色，通过减少对市场主体(包括社会组织、私人部分等)的干涉，降低市场主体行政成本，鼓励市场主体通过公建民营、政府购买、政府和社会资本合作(PPP)等方式提供多层次、多样化的社会公益服务，从而使更多社会资金参与投资农村基本公共服务建设，提高农村基本公共服务建设效率。此外，对于城中村改造，支持符合条件的城市更新项目发行基础设施领域不动产投资信托基金。再次，健全常住地提供基本公共服务制度。按照常住人口规模和服务半径优化基本公共服务设施布局，实现基本公共服务常住人口全覆盖。最后，为保障市场主体行为的规范性，要完善相关考评问责机制，在考评方面，可以以定期向社会发布评估报告的形式开展第三方评估，重点关注基本公共服务和产品供给主体、供给过程和供给结果，以及城乡居民满意度；在相关问责机制完善方面，确定问责内容和责任追究方式[222]。

5. 提高基本公共服务信息化水平

数字技术的引入使政府能全面了解居民公共服务需求，拉近了政府和企业在基本公共服务供给中的沟通距离，拓展了基本公共服务能力外延；数字技术的应用简化了公共服务办理流程，实现了"让数据多跑路、让群众少跑腿"，显著提升了基本公共服务效率；数字技术通过在居民与公共服务供给部门间建立虚拟、直接、快速的信息通道，激发了居民参与公共服务的意愿，使其采用众筹、众包就能实现自我服务，提高了基本公共服务效率；数字技术的普及还能提供更加均等的公共服务环境，有利于基本公共服务均衡发展。因此，政府要加强基本公共服务信息化建设，利用"互联网+"、大数据等技术，建立基本公共服务信息平台，建立完善政务服务统一身份认证系统，打通部门之间、部门与地方之间、地方之间政务数据双向共享壁垒；优化基本公共服务流程，统筹网上办事入口，规范网上办事指引，提高政务服务效率；充分利用数字技术，优化教育、医疗、养老、文教娱乐等领域的资源配置，注重提升面向特殊群体的数字化社会服务能力，以及民族地区、边疆地区、脱贫地区村庄基本公共服务的可及性和服务质量。

8.3.2 推进基本公共服务标准体系建设

实现基本公共服务均等化的关键是推进基本公共服务的标准化，以标准化手段优化资源配置、规范服务流程、提升服务质量、明确权责关系、创新治理方式，确保全体公民都能公平可及地获得大致均等的基本公共服务，从而切实提高人民群众的获得感、幸福感和安全感。

(1) 规范基本公共服务制度设计。基本公共服务体系既包括国家标准，还包括地方标准。标准中应包含服务对象、供给对象和服务标准等基本要素，在服务落实时还需要细化标准，逐步建立基本公共服务标准信息资源。有些基本公共服务项目(最低生活保障给付金、基本养老金给付金)采用的是资金给付方式，需要制定相应的对照表甚至金额计算公式。大部分基本公共服务项目仅提供服务，这就要求上级政府制定统一标准，下级政府要对照上级政府制定的标准，细化地方具体实施配套标准。例如，在城中村拆迁改造时，明确拆除新建、保留整治、拆整结合的对象标准、执行标准和资金落实机制；在儿童健康服务领域，根据儿童年龄规定免费健康检查次数；在教育领域，规定各个档次资助对象条件、补助金额等。

(2) 确定基本公共服务享受者资格标准。这需要明确规定哪些人群可以接受某项基本公共服务，包括最低生活保障对象、五保供养对象、基本养老金领取者、基本医疗保险待遇享受者、职业伤害保障对象和失业者的确定[218]。例如，《福建省基本公共服务标准(2023 年版)》规定为辖区内 35 岁及以上常住居民中原发性高血压患者和 2 型糖尿病患者提供筛查、随访评估、分类干预、健康体检服务；每年为辖区内 65 岁及以上常住居民提供 1 次生活方式和健康状况评估、体格检查、辅助检查和健康指导等服务。

(3) 确定基本公共服务供给者资格标准和服务标准。对于从事某一基本公共服务的供给机构要有相应申请资质标准，对于符合标准的供给机构要求建立关于设施建设、设备配置、人员配备、服务管理等软硬件运行的系列详细标准，让公共服务享受者能够体验，让服务供给者能够遵循。政府还要加强各行业标准间的统筹衔接，加强对基本公共服务实施标准落实情况的监管，促进公共服务标准动态调整常态化、制度化。

8.3.3　增强基本公共服务的服务能力

增强基本公共服务的服务能力，可以从以下两方面进行：

(1) 要加强基层基本公共服务机构建设。各项基本公共服务需要根据业务特点，健全基层基本公共服务机构，并按照辖区服务对象数量，合理配置相应资源、服务人员、工作条件、工作所需经费、分工协作机制等，全面提升基层基本公共服务质量、效益和群众满意度。

(2) 培育专业素质高的服务队伍。为全面提升公共服务工作质量和水平，需要着力打造一批素质过硬、具有优良作风的服务队伍，以不断满足群众多层次、多样化的服务需求。为此，要注重服务人员的继续培训，激励服务人员考取职业资格证书，鼓励其扎根基层，同时，逐步完善服务人员招聘、培养和评估机制，尤其是要稳步扩大教育、医疗、护理等领域的基本公共服务队伍。

8.4   建立健全城乡收入公平分配的体制机制

推动城乡融合，实现全体人民共同富裕首先体现于人民收入的不断增长。要在坚持以按劳分配为主体、多种分配方式并存的社会主义基本分配制度的基础上，健全初次分配制度，完善再分配调节机制，逐步形成橄榄型分配格局。

8.4.1   充分发挥初次分配的主导作用

1. 多渠道促进农民增收

坚持把农民增收作为"三农"工作的重点，以缩小城乡居民收入为目标，多渠道拓展农民收入来源[223]，促进城乡经济融合，具体可以从以下几方面着手：

(1) 增加农民工资性收入。首先，政府要以县域为切入点，不断优化产业结构，支持农民外出务工经商，为农民提供更多的就近就业机会，坚决贯彻落实《国家以工代赈管理办法》，提高劳务报酬发放额，推动农民工与城镇职工平等就业。其次，为实现农民高质量就业，要加大农村地区人力资本投入，采取农学结合、弹性学制、送教下乡等形式，开展农村实用人才培训和高素质农民培养，从而提高农村人力资本竞争力[224]。健全农民分类培养和劳务对接机制，即对于老龄农民和新生代农民要分类提供就业援助，例如将老龄农民纳入城镇就业援助体系中，为新生代农民提供更多就业指导。最后，建立解决欠薪的长效机制，全面落实和完善工资支付保障制度，保障农民工工资按时足额支付，并建立拖欠工资"黑名单"，对"黑名单"中的企业和个人实施惩戒。

(2) 支持创新创业，完善经营性收入增长机制。鼓励农民自主创业、灵活就业，深入实施农村创新创业带头人培育行动，引导返乡留乡农民发展乡村车间、家庭工厂、乡村旅游、休闲农业、农村电商等产业，对返乡创业人员提供更多资金和项目支持。

(3) 扩大农民财产性收入。土地是农民生活的根本，是农民最宝贵的财富[225]，要持续推进土地制度改革，让土地释放出更大价值。首先，要促进土地经营权流转，尤其是外出打工农民的土地流转，充分发挥集体产权交易平台作用，扩大农村土地经营权的流转规模。其次，激活宅基地市场。目前，宅基地使用权流转方式还仅仅为出租、转让、入股，各地应深入探索宅基地"三权分置"多元化实现方式[226]，积极探索实施农村集体经营性建设用地入市制度。此外，规范集体组织收益分配机制。盘活农村闲置房地资源，鼓励农户自愿以土地经营权、林权等入股企业。清晰界定集体组织成员和集体资产边界，以股份的形式量化集体资产，并将股权的占有权和收益分配权给予农村集体经济组织成员。当然，也要加大金融服务对农民增收致富的支持力度，通过规范金融市场，拓宽农民投资途径，强化投资者服务能力，多措并举增加农民财产性收入。

2. 持续提高城镇居民工资性收入

坚持居民收入增长和经济发展同步、劳动报酬增长和劳动生产率提高同步的原则，制定工资增长机制和最低工资标准动态调整机制，持续提高城镇居民工资性收入水平，确保人民群众分享社会经济发展的成果，提高人民群众的幸福感、获得感、满足感。首先，深化国有企业工资分配制度改革。全面落实中央企业负责人薪酬制度和工资决定机制改革要求，研究制定国有企业工资内外收入监督管理、国有企业津补贴和福利管理等配套办法，尤其是不断增加一线劳动者的劳动报酬，促进中低收入职工工资合理增长。其次，优化机关事业单位工资收入分配，进一步完善公务员工资福利制度，建立正常的事业单位绩效工资增长机制，扩大高校和科研院所工资分配自主权，推进保障义务教育教师待遇工作。最后，引导私营企业制定合理的工资增长机制，完善劳动用工合同制度及员工福利保障制度，探索灵活就业者劳动报酬管理制度，切实保障劳动者权益。

3. 依法规范收入分配秩序

坚持社会主义基本分配制度不动摇，充分体现按劳分配和按要素分配的原则，致力于提高劳动报酬比重、提高要素分配效率、缩小居民收入差距、拓宽居民增收渠道。此外，从现实情况来看，收入分配制度也在不断调整，每年都有新政策出台和旧规章废止，这体现出制度系统的开放性。今后，要以制度开放为重点，进而促成制度系统转变，即实现居民收入分配差距从较大到较小的转变。

8.4.2　完善再分配调节收入机制

在再分配领域，要完善以税收、转移支付、社会保障等为主要手段的再分配调节机制，做好低收入群体的兜底保障服务，解决好收入差距问题，确保社会公平正义。

1. 健全公共财政体系，加大公共转移支付的再分配功能

(1) 构建更科学有效的转移支付资金分配机制。为整治地方政府对转移支付的不重视，在转移支付资金分配机制设计中，中央政府要强调转移支付对地方基本公共服务供给的激励保障功能，为了防止"寻租"活动，要给转移支付资金分配设计标准依据，并将转移支付的资金分配结果公开[227]。

(2) 优化转移支付资金分配机制。加大对低收入人群和相对贫困人口的转移支付力度，缩小社会保障制度在不同人群和不同制度间的差异性；加大对经济欠发达地区转移支付资助金额分配倾斜力度；提高乡村社会福利项目覆盖面和瞄准度；落实直达资金使用管理机制，更加精准高效利民。

2. 完善税收调节机制，加大税收调节收入分配作用

相比于转移支付，税收调节收入分配具有范围广和程度深的优势，税收直接或间接地渗透到居民收入取得、收入消费、收入储蓄和投资、财产继承和转移等方面[228]。借鉴李晓嘉的研究，从个人所得税、商品税、财产税三方面[229]提出财税政策建设。首先，要完善个人所得税制度。一方面，政府要持续做好各项个人所得税政策措施的落实工作，加快对资本所得的征管，稳妥做好综合所得年度汇算清缴工作，就退税资金保障、拓宽缴税渠道等做好持续推进；另一方面，加强对高收入群体所得税的征收管理机制，切实提高个人所得税调节收入分配作用。其次，要完善商品税制度。政府要进一步探究增值税和消费税转型，在增值税转型方面，降低起征点和税率，这不仅利于居民收入分配差距的缩小，也利于企业进行研究创新，同时，出台规范增值税优惠的相关政策，防止行业内因政策不同出现效率低和不公平现象；在消费税转型方面，关注居民消费的转型，合理把控消费税征收范围和税率设计。最后，要完善财产税制度。在房地产税方面，一方面，要明确区分不同性质用地征税对象；另一方面，根据国际经验，房产计税依据大体分为房产价值和房屋面积两类，如何选定计税依据需综合考虑征收成本、可操作性、公平性等因素[229]。在遗产税和赠与税方面，尽早开始设计税收制度，促进收入分配代际公平。

3. 完善社会保障机制，不断增加民生福祉

在教育、医疗卫生、养老、就业、社会保障等民生领域建立健全一系列社会保障制度，提供优质均衡、便利可及的基本公共服务，价格可负担、质量有保障的普惠性公共服务，以及高品质多样化的社会服务，规范低保、五保和其他社会救助标准，让全体人民共享改革发展成果。发挥民生保障制度在增收和减支方面的作用，调节初次分配差距，更加关注人的全面发展和全生命周期的社会保障，增进城乡居民民生福祉。

8.4.3   释放第三次分配的潜力

为最大程度发挥慈善对调节收入分配的正面效应，首先应加强对慈善工作的组织领导，即明确党在慈善事业中的绝对领导地位，重视慈善捐赠过程中的主流价值引领与政治方向把关，将其作为新时代社会主义精神文明建设的重要

内容，并纳入国民经济和社会发展总体规划及年度工作计划。民政部门要认真履行推动慈善事业发展的职责，确保善款全部用于各类社会救助和公益事业。其次，强化对慈善组织和慈善活动的监督管理。在慈善资源动员和募集阶段，对慈善组织及其负责人和第三方评估机构的信息发布、信息审核、平台进入及退出制定具体可操作的规范[230]；在慈善资源运用阶段，政府要围绕慈善组织募捐活动、财产管理使用等内容，完善日常监督制度、慈善组织及其负责人信用记录制度、财务审计制度，最大程度发挥慈善的第三次分配作用；在慈善资源运用成效评估阶段，严格执行慈善组织年检和评估制度，依法对慈善组织的财务会计、享受税收优惠和使用公益事业捐赠统一票据等情况进行监督管理，建立健全社会监督机制、责任追究制度和组织协调制度，并依法对违法违规行为进行处罚。再次，强化慈善组织内部自律。加快培养慈善事业发展急需的各类人才，建立健全慈善事业人力资源管理体系，促进慈善工作队伍专业化、职业化。强化公益慈善组织内部管理，提高制度化程度。最后，建设政府与社会相结合的慈善组织模式。在明确政府监管职责定位的同时，在慈善行业中引入市场竞争机制，以推动社会公益整体高效率运作。

8.5　建立健全城乡生态环境共治的体制机制

生态环境作为一种公共产品或准公共产品，其面临的问题具有鲜明的广泛性、动态性、复杂性等特征，单纯依靠政府机制、市场机制或是社会机制去解决环境问题难免失之偏颇[231]。2015 年，由国务院印发的《生态文明体制改革总体方案》强调统筹城市和乡村生态治理和生态布局，维护城乡生态治理的统一性；党的十九大报告强调要构建政府为主导、企业为主体、社会组织和公众共同参与的环境治理体系，因此协同共治是生态环境保护的根本出路。面对严重的生态问题，本章引入生物学中共同体的概念，破解传统生态分割治理模式。共同体强调"共"和"同"，"共"反映了生态治理需要通力合作，"同"则强调了城乡生态治理的"系统性"[232]，城乡融合发展中生态共治制度涵盖：强化城乡对生态共治理念的集体认同；引入以环境立法为主的动力机制、排污权交易为主的补偿机制和环境信息公开为主的监督机制，从而理顺各利益相关主体间的责权关系。

8.5.1　强化城乡对生态共治理念的集体认同

城乡对生态共治理念的集体认同是开展生态共治行动的纽带。强化城乡对生态共治理念的集体认同需要树立人与自然和谐共生绿色发展理念和共治共享的生态治理理念。首先，树立人与自然和谐共生绿色发展理念。我国地方政府长期关注城市发展和经济硬性指标，但在城乡融合发展背景下，要改革"以GDP论英雄"的政绩考核模式，重点考察生态治理绩效、群众生态幸福指数、人民绿色发展满意度指标，不断加大"绿色GDP"政绩考核指标的权重；完善官员在选拔、任用、晋升等方面的考核机制，强化干部责任担当、主动作为，通过科学的考核方式引导政府发展理念从"经济增长型"向"人与自然、环境保护与经济发展和谐共生"转变。政府要引导企业、公众和社会组织等治理主体在生产、生活、消费中落实生态环境保护理念。其次，树立共治共享的生态治理理念。共治是城乡生态治理共同体的运行方式，共享是城乡生态治理共同体构建和发展的内在驱动力。城乡生态治理共同体需要在共治共享理念下激励更多治理主体参与生态治理，并使治理主体对城乡生态治理共同体产生认同，助推城乡生态融合。

8.5.2 构建生态环境共治长效机制

生态环境共治制度的制定应当以主体关系和谐、制衡、稳定、公平、效率为基础，明确治理目标，界定政府、企业和公众之间的职责范围，理顺责权关系，从而构建生态环境共治长效机制。

1. 突出政府环境治理的主导地位

首先，明确环境权的法律地位，中央政府要将环境权写入宪法，全面构建环境保护法律法规，将辖区环境保护状况纳入地方政府政绩考核中，以此调动地方政府的积极性。同时，地方政府要结合乡村村规和生态习惯，不断出台具有"乡土气息"的生态治理具体方案，并在地方环境立法方面明确和细化自身及各治理主体的环境治理责任，建立健全环境问责制度，用科学合理的环境质量考核标准建设美好生态环境。值得注意的是，作为环境治理体系的依据，相关法律法规应根据生态文明建设的进程和现代环境治理体系的特点，适时开展修订工作。其次，地方政府要善于运用多种手段特别是财政手段，将生态治理资金向农村地区倾斜，探索乡村生态治理资金筹措机制，如广东省开平市在乡村生态治理中积极设立政府生态治理专项资金，各镇(街)建立了资金保障机制[233]。政府还要加大对生态环保基础设施以及监测体系建设的公共财政投入力度，科学规划垃圾箱、污水处理厂的选址，发展循环经济。

2. 激发企业环境治理主体作用

首先，完善企业主动公开环境信息的相关制度。地方政府可以将企业公开信息的内容和程度与土地、财政、人力等优惠措施挂钩，从而促进企业能够主动公开环保信息，更好地促进公众在消费时选择环保产品，从而形成生态生产与生态消费的良性互动。其次，完善环境治理市场机制。一方面，排污权借助市场机制允许企业自主决定环境治理水平，使得各企业边际减排成本趋于相等；另一方面，排污权交易提供的利益补偿能更高效地激励企业参与减排工作和绿色创新投入[234]。政府要减少使用行政手段强迫企业环境守法，还要积极引入排污权交易这一市场机制，进一步完善现有权益市场的规章制度，以透明的市场环境吸引更多企业参与权益交易，同时不断扩展权益市场的交易品种(如水、碳、大气、土壤)，有效治理生态环境。

3. 保障公众和其他社会组织共同参与环境治理

公众和其他社会组织参与环境治理的前提是能够看到公开、透明的环境信息，只有规范公众环境参与的途径，保障公众参与环境治理的全过程，才能发挥公众对政府和企业的第三方监督作用，督促政府和企业严格承担环境治理职责。因此，地方政府需要建立信息公开制度，畅通参与渠道，对于公众的参与形式，可以根据参与内容的重要性分为不同的方式。比如，对于比较重要的立法事项或者关系公众切身环境利益的重大事项，应当设立强制性的参与方式，有效吸纳公众意见；对于一般性的事项，可以由组织者采用灵活的方式吸收公众意见。不论采用哪种公众参与方式，都需要设置完善的参与途径，拓展反馈渠道，真正保障公众有权参与而且能够高质量参与。此外，要引导公众绿色消费，从而倒逼企业加快产业结构升级优化，不断研发污染处理技术，以满足绿色消费市场需求。

参 考 文 献

[1] 范昊，景普秋. 自由延展、城市区域与网络共生：欧美城乡关系演进动态及其比较[J]. 城市发展研究，2018，25(6)：92-102.

[2] 刘春芳，张志英. 从城乡一体化到城乡融合：新型城乡关系的思考[J]. 地理科学，2018，38(10)：1624-1633.

[3] 陈方. 城乡关系：一个国外文献综述[J]. 中国农村观察，2013(6)：80-89，95.

[4] 孙九霞，王学基. 城乡循环修复：乡村旅游建构新型城乡关系的框架与议题[J]. 西南民族大学学报(人文社会科学版)，2021，42(1)：25-32.

[5] 涂圣伟. 城乡融合发展的战略导向与实现路径[J]. 宏观经济研究，2020(4)：103-116.

[6] 周凯，张晓辉. 中国城乡融合的影响因素分析[J]. 延边大学学报(社会科学版)，2012，45(6)：118-124.

[7] 卞靖，刘春玲. 缩小城乡差距 消除二元结构：对二元经济论的质疑与反思[J]. 当代经济管理，2012，34(4)：1-4.

[8] 吴丰华，韩文龙. 改革开放四十年的城乡关系：历史脉络、阶段特征和未来展望[J]. 学术月刊，2018，50(4)：58-68.

[9] 王乙竹，朱忆天. 从二元对立到双向循环：新时代城乡关系发展的嬗变逻辑研究[J]. 农业经济，2023(6)：106-108.

[10] 禹怀亮，王梅梅，杨晓娟. 由统筹到融合：中国城乡融合发展政策流变与规划响应[J]. 规划师，2021，37(5)：5-11.

[11] 史卫民，彭逸飞. 共同富裕下我国城乡融合发展的理论维度与路径突破[J]. 西南金融，2022(12)：81-93.

[12] 马克思，恩格斯. 马克思恩格斯选集：第1卷[M]. 北京：人民出版社，2012：308.

[13] 许彩玲，李建建. 城乡融合发展的科学内涵与实现路径：基于马克思主义城乡关系理论的思考[J]. 经济学家，2019(1)：96-103.

[14] 杨林，郑潇. 城市具备城乡融合发展的承载力吗：来自100个地级市的证据[J]. 东岳论丛，2019，40(1)：121-132.

[15] 张英男，龙花楼，马历，等. 城乡关系研究进展及其对乡村振兴的启示[J]. 地理研究，2019，38(3)：578-594.

[16] 刘守英，龙婷玉. 城乡融合理论：阶段、特征与启示[J]. 经济学动态，2022

(3)：21-34.

[17] 张晓东，何攀. 要素流动对城乡融合发展的影响机理：分地区比较研究[J]. 产业经济评论(山东大学)，2018，17(4)：133-166.

[18] 李鑫，马晓冬，Khuong Manh-ha，等. 城乡融合导向下乡村发展动力机制[J]. 自然资源学报，2020，35(8)：1926-1939.

[19] 彭宗超，卜凡，赵芸. 新安全格局下的城乡基层社会风险治理[J]. 行政管理改革，2023(7)：4-12.

[20] 代兴梅，朱伽豪，汪昊莹. 中国式现代化视域下城乡融合发展的对策建议[J]. 农业经济，2023(11)：100-104.

[21] 杨爱君，宋李毅. 县域城乡融合推进乡村生态振兴的路径研究[J]. 农业经济，2023(4)：37-38.

[22] 李兵弟. 把握乡建规律推进城乡融合[J]. 人民论坛，2018(35)：104.

[23] 刘志刚，陈安国. 乡村振兴视域下城乡文化的冲突、融合与互哺[J]. 行政管理改革，2019(12)：60-65.

[24] 张苏秋. 城乡文化融合与共同富裕：基于网络文化调节视角[J]. 云南民族大学学报(哲学社会科学版)，2023，40(4)：135-142.

[25] 曾佳丽，苏维词，李青松. 三峡重庆库区城乡融合发展的时空格局及影响因素分析[J]. 地域研究与开发，2022，41(5)：32-38.

[26] 廖祖君，王理，杨伟. 经济集聚与区域城乡融合发展：基于空间计量模型的实证分析[J]. 软科学，2019，33(8)：54-60，72.

[27] 许大明，修春亮，王新越. 信息化对城乡一体化进程的影响及对策[J]. 经济地理，2004(2)：221-225.

[28] 吴宸梓，白永秀. 数字技术赋能城乡融合发展的作用机理研究[J]. 当代经济科学，2023，45(6)：123-134.

[29] 缪小林，高跃光. 城乡公共服务：从均等化到一体化：兼论落后地区如何破除经济赶超下的城乡"二元"困局[J]. 财经研究，2016，42(7)：75-86.

[30] 刘阳，程静，李婧瑜. 城乡融合视域下的农村公共服务系统耦合协调的分异研究：以云南省 22 个县市数据为例[J]. 经济问题探索，2022(6)：181-190.

[31] 郭玲霞，刘宇峰，封建民，等. 中国省域新型城镇化与城乡融合发展的时空格局及其影响因素[J]. 地球科学与环境学报：1-15.

[32] 罗雅丽，李同升. 制度因素在我国城乡一体化发展过程中的作用分析[J]. 人文地理，2005(4)：47-50，86.

[33] 蔡昉，杨涛. 城乡收入差距的政治经济学[J]. 中国社会科学，2000(4)：11-22，204.

[34] 陈钊，陆铭. 从分割到融合：城乡经济增长与社会和谐的政治经济学[J]. 经济研究，2008(1)：21-32.

[35] 刘明辉，卢飞. 城乡要素错配与城乡融合发展：基于中国省级面板数据的实证研究[J]. 农业技术经济，2019(2)：33-46.

[36] 周佳宁，毕雪昊，邹伟. "流空间"视域下淮海经济区城乡融合发展驱动机制[J]. 自然资源学报，2020，35(8)：1881-1896.

[37] 毕欣程，张之峰. 吉林省城乡融合评价指标体系的构建与"一带一路"倡议的关系研究：基于主成分分析法与 ARDL 模型[J]. 长春理工大学学报(社会科学版)，2020，33(5)：112-118.

[38] 谢守红，周芳冰，吴天灵，等. 长江三角洲城乡融合发展评价与空间格局演化[J]. 城市发展研究，2020，27(3)：28-32.

[39] 黄永春，宫尚俊，邹晨，等. 数字经济、要素配置效率与城乡融合发展[J]. 中国人口·资源与环境，2022，32(10)：77-87.

[40] 周新秀，刘岩. 城乡融合发展评价指标体系的构建与应用：以山东省为例[J]. 山东财政学院学报，2010(1)：87-89，86.

[41] 王颂吉，白永秀，宋丽婷. 县域城乡发展一体化水平评价：以陕西83个县(市)为样本[J]. 当代经济科学，2014，36(1)：116-123，128.

[42] 郭岚. 上海城乡一体化测度研究[J]. 上海经济研究，2017(7)：93-104.

[43] 王维. 长江经济带城乡协调发展评价及其时空格局[J]. 经济地理，2017，37(8)：60-66，92.

[44] 王颖，孙平军，李诚固，等. 2003年以来东北地区城乡协调发展的时空演化[J]. 经济地理，2018，38(7)：59-66.

[45] 高晓慧. 四川省城乡发展耦合协调度的时空分异研究[D]. 四川省社会科学院，2020.

[46] 杨飞虎，杨洋，林尧. 城乡融合发展水平测度及区域差异分析[J]. 价格月刊，2020(9)：70-77.

[47] 王伟，孔繁利. 互联网普及、农村金融发展与城乡融合[J]. 统计与决策，2023，39(19)：102-106.

[48] 庞洪伟，于阳阳，拉旺卓玛. 西藏城乡融合指标体系构建、测度与评价[J]. 西藏大学学报(社会科学版)，2023，38(1)：169-179.

[49] 李迎生. 我国城乡二元社会格局的动态考察[J]. 中国社会科学，1993(2)：113-126.

[50] 刘纯彬. 走出二元：根本改变我国不合理城乡关系的唯一途径[J]. 农业经济问题，1988(4)：1，22-26.

[51] 张丽艳，李雪艳，高翠珍. 论统筹城乡发展的制度障碍及对策[J]. 辽宁工程技术大学学报(社会科学版)，2005(3)：252-254.

[52] 王南. 城乡融合发展现状、问题及对策研究：以四川省为例[J]. 农业经济，2022(4)：104-106.

[53] 赵伟. 中国的城乡差距：原因反思与政策调整[J]. 武汉大学学报(哲学社会科学版)，2004(6)：742-748.

[54] 冯雷. 从城乡割裂到城乡融合 从分割发展到统筹发展：中国城乡一体化发展研究[J]. 广东经济，2010(9)：50-54.

[55] 周清香，何爱平. 中国城乡融合发展的历史演进及其实现路径：马克思主义城乡关系理论的视角[J]. 西安财经大学学报，2022，35(2)：29-38.

[56] 何永芳，佘赛男，杨春健. 新时代城乡融合发展问题与路径[J]. 西南民族大学学报(人文社科版)，2020，41(7)：186-190.

[57] 岳志鹏. 新时代共享发展理念下城乡融合发展问题及对策研究[D]. 青岛科技大学，2019.

[58] 黄渊基，蔡保忠，郑毅. 新时代城乡融合发展：现状、问题与对策[J]. 城市发展研究，2019，26(6)：22-27.

[59] 申丽坤，翟英英，史耀雄. 城乡融合视野下农村迁移人口社会保障问题的解决研究[J]. 农业经济，2019(12)：57-59.

[60] 文丰安. 中国式现代化视域下城乡融合发展的逻辑演进与实践路径[J]. 学习与探索，2023(7)：70-79.

[61] 张天佐. 关于构建实施乡村振兴战略政策体系的思考[J]. 农村工作通讯，2017(24)：24-26.

[62] 高帆. 中国新阶段城乡融合发展的内涵及其政策含义[J]. 广西财经学院学报，2019，32(1)：1-12，35.

[63] 魏后凯. 新常态下中国城乡一体化格局及推进战略[J]. 中国农村经济，2016(1)：2-16.

[64] 袁方成，周韦龙. 中国式现代化进程中县域城乡融合的动力机制及其逻辑[J]. 华中师范大学学报(人文社会科学版)，2023，62(6)：49-59.

[65] 盛开. 以城乡融合发展推动乡村振兴战略[J]. 调研世界，2018(6)：62-65.

[66] 陈晓莉，吴海燕. 创新城乡融合机制：乡村振兴的理念与路径[J]. 中共福建省委党校学报，2018(12)：54-60.

[67] 梁鹏. 乡村振兴战略下河南省城乡融合发展路径研究[J]. 农业经济，2022(7)：40-41.

[68] 文丰安. 中国式现代化进程中城乡融合高质量发展的路径探析[J]. 海南

大学学报(人文社会科学版)：1-8.

[69] 曾鹏，任晓桐，满达. 城乡融合视角下大都市区乡村多层次发展路径探究：以北京市通州区枣林庄村为例[J]. 现代城市研究，2023，38(3)：60-67.

[70] 李小红，段雪辉. 城乡融合发展中乡村主体性激活路径研究[J]. 理论探讨，2023(4)：89-94.

[71] 罗志刚. 中国农村社区治理的回顾与前瞻：基于城乡融合发展视角[J]. 江汉论坛，2023(8)：79-84.

[72] 圣西门. 圣西门选集：第 1 卷[M]. 王燕生，徐仲年，徐基恩，等译. 北京：商务印书馆，1979.

[73] 欧文. 欧文选集：第 1 卷[M]. 柯象峰，何光来，秦果显，译. 北京：商务印书馆，1979.

[74] 埃比尼泽·霍华德. 明日：真正改革的和平之路[M]. 包志禹，卢健松，译. 北京：中国建筑工业出版社，2020.

[75] LEWIS W A. Economic development with unlimited supplies of labour [J]. The Manchester School of Economic and Social Studies, 1954, 22(2): 139-191.

[76] JORGENSON D W. The Development of a Dual Economy[J]. Economic Journal, 1961.

[77] RANIS G, FEI J C H. A Theory of Economic Development[J]. The American Economic Review, 1961, 51(4): 533-565.

[78] 马克思，恩格斯. 马克思恩格斯文集[M]. 中共中央马克思恩格斯列宁斯大林著作编译局，译. 北京：人民出版社，2009.

[79] J. G. 缪尔达尔. 经济理论与不发达区域[M]. 钟淦恩，译. 北京：华夏出版社，1988.

[80] 岸根卓郎. 迈向 21 世纪的国土规划：城乡融合系统设计[M]. 高文琛，译. 北京：科学出版社，1990.

[81] PERROUX F. Economic Space: Theory and Applications[J]. The Quarterly Journal of Economics, 1950, 64(1): 89-104.

[82] FRIEDMAN J R. Regional Development Policy: A Case Study of Venezuela[M]. Cambridge: MIT Press, 1966.

[83] 阿尔伯特·赫希曼. 经济发展战略[M]. 曹征海，潘照东，译. 北京：经济科学出版社，1991.

[84] SCHULTZ T W. Transforming Traditional Agriculture[M]. New Haven: Yale University Press, 1964.

[85] WEBER A. The Theory of Location of Industries[M]. Chicago: University of

Chicago Press, 1971: 29-30.

[86] 理查德·佛罗里达. 重启：后危机时代如何再现繁荣[M]. 龙志勇，译. 杭州：浙江人民出版社，2014：201.

[87] 亚历杭德罗·托莱多. 共享型社会[M]. 郭存海，译. 北京：中国大百科全书出版社，2016：40-43.

[88] 马修·德雷南. 不平等的收入[M]. 韩复龄，译. 北京：机械工业出版社，2017：26-37.

[89] 约瑟夫·E. 斯蒂格利茨. 重构美国经济规则[M]. 张昕海，译. 北京：机械工业出版社，2016：138-170.

[90] ALLAWI A H, AL-JAZAERI H M J. A new approach towards the sustainability of urban-rural integration: The development strategy for central villages in the Abbasiya District of Iraq using GIS techniques[J]. Regional Sustainability, 2023, 4(1): 28-43.

[91] DE CLERCQ M, D'HAESE M, BUYSSE J. Economic growth and broadband access: The European urban-rural digital divide[J]. Telecommunications Policy, 2023, 47(6): 102579.

[92] KNIGHT J. Rural Revitalization in Japan: Spirit of the Village and Taste of the Country[J]. Asian Survey, 1994, 34(7): 634-646.

[93] SHI D F. A Rural Revitalization Strategy Implementation Study: Take theBeijing-Tianjin-Hebei Region as an Example[J]. Management Science Research, 2019, 1(1).

[94] BAJRACHARYA B N. Promoting small towns for rural development: A view from Nepal[J]. Asia-Pacific PopulationJournal, 1995, 10(2): 27-50.

[95] GAILE G L. Improving rural-urban linkages through small town market-based development[J]. Third World PlanningReview, 1992, 14(2): 131-148.

[96] NGUYEN C V, BERG M V D, LENSINK R. The impact of work and non-work migration on household welfare, poverty and inequality. Economics of Transition, 2011, 19(4): 771-799.

[97] CATTANEO A, ADUKIA A, BROWN D L, et al. Economic and social development along the urban-rural continuum: New opportunities to inform policy[J]. World Development, 2022: 157.

[98] 马克思，恩格斯. 马克思恩格斯选集：第1卷[M]. 北京：人民出版社，1995：114，243.

[99] 吴宁. 列斐伏尔的城市空间社会学理论及其中国意义[J]. 社会，2008，28(2)：

112-127.

[100] 中共中央 国务院关于建立健全城乡融合发展体制机制和政策体系的意见[J]. 农村工作通讯, 2019(10): 5-10.

[101] 许学强, 周一星, 宁越敏. 城市地理学: 第 2 版[M]. 北京: 高等教育出版社, 2009: 3-10.

[102] 毛泽东. 毛泽东著作选读: 下册[M]. 北京: 人民出版社, 1986: 54.

[103] 邓小平. 邓小平文选: 第 3 卷[M]. 北京: 人民出版社, 1993: 376.

[104] 习近平. 把乡村振兴战略作为新时代"三农"工作总抓手[J]. 社会主义论坛, 2019(7): 4-6.

[105] 王振坡, 韩祁祺, 王丽艳. 习近平新时代中国特色社会主义城乡融合发展思想研究[J]. 现代财经(天津财经大学学报), 2019, 39(9): 3-11.

[106] 钟裕民. 城乡生态融合发展: 理论框架与实现路径[J]. 中国行政管理, 2020(9): 23-28.

[107] 周江燕, 白永秀. 中国省域城乡发展一体化水平: 理论与测度[J]. 中国农村经济, 2014(6): 16-26.

[108] 刘彦随. 中国新时代城乡融合与乡村振兴[J]. 地理学报, 2018, 73(4): 637-650.

[109] 习近平. 论三农工作[M]. 北京: 中央文献出版社, 2022: 5.

[110] 袁方成. 县域城乡融合发展的整体框架及推进路径[J]. 人民论坛, 2024(1): 44-49

[111] 李存贵. 中国省域城乡产业协调发展综合评价[J]. 统计与决策, 2016(9): 61-64.

[112] 统计局. 1978 年以来我国经济社会发展的巨大变化[EB/OL]. (2013-11-06)[2024-03-11]. https://www.gov.cn/jrzg/2013-11/06/content_2522445.htm.

[113] 陈英武, 孙文杰, 张睿. "结构-特征-支撑": 一个分析现代化产业体系的新框架[J]. 经济学家, 2023(4): 44-55.

[114] CALÌ M, MENON C. Does urbanization affect rural poverty? Evidence from Indian districts[J]. The World Bank Economic Review, 2013, 27 (2): 171-201.

[115] HOANG X T, DINH T T P, NGUYỄN T H. Urbanization and rural development in Vietnam's Mekong Delta: Livelihood transformations in three fruit-growing settlements[M]. London: IIED, 2008.

[116] 联合国开发计划署. 中国人类发展报告 2013: 可持续与宜居城市[M]. 北京: 中国对外翻译出版有限公司, 2013: 13-28.

[117] 方创琳. 中国新型城镇化高质量发展的规律性与重点方向[J]. 地理研

究，2019，38(1)：13-22.

[118] 郑耀群，杨磊. 要素流动对城乡融合发展的空间效应研究[J]. 西安电子科技大学学报(社会科学版)，2023(2)：30-42.

[119] 韩喜平，金光旭. 城乡融合赋能新时代东北振兴的政治经济学分析[J]. 学术交流，2020(11)：5-11，191.

[120] 王弘儒. 中国城乡高质量融合发展水平的地区差距及分布动态演进[J]. 经济问题探索，2023(2)：45-64.

[121] SILVERMAN B W. Density estimation for statistics and data analysis[M]. Florida: CRC Press, 2018.

[122] 李军，樊琴琴. 农业产业化助推乡村振兴的成效、机制与建议[J]. 中国流通经济，2024，38(6)：26-37.

[123] 姚毓春，梁梦宇. 我国城乡融合发展问题及政策选择[J]. 经济纵横，2021(1)：46-53.

[124] 刘晓红. 乡村振兴视角下乡村人力资源开发研究[J]. 西南民族大学学报(人文社会科学版)，2023，44(4)：216-224.

[125] 曹俐，王梦瑶，雷岁江，等. 基于准自然实验的生态转移支付政策环境效应评价[J]. 环境科学研究，2022，35(11)：2627-2638.

[126] 曲延春. 农村环境治理中的政府责任再论析：元治理视域[J]. 中国人口·资源与环境，2021，31(2)：71-79.

[127] 王大超，赵红. 中国城乡融合发展效率评价及其影响因素研究[J]. 财经问题研究，2022(10)：101-109.

[128] 徐生霞，刘强，冯亮. 中国区域经济差距的时空演进特征与成因[J]. 经济理论与经济管理，2023，43(4)：69-84.

[129] 方创琳. 城乡融合发展机理与演进规律的理论解析[J]. 地理学报，2022，77(4)：759-776.

[130] 孟莹，刘强，徐生霞. 中国城乡融合发展水平的时空演进特征与影响机制[J]. 经济体制改革，2024(1)：5-14.

[131] 王松茂，尹延晓，徐宣国. 数字经济能促进城乡融合吗：以长江经济带11个省份为例[J]. 中国软科学，2023(5)：77-87.

[132] 王军，柳晶晶，车帅. 长三角城市群数字经济发展对城乡融合的影响[J]. 华东经济管理，2023，37(8)：33-41.

[133] 李培林. 村落的终结：羊城村的故事[M]. 北京：商务印书馆，2004.

[134] 敬东. "城市里的乡村"研究报告：经济发达地区城市中心区农村城市化进程的对策[J]. 城市规划，1999(9)：8-14.

[135] 周大鸣，田絮崖. "二元社区"与都市居住空间[J]. 山东社会科学，2016 (1)：90-95.

[136] 杨剑，赵敏，赵春容. 论"城中村"的改造与规划[J]. 西南科技大学学报(哲学社会科学版)，2005(4)：40-43.

[137] 刘伟文. "城中村"的城市化特征及其问题分析：以广州为例[J]. 南方人口，2003(3)：29-33.

[138] 华经产业研究院. 2021 年中国城市建设状况统计：城市建成区面积、城区人口、市政设施固定资产投资及城市居民需求[EB/OL]. (2022-10-13) [2024-01-24]. https://www.huaon.com/channel/chinadata/842569.html.

[139] WHITE J. London: The Story of a Great City[M]. London: Carlton Publishing Group Publishers, 2010: 17.

[140] 埃比尼泽•霍华德. 明日的田园城市[M]. 金经元，译. 北京：商务印书馆，2010：13.

[141] 王永峰. 中国城市化进程中的城中村改造研究[D]. 辽宁大学，2018.

[142] CHAI N, CHOI M J. Migrant workers' choices of resettlements in the redevelopment of urban villages in China: The case of Beijing[J]. International Journal of Urban Sciences, 2017, 21(3): 282-299.

[143] 车晓，王洁. 新型城镇化进程下城中村"双面性"的治理研究：以武汉市东湖新村为例[J]. 决策咨询，2020(1)：81-86.

[144] LIU R, WONG T C. Urban village redevelopment in Beijing: The state-dominated formalization of informal housing[J]. Cities, 2018, 72: 160-172.

[145] 吕文飞. 现状、成因、路径：城中村视域下村民空间权利探究[J]. 经济问题，2023(12)：20-27.

[146] TAN Y, HE J, HAN H, et al. Evaluating residents' satisfaction with market-oriented urban village transformation: A case study of Yangji Village in Guangzhou, China[J]. Cities, 2019,95:102394.

[147] 杨忠伟，余剑，熊虎. 基于"灰色用地"规划的城边村的渐进改造[J]. 城市问题，2013(4)：26-30.

[148] 张晓丽. 论乡村振兴战略下城市近郊农村的产业发展模式[J]. 中国商论，2019(5)：210-212.

[149] 顾朝林，熊江波. 简论城市边缘区研究[J]. 地理研究，1989，9(3)：95-100.

[150] 宗袁月. "乡村振兴战略"背景下南京近郊村空间更新策略研究[D]. 东南大学，2020.

[151] 刘鑫宁，李婧，张宏佳，等. 城乡融合视角下城市近郊村发展路径探

索：以江苏省盐城市仰徐村为例[J]. 城市建筑，2022，19(9)：25-29.

[152] 耿慧志，李开明，韩高峰. 内生发展理念下特大城市远郊乡村的规划策略：以上海市崇明区新征村村庄规划为例[J]. 规划师，2019，35(23)：53-59，75.

[153] 张磊，叶裕民，孙玥，等. 特大城市城乡结合部村庄分类研究与特征分析：以广州市农村地区为例[J]. 城市规划，2019，43(6)：47-54.

[154] 胡明杰，孙藤峰，毛磊波. 共同富裕背景下浙江省远郊型村庄规划实践探索：以宁波市万竹村为例[J]. 建筑与文化，2022(8)：81-83.

[155] 朱郭奇，李文文，杨文烨，等. 小农户化肥减量化行为及其动机：基于CLT-SDT 整合框架[J]. 资源科学，2023，45(4)：734-749.

[156] 赵丽君，刘应宗. 远郊村生活垃圾处理模式探讨[J]. 中国农机化，2010(1)：54-57，47.

[157] 周彦珍，李杨. 英国、法国、德国城镇化发展模式[J]. 世界农业，2013(12)：122-126.

[158] 何迪. 美国、日本、德国农业信息化发展比较与经验借鉴[J]. 世界农业，2017(3)：164-170.

[159] 孔繁涛，朱孟帅，韩书庆，等. 国内外农业信息化比较研究[J]. 世界农业，2016(10)：10-18.

[160] 黄璜，杨贵庆，菲利普·米塞尔维茨，等. "后乡村城镇化"与乡村振兴：当代德国乡村规划探索及对中国的启示[J]. 城市规划，2017(11)：111-119.

[161] 付宇. 德国交通运输发展趋势及重点[J]. 工程研究：跨学科视野中的工程，2017，9(2)：165-172.

[162] 李卫波. 德国交通运输促进城市协调发展的经验及启示[J]. 宏观经济管理，2023(9)：86-92.

[163] 陈晨. 新时代农业转移人口市民化的实现路径[J]. 中南民族大学学报(人文社会科学版)，2023，43(5)：89-95，184-185.

[164] 张延曼. 新时代中国特色城乡融合发展制度研究[D]. 吉林大学，2020.

[165] 张克俊，刘莉. 城乡融合型乡村振兴的实践探索、认识思考与对策建议[J]. 中州学刊，2024(1)：45-53.

[166] 吴建涛，张琨，玉丽. 以优质教育资源为支点撬动乡村振兴的问题与实践路径[J]. 教育科学研究，2024(2)：34-41.

[167] 姚毓春，梁梦宇. 新中国成立以来的城乡关系：历程、逻辑与展望[J]. 吉林大学社会科学学报，2020，60(1)：120-129，222.

[168] 张鹏飞，高静华. 中国医疗保障高质量发展的内在逻辑与测度体系[J]. 经济社会体制比较，2024(1)：117-126.

[169] 张简妮，任远. 养老保障对返乡中老年群体再次外出就业的影响[J]. 西北人口，2024，45(1)：74-86.

[170] 梁文凤. 人口老龄化背景下农村养老的现实困境与路径选择[J]. 经济纵横，2022(10)：82-88.

[171] 姜长云. 建立健全城乡融合发展的体制机制和政策体系[J]. 区域经济评论，2018(3)：114-116.

[172] 李昊，李世平，南灵. 农户农业环境保护为何高意愿低行为：公平性感知视角新解[J]. 华中农业大学学报(社会科学版)，2018(2)：18-27，155.

[173] 胡乃娟，孙晓玲，许雅婷，等. 基于 Logistic-ISM 模型的农户有机肥施用行为影响因素及层次结构分解[J]. 资源科学，2019，41(6)：1120-1130.

[174] 李星光，霍学喜，刘军弟，等. 苹果产区农地流转和契约稳定性对土地质量改善行为的影响[J]. 农业工程学报，2019，35(15)：275-283.

[175] GELGO B, MSHENGA P, ZEMEDU L. Analvzing the determinants of adoption of organic fertizer by smaholder farmers in Shashemene District, Ethiopia[J]. Joumal of Natura Sciences Research, 2016, 6(19): 35-44.

[176] 郭清卉，李世平，李昊. 社会规范、个人规范与农户有机肥施用行为研究：基于有机肥认知的调节效应[J]. 干旱区资源与环境，2020，34(1)：19-26.

[177] 侯晓康，刘天军，黄腾，等. 农户绿色农业技术采纳行为及收入效应[J]. 西北农林科技大学学报(社会科学版)，2019，19(3)：121-131.

[178] 刘凌，肖晨阳. 生态现代化视角下农村工业环境成本转化机制[J]. 河海大学学报(哲学社会科学版)，2022，24(2)：60-69，111.

[179] 田超，程琳琳，殷婷婷. 一村一策，确定乡村"三生"功能建设、提升人居环境质量工作重点[J]. 中国农业资源与区划，2022，43(9)：201-209.

[180] 张鸣鸣，杨理珍，刘钰聪. 农村人居环境整治的农民参与水平及影响因素研究[J]. 农村经济，2024(1)：133-144.

[181] 崔红志，张鸣鸣. 农村人居环境整治的多元主体投入机制研究：以河南省为例[J]. 农村经济，2022(3)：1-11.

[182] 李咏梅. 农村生态环境治理中的公众参与度探析[J]. 农村经济，2015(12)：94-99.

[183] 李君，吕火明，梁康康，等. 基于乡镇管理者视角的农村环境综合整治政策实践分析：来自全国部分省(区、市)195 个乡镇的调查数据[J]. 中

国农村经济，2011(2)：74-82.

[184] MCGRANAHAN G. Realizing the Right to Sanitation in Deprived Urban Communities: Meeting the Challenges of Collective Action, Coproduction, Affordability, and Housing Tenure[J]. World Development, 2015, 68: 242-253.

[185] HYUN C, BURT Z, CRIDER Y, et al. Sanitation for Low-Income Regions: A Cross-Disciplinary Review[J]. Annual Review of Environment and Resources, 2019, 44(1): 287-318.

[186] 王佳锐，高文永，魏孝承，等. 国外改善农村人居环境及其经验借鉴研究[J]. 中国农业资源与区划，2023，44(4)：89-98.

[187] 段禄峰，魏明. 人口城镇化与土地城镇化同步发展研究[J]. 当代经济管理，2019，41(11)：45-51.

[188] 焦晓云，王金. 共享发展理念下我国推进人的城镇化的理论逻辑[J]. 当代经济管理，2018，40(8)：10-13.

[189] 翟坤周，侯守杰. "十四五"时期我国城乡融合高质量发展的绿色框架、意蕴及推进方案[J]. 改革，2020(11)：53-68.

[190] 刘彦随，杨忍，林元城. 中国县域城镇化格局演化与优化路径[J]. 地理学报，2022，77(12)：2937-2953.

[191] 温涛，赵孝航，张林. 数字乡村建设能助力城乡融合发展吗？[J]. 农村经济，2023(11)：1-13.

[192] 耿言虎，王少康. 基于乡愁情感元素运用的乡土网红媒介实践[J]. 河北农业大学学报(社会科学版)，2023(5)：90-99.

[193] 朱瑞，刘静. 我国市域社会治理发展的特征、挑战与路径[J]. 行政管理改革，2023(10)：74-83.

[194] 吴永兴，张耀宇，王博，等. 城中村更新模式：治理逻辑与优化路径：基于原型分析法的经验考察[J]. 城市发展研究，2023，30(7)：66-72，78.

[195] 李剑锋. 城市更新的模式选择及综合效益评价研究[D]. 华南理工大学，2019.

[196] 陈鹃. 东平县城中村失地农民生计困境及消解路径研究[D]. 山东农业大学，2021.

[197] 郑娜. 唐山市"城中村"改造的现状、问题及对策研究[D]. 西南交通大学，2019.

[198] 杨亚楠. 农村宅基地闲置状况研究综述[J]. 现代农业科技，2008，(14)：281-282，284.

[199] KOCHAN D. Placing the Urban Village: A SpatialPerspective on the Devel-

opment Process of Urban Villages in Contemporary China[J]. International Journal of Urban and Regional Research, 2015, 39(5): 927-947.

[200] 姚士谋. 中国城市群[M]. 合肥：中国科技大学出版社，2001.

[201] 龙花楼，徐雨利，郑瑜晗，等. 中国式现代化下的县域城乡融合发展[J]. 经济地理，2023，43(7)：12-19.

[202] 付迎霞. 城市远郊村乡村振兴策略研究：以清远市崩坑村最美乡村规划为例[J]. 房地产世界，2021(7)：49-51.

[203] 张帆，李茂颖，沈靖然. 发展特色产业 带动农民增收[N]. 人民日报，2023-04-23(1).

[204] PLOG S. Why destination areas rise and fall in popularity: an update of a Cornell Quarterly classic[J]. The Cornell Hotel and Restaurant Administration Quarterly, 2001, 42(3): 13-24.

[205] 北京日报. 北京年内 10 个远郊 170 公里乡村路 "窄路加宽"，创历年新高[EB/OL]. (2021-11-18)[2024-03-04]. https://news.bjd.com.cn/2021/11/18/10006644.shtml

[206] WU Y Y, XI X C, TANG X, et al. Policy distortions, farm size, and the overuse of agricultural chemicals in China[J]. Proceedings of the National Academy of Sciences of the United States of America, 2018, 115(27): 7010-7015.

[207] 蔡文聪，霍学喜，杨海钰. 扩大种植规模还是参与外包服务：农药减量化的逻辑选择[J]. 干旱区资源与环境，2023，37(2)：50-58.

[208] 徐晓风，刘海涛. 乡村振兴视域下县域生态文明建设的实践路径[J]. 学习与探索，2024(2)：122-126.

[209] 蒿慧杰. 城乡融合发展的制度困境及突破路径[J]. 中州学刊，2019(11)：49-52.

[210] 王向阳，谭静，申学锋. 城乡资源要素双向流动的理论框架与政策思考[J]. 农业经济问题，2020(10)：61-67.

[211] 杨文贞. 数字经济赋能中国城乡融合发展的制约因素与突破路径[J]. 区域经济评论，2024(1)：69-77.

[212] 聂石重. 城乡融合视角下的数字鸿沟弥合[EB/OL]. (2021-01-29)[2024-03-21].

[213] 芦千文，杨义武. 农村集体产权制度改革是否壮大了农村集体经济：基于中国乡村振兴调查数据的实证检验[J]. 中国农村经济，2022(3)：84-103.

[214] 焦守田. 股权设置：农村集体经济产权改革的核心[J]. 农村工作通讯，2008(17)：26-28.

[215] 张浩，冯淑怡，曲福田. "权释"农村集体产权制度改革：理论逻辑和案例证据[J]. 管理世界，2021，37(2)：7，81-94，106.

[216] 闻丽英. 农村集体产权制度改革中股权设置与管理的难点及其破解[J]. 西安财经大学学报，2023，36(6)：94-105.

[217] 文小才. 当前我国财政农业补贴中存在的问题及对策[J]. 经济经纬，2007(3)：128-131.

[218] 崔景华，李万甫，谢远涛. 基层财政支出配置模式有利于农户脱贫吗：来自中国农村家庭追踪调查的证据[J]. 财贸经济，2018(2)：21-35.

[219] 何文炯. 共同富裕视角下的基本公共服务制度优化[J]. 中国人口科学，2022(1)：2-15，126.

[220] 张华. 中国城镇化进程中城乡基本公共服务均等化研究[D]. 辽宁大学，2018.

[221] 宫蒲光. 关于社会救助立法中的若干问题[J]. 社会保障评论，2019，3(3)：104-119.

[222] 余梦秋，陈悦之. 统筹城乡背景下基本公共服务均等化实现机制研究：以四川省为例[J]. 农村经济，2017(3)：20-25.

[223] 种聪，岳希明. 农民工收入现状、关键问题与优化路径[J]. 南京农业大学学报(社会科学版)，2023，23(6)：14-23.

[224] 姜长云，李俊茹，王一杰，等. 近年来我国农民收入增长的特点、问题与未来选择[J]. 南京农业大学学报(社会科学版)，2021，21(3)：1-21.

[225] 高鸣，种聪. 依靠科技和改革双轮驱动加快建设农业强国：现实基础与战略构想[J]. 改革，2023(1)：118-127.

[226] 牛坤在，许恒周，鲁艺. 宅基地制度改革助推共同富裕的机理与实现路径[J]. 农业经济问题，2024(1)：84-94.

[227] 束磊，梁倩. 转移支付分配如何影响地方基本公共服务供给：基于政府间财政竞争的视角[J]. 当代财经，2021(12)：28-40.

[228] 赵桂芝，李亚杰. 促进收入分配公平的税收制度完善[J]. 税务研究，2021(4)：31-35.

[229] 李晓嘉. 实现共同富裕的财税对策及展望[J]. 人民论坛，2022(3)：50-53.

[230] 许小玲，陈殿林. 共同富裕视角下的第三次分配：现实挑战、理解维度与实践要领[J]. 中州学刊，2023(7)：80-87.

[231] 詹国彬，陈健鹏. 走向环境治理的多元共治模式：现实挑战与路径选择[J]. 政治学研究，2020(2)：65-75，127.

[232] 李宁，李增元. 乡村振兴背景下城乡生态治理共同体的构建路径[J]. 当

代经济管理，2022，44(4)：42-48.

[233] 曹海晶，杜娟. 环境正义视角下的农村垃圾治理[J]. 华中农业大学学报
       (社会科学版)，2020(1)：111-117，167-168.

[234] 李强，唐幼明，谢舟涛. 多元共治视角下长江经济带环境治理长效机制
       研究[J]. 中国管理科学，2025，33(5)：356-368.